Bueno, ya q

línea, o dos o tres
siempre quebradas
u ondulantes ~~~~~~~~

Espero que vuelvas por estas tierras
chiapanecas donde late
a todas luces el corazón del pueblo.
vale. Siento lo ajetreado de los
días ij lo poco propicio
del encuentro. Estos diálogos
acaban con cualquiera, sobre
todo cuando se ve tanta
prepotencia ensombrecedora.

Nos vemos, pronto

PD. Ojalá te guste esto ———▷ (El libro)

¡ZAPATA VIVE!
la rebelión indígena de Chiapas contada por sus protagonistas

Guiomar Rovira

¡ZAPATA VIVE!
la rebelión indígena
de Chiapas contada
por sus protagonistas

VIRUS

A mis hermanas Laura, Ana María, Azucena, Silvia,
Rigoberta, Amalia, Consuelo, Irma, Isidora, Dora María,
Ramona, Elisa, Susana, Maribel, Matilde,...

Gracias a Martín, Jesús, Nacho y a todo 'Tiempo'

¡ZAPATA VIVE!
La rebelión indígena de Chiapas
contada por sus protagonistas

© Guiomar Rovira Sancho

© Para la presente edición Virus Editorial

Foto contraportada: Raul Ortega

I.S.B.N. 84-88455-14-3
Depósito Legal BI-1661-94

Virus Editorial
Calle de la Cera 1 bis 08001 BARCELONA
Tfno./Fax (93) 329 06 43

Imprime:
Imprenta Luna
Muelle de la Merced 3,2.º 48003 BILBO
Tfno./Fax (94) 416 75 18

ÍNDICE

VIEJOS SON LOS CERROS
Y ESTAN VERDES,
VIEJAS SON LAS LUCHAS
Y TIÑEN DE SANGRE LOS CAMINOS

Llegamos a la tierra de la luz, a las montañas infinitas, allí donde los valles son un estado de ánimo, lagunas de sentimiento, tierra de Chiapas, de montes y laderas, de fríos y calores, tierras de indígenas, mundo maya que ha parido un sexto sol a la vez que una revolución. Chiapas, con la mirada de viento que limpia, clama hasta los cielos. Se adentró la luna por un callejón sin salida. Pero la tierra estaba preñada y la mañana rompió el silencio. Se adentró la herida en la carne y la sangre se defendió en un chorro de muerte contra el agresor. Manos rojas, rostros contrahechos de hipocresía, teñidos ahora de mentira. No hubo más arma que la sangre lanzada a gritos, un ¡YA BASTA! de fuerza telúrica desencadenada. Rebasó el agua mansa la vasija que la contenía y se hizo río bravo en movimiento.

Y es que cuando menos se esperaba, cuando las máscaras danzaban y todo era fastuoso, cuando subía el neófito vestido de rico a la mesa del banquete, irrumpieron los miserables. Aquellos que por no tener nada encontraron la existencia de sí mismos en el recuerdo de sus viejos, en el futuro negado de sus niños oscuros. No hubo mucho que pensar. Arrancarse los vendajes y sangrar todas las cicatrices jamás curadas, dejarlas doler hasta rabiar, fluir hasta formar mares que todo lo inundan inexorablemente.

En algún rincón sagrado, el árbol hecho baúl quiso abrirse y sacar de su interior el viento viejo que agitó sus ramas, ese recuerdo. Dejar el olvido e imponer la conciencia. La caja de Pandora se rompió en mil pedazos. Los vientos ya no encuentran continente. Desatada está su furia y su lenguaje renovado barre y limpia.

El pueblo se alzó en armas, llevaban siglos de olvido. Nada más que ofrendar que la propia muerte. El precio final de la dignidad.

Y lágrimas, lágrimas, los más pequeños han venido a tirar del carro de la historia, lágrimas y lágrimas de las montañas azules, aquellas que alguna vez poblaron el techo de los sueños de cielo e infinito.

María, mira esos ojos negros, aparecen entre la lana tejida de sombra, son el alma de la montaña que asoma. Cada vez que me alejo dirijo la mirada al horizonte que abandono y veo los montes, lejanos, algunos majestuosos, cerros unidos pero únicos, como un ejército de encapuchados que recuerdan solemnes la promesa de lo inamovible, la verdad de todos los tiempos y espacios, el aire y la bruma de las lagunas y los ríos escondidos, las ceibas centenarias que condensan en sus copas presas del viento y de las aves todo el pensamiento del mundo.

LLEGARON
LOS INSURGENTES
CON EL AÑO

"O sea, la muerte nuestra no existía. Nuestra, hablo pues por los compañeros. Tienen razón los neopositivistas cuando dicen que las cosas existen en tanto que son nombradas..."
Subcomandante Marcos (*La Jornada* 6/2/94)

El uno de enero volvió a existir la muerte de los indios, se rescató del baúl de los olvidos el dolor de 501 años de miseria y explotación. Con la llegada de 1994 este rincón del mundo, cuyo nombre pocos conocían, saltó a la primera página de los periódicos del orbe. Los indios declaraban la guerra al gobierno mexicano. "Ingenuos, cómo pueden ser tan inocentes", decían muchos. Era oscuro, la gente festejaba el nuevo año, el ingreso definitivo de México en el primer mundo. Entraba en vigor el Tratado de Libre Comercio de este país con EEUU y Canadá. Botellas de cava, confeti, pachanga en las casas, baile y cohetes. Lejos quedaban las cuitas y guerrillas de la tan cercana América Central, aquí se estaba en el Norte. México tiene forma de cuerno de la abundancia, sus recursos naturales son enormes, pero el cuerno mira hacia el vecino de arriba. El gran maridaje culminaba ese primero de enero con la inaguración del Tratado de Libre Comercio.

San Cristóbal es la capital de los Altos de Chiapas, una ciudad colonial creada por los españoles en el Valle de Jovel, una de las zonas más ricas en etnias y culturas prehispánicas, tierra mágica y exuberante de belleza y contrastes. Chiapas es transparente y deslumbrante, como el ámbar, la piedra telúrica de estas tierras, amarilla, pedazo de sol, ese dios de los Mayas que clama desde la miseria.

Llegué a finales de diciembre y esta ciudad me cautivó. Su luz y su clima, similar al de mi tierra, me eran agradables. Había decidido recorrer América Latina, cansada ya de la vieja

Europa anquilosada. Jamás sospeché que mi viaje se encallara en México. De este país sólo esperaba estabilidad, cierto orden, aparente democracia, bonitas playas, complejos turísticos y ruinas atractivas de brillantes civilizaciones exterminadas. Acapulco, Cancún, museo de Antropología, y la ciudad más grande del mundo, democracia y neoliberalismo.

Llegué a Chiapas y descubrí el mundo. Ví a los indígenas andando por las calles, vendiendo sus artesanías, vi el paisaje, las verdes montañas. También descubrí algo diferente en sus ojos, algo muy distinto a las miradas sumisas de los pobres indios de otros estados, hundidos en la degradación y en la miseria.

Visitando los pueblos de los alrededores de San Cristóbal me convencí de que esta gente, aun siendo muy pobre, tenían una mirada de sorprendente dignidad, casi desafiante.

Poco a poco fui adentrándome en la realidad de Chiapas. No dejaba de crecer mi sorpresa al descubrir la corrupción tremenda de los gobernantes, las terribles violaciones de los derechos humanos que se venían perpetrando día tras día, el horror de la discriminación, el cacicazgo, el asesinato. La impunidad de los ricos, de los agresores, de las autoridades, la ineficacia de los funcionarios.

Empecé a escribir un reportaje sobre los expulsados de San Juan Chamula, un pueblo dominado por caciques aliados del poder central que, a cambio de garantizar los votos al PRI, ejercen su propia ley explotadora y criminal, expulsando, violando y despojando de sus bienes a todos los que no se pliegan a sus designios feudales. Las cifras eran sobrecogedoras: alrededor de San Cristóbal ya hay más de 25.000 expulsados. El gobierno no ha movido en 20 años un dedo para hacer justicia. En México no existe el estado de derecho, sólo los privilegios, el nepotismo y la corrupción más feroz, hasta llegar al último escalafón de todos: los indígenas, los verdaderos pobladores de estas tierras. Los periódicos extranjeros no dan importancia a la cara oscura de México, no cabe dentro de la imagen del salinismo, tan bien construida, tan falsa.

El 29 de diciembre un señor me estuvo platicando de muchas más cosas. Había leído en noticias breves de periódicos locales que se sospechaba la existencia de una guerrilla en Chiapas. Le pregunté interesada y me dijo que en mayo pasado el ejército había bombardeado comunidades indígenas en la selva, que hubo enfrentamientos, pero que el gobierno lo negó e impuso el silencio. Prometió proporcionarme material para que pudiera escribir sobre el tema. La noche del 31 lo volví a encontrar, charlamos un rato del mismo tema, le mostré lo que había escrito sobre los chamulas, me prestó un par de revistas. Pasé la noche en los departamentos un poco inquieta. Recogí un cartel de una pared que anunciaba un cotillón. En casa, lo recorté: Madre Tierra —nombre del bar—, calle Insurgentes. Colgué en la pared el nombre "Insurgentes" y le añadí un "1994" enorme. También coloqué el dibujo de un sol amarillo, el dios de los Mayas, en la puerta del baño. A la mañana siguiente, a las seis, unas voces frente a nuestra ventana murmuraban alteradas:

"Unos guerrilleros han tomado la presidencia municipal. Son muchos. Van armados".

Los insurgentes habían llegado con el año 1994 a San Cristóbal de las Casas. Tras la verja de los apartamentos los vecinos comentamos asustados la situación. En la radio se escuchaban las emisiones de los zapatistas. Habían tomado otras ciudades, leían una declaración de guerra. Con el sol de la mañana la curiosidad fue venciendo al miedo y conseguí alcanzar uno de los pasquines de la Declaración de la selva Lacandona que tapizaban ya todo el centro de San Cristóbal. Regresé y pedí utilizar el teléfono. Llamé a tres periódicos españoles. En *El Mundo* rápidamente me tomaron nota de los hechos, les leí la declaración de guerra entera, me trataron con gran amabilidad y cortesía y me dijeron que me pusiera las pilas para escribir.

Por la calle, caminando hacia el parque central, algún coleto —sancristobalenses— gritó: Ey you, güera, they are gonna kill you.

Cada vez que pasaban aviones una muchedumbre se echaba a la carrera. Todo el miedo y la angustia acumulada se desvaneció cuando vimos de cerca la presidencia municipal. Era una fiesta. Los niños jugaban con los papeles dispersos de los vacíos archivos municipales. La gente se llevaba a su casa sillas, mesas, cuadros, mapas, objetos diversos. Los turistas, en pantalón corto y trazas playeras, tomaban fotos a los zapatistas. Sí, ahí estaban los tan temidos guerrilleros que tanto pavor habían causado entre los vecinos de los departamentos. Unos jóvenes de mirada dulce, cansados por la vigilia y los nervios, chicos y chicas indígenas vestidos de verde y café, de negro y café, cargando armas, apostados en las columnas, en las paredes. Algunos con pasamontañas. Los más dormitando alrededor de una pila de computadoras de las oficinas y de los productos farmacéuticos extraídos de la tienda Bios. Me acerqué, hice fotos, las muchachas armadas no me contestaron, me fascinaban, quizás no me entendían, y se rieron cuando abandoné el empeño. Había corros de gente y guerrilleros, unos y otros mezclados, cámaras, reporteros.

Un "ejército de desarrapados" había cerrado todos los accesos a San Cristóbal de las Casas. Con troncos cortaron las carreteras. Tomaron todas las gasolineras y penetraron en la ciudad, aquella que siempre los había recibido con trato racista. A San Cristóbal solían ir a servir, subemplearse, limpiar, pedir. Pero esta vez no. No iban a llorarle a un funcionario corrupto y displicente, ni a fregar los suelos de los mestizos, ni a suplicar que alguien comprara sus hermosas artesanías de colores de esperanza, que es lo último que se pierde. Tampoco venían a reclamar inútilmente atención médica, siempre olvidados en su vergüenza de no saber defenderse en las salas de espera de hospitales, siempre relegados al último lugar, después de los blancos, los ricos, la gente influyente, la que los explota y ni siquiera advierte la discreta presencia de sus ojos oscuros.

El año se iniciaba y todo comenzaba a cambiar. Una sorpresa de la historia. Los indios de Chiapas, con el respeto adquirido por su dignidad y la inteligencia de los hombres que no tienen nada que perder empezaron a levantar del profundo letargo a este México perdido en las redes de la corruptela y del poder, ese gran titán, camaleón avieso de garras de buitre. Y bajo el nombre de Zapata y sin odio en la mirada vinieron los tzeltales, tzotziles, choles y tojolabales a dar lecciones de democracia, justicia y paz.

Vinieron con armas, sí, hasta el parque central de San Cristóbal de las Casas, eran unos mil, no eran guatemaltecos, como se rumoreaba al principio. "Somos puro chiapaneco, somos mexicanos", decían indignados. Colgaron sus pasquines, firmados como Ejército Zapatista de Liberación Nacional. Era, una declaración de guerra y pedían la destitución del régimen ilegítimo de Salinas de Gortari.

Los observé en la Presidencia Municipal, sobrecogida. Arriba en el asta de la alcaldía ondeaba una bandera negra con una estrella roja y las siglas EZLN. Tenían rostros de frío, hambre de lustros, ojos jóvenes y morenos, paliacates rojos, armas.

La gente se revolvía entre ellos, los achuchaba, les hablaba, los fotografiaba. Pueblo con pueblo, ellos se dejaban, no había desconfianza entre unos y otros. Sólo se alteraba la cháchara cuando silbaban los aviones. Grabadora en mano, pregunté a un hombre ya entrado en años que dijo pertenecer al Comité Clandestino Revolucionario Indígena (CCRI). Me respondió: "El movimiento se ha fraguado en la selva Lacandona, solicitamos tierra, trabajo, techo, pan, educación, justicia, paz... todo México está coordinado, son otros movimientos que nos apoyan, la lucha no se sabe cuanto tiempo va a durar, llevamos muchos años organizándonos clandestinamente".

Cerca del pórtico central, entre los jóvenes guerrilleros y los siniestros enmascarados —los pocos que llevaban pasamontañas—, otro hombre dijo ser del Comité Clandestino, me acerqué a él y con voz segura y suave expuso: "Esto es la guerra, no queremos arreglos. Nuestro plan de lucha es llegar a hacer un cambio total a nivel nacional. Esta guerra no va a beneficiar sólo a los que luchan, sino a todo el pueblo, a todo México. Hemos llegado a las ciudades de madrugada, aún son pocas las que están tomadas: Ocosingo, Altamirano y las Margaritas, pero al poco se va a extender. Es un movimiento el nuestro que tiene un sentido así muy amplio, que quiere extender la lucha del pueblo. No sé si han leído los papeles de las paredes...(se refiere a los pasquines con la declaración de guerra), nuestro programa, tenemos un proyecto y es extender la lucha por todo el país, porque hay gran disconformidad a nivel nacional. México, al exterior sale como si todo fuera bonito, muy bien, pero no es cierto. Hay gran descontento, la gente está muriéndose de hambre".

Otro me contó: "Nuestro movimiento revolucionario lleva cerca de 20 años gestándose en los pueblos de Chiapas y México. Tenemos una serie de leyes -que ya se han escuchado a través de la radiodifusora local tomada por los zapatistas- que vamos a aplicar al menos en Chiapas y en las ciudades que vayamos tomando".

Las leyes revolucionarias "son las bases para construir una patria nueva", reza la emisora. El lema constante del EZLN es uno: "Vivir por la patria, morir por la libertad".

No fue difícil saber el porqué de la lucha emprendida por tanto joven indio armado. Todos, hasta los más chicos, contestaban con una sinceridad brutal que la miseria no les había dejado otro camino.

Un tercer miembro del CCRI reiteró: "Solicitamos tierra, trabajo, techo, pan, democracia, justicia y paz. Eso lo hemos pedido muchas veces, pero por medio de las negociaciones es por donde fracasamos siempre. El pueblo ha tomado la decisión de exigir ahora hasta que cumplan ese objetivo; si no se logra, tendremos que seguir luchando. Somos concientes de que el gobierno nos va a enviar el ejército. Aquí estamos. Cada día seremos más. Somos un chingo, somos los pueblos campesinos trabajadores".

Mientras, un hombre con una pequeña cámara de video nos estaba registrando. El miembro del CCRI, que llevaba el rostro descubierto, lo increpó: "¿Perdone, quién es usted?" Y el otro murmuró algo así como "turista" y se escabuyó. Me dijo entonces el indio, en confianza, que había seguramente enviados de Gobernación, que eso era peligroso no sólo para ellos sino para nosotros, sobre todo los ciudadanos de San Cristóbal: "Es un problema, hay mucho civil, mucha gente que está abriendo la boca que no tiene que hacer absolutamente nada por acá. No vaya a haber muertos sin culpa. Nos preocupan los civiles, son nuestra responsabilidad".

Admite orgulloso que hay mujeres armadas y que hay una ley revolucionaria para la mujer. Ellas son muy jóvenes y tímidas, bajo la gorra con visera aparecen sus largas trenzas negras. La mayoría son milicianas y no hablan "el castilla"; la educación nunca se encargó de su sexo. No así las insurgentes, que como combatientes regulares, aprenden de todo en el EZLN.

Pasó la tarde entre las pláticas, fotos y el miedo a que en un momento dado apareciera el ejército federal y todo acabara en una carnicería.

"La necesidad nos mandó. No tenemos tierra, estamos desnutridos, sobre todo los niños. Las tierras están en manos de los terratenientes, los más pobres hemos solicitados parcelas al gobierno pero no nos ha solucionado nuestros problemas".

El CCRI, dicen, está en diferentes lugares: "Y es que las injusticias ya no se soportan en el Estado y en todo México, éstas son las causas de este movimiento. En todas partes ha habido represiones y encarcelamientos... tanta injusticia que ya dijimos: "¡basta!" En Ocosingo es aún peor porque ha habido mas movimientos por cuestiones de tierras, allí ha habido desalojos, quemas de casas, de todas las pertenencias... Ésas son las causas. La gente ya no encuentra otro camino más que éste".

Las armas de los guerrilleros son de lo más variadas: algunas, buenas, la mayoría, simples escopetas. El hombre del Comité señala su revólver:

"Si acudiendo a todas las vías legales no hay modo, pues... El pueblo no quiere guerra, no quiere ver sangre. Pero se le ha impuesto una guerra no declarada, la de la injusticia, entonces toma esta opción. Somos miles en el Estado de Chiapas, centenares de dirigentes, muchas mujeres, también, sí".

Una mirada oscura y una voz que nace de adentro, suave y calmada, en medio de ese escenario indescriptible de armas, niños, mujeres, papeles, pintadas, curiosos, concluye: "Nunca va a haber democracia o justicia mientras al pueblo no se le deje libertad para que se organice, para que reclame sus derechos. Nunca va a haber democracia aquí, se nos imponen las cosas por la fuerza. En cualquier grupo o comunidad que trate de organizarse para mejorar su vida se les infiltra un miembro de la inteligencia militar del estado. No se siente la libertad, son muchas imposiciones. Se habla de democracia en México, ¿dónde está? No lo entendemos".

Andaba por ahí el subcomandante Marcos, mestizo en un ejército de indígenas. Se paseaba por la plaza de San Cristóbal portando su arma y un radiotransmisor. Su rostro se escondía tras un pasamontañas negro. Alguien le preguntó por qué habían elegido el camino de las armas. Contestó que en Chiapas mueren 15.000 personas al año por enfermedades que son curables y que "ahora en todo caso, tendremos la oportunidad de morir combatiendo y no de disentería, como mueren normalmente los indios chiapanecos".

Marcos declaró a un periodista italiano de *L'Unitá*: "No tenemos ninguna relación con ningún tipo de organización abierta. Nuestra organización es exclusivamente clandestina y armada. Nos hemos estado preparando en la montaña desde hace diez años".

Informó a todos los curiosos que se trata de un movimiento étnico: "El comité está formado por indios tzotziles, tzeltales, choles, tojolabales, mames y zoques, los principales grupos étnicos de Chiapas. Todos ellos han estado de acuerdo, y además de democracia y representatividad, demandan respeto, un respeto que los blancos nunca les han tenido. Sobre todo en San Cristóbal, los coletos (sancristobalenses) son muy insultantes y discriminadores con respecto a los indios en la vida cotidiana. Ahora los blancos los respetan porque los ven con armas en la mano".

¿Miedo al Ejército? Marcos contestó que la represión existe desde hace 501 años, el tipo de represión de los gobiernos sudamericanos "es para los indios pan de todos los días". Y añadió: "lo peor que le puede suceder a un ser humano es ser indio, con toda su carga de humillación de hambre, de miseria".

Ese primero de enero, cuando caía la noche y desde el balcón del palacio municipal de San Cristóbal de las Casas, el EZLN se dirigió a la población, pidió calma, informó de lo acontecido en el día y anunció que los turistas podrían salir al día siguiente de la ciudad con un salvoconducto. El subcomandante Marcos habló para los aproximadamente 400 ciudadanos allí congregados: "Esta batalla no se termina hoy. Nuestro objetivo es llegar a todos los lugares que podamos, cuando ya se hayan tomado unas plazas nos dirigiremos a otras, no es el golpe clásico de la guerrilla que pega y huye sino que pega y avanza".

Agregó que "hemos decidido levantarnos hoy en armas como respuesta a la entrada en vigor del Tratado de Libre Comercio ya que éste representa un acta de defunción de las etnias indígenas en México, que son prescindibles para el gobierno ilegítimo de Carlos Salinas de Gortari".

"Hay falta de libertad y justicia. No pedimos ni siquiera que se ponga un gobierno nuestro, sino que sea uno de transición, con actores más equilibrados y que convoque a elecciones".

Antes de despedirse, Marcos advirtió que si hubiere represalias contra la población civil, sobre todo contra los indígenas, "volveremos otra vez y de esta ciudad no va a quedar piedra sobre piedra. Volveremos a atacar y ahora sí a matar."

Murió el día. Las gentes se retiraron de las calles, se intuía un toque de queda no explicitado. El miedo y la oscuridad se aunaban. Nadie sabía qué iba a pasar, la mayoría temía un aniquilamiento de los insurrectos. Pero en la mente de algunos quedó una duda y esas palabras de Marcos cuando dijo: "No nos preocupa la respuesta del gobierno, sino la respuesta de la gente, de los mexicanos. Nos interesa saber qué ejemplo producirá este hecho, qué cosa moverá en la conciencia nacional. Esperamos que algo se mueva no sólo a nivel de la lucha armada, sino en todos los sentidos. Esperamos que se ponga fin a esa dictadura disfrazada".

Desde la radiodifusora oficial de Ocosingo XEOCH, el EZLN habló por radio el primero de enero de 1994:

"Llevamos caminando y viviendo cientos de años y creyendo en promesas que nunca se cumplieron. Siempre nos dijeron que fuéramos pacientes, que supiéramos esperar tiempos mejores, recomendaron prudencia y prometieron que el futuro sería mejor, pero ya vimos que no. Todo sigue igual o peor de como vivieron nuestros abuelos o padres, nuestro pueblo sigue muriendo de hambre. Sumidos en la ignorancia, en el analfabetismo, en la sin cultura hemos comprendido que, si no peleamos, nuestros hijos volverán a pasar por lo mismo y no es justo. La necesidad nos fue juntando y decimos "¡basta!". Ya no hay ánimo ni tiempo de esperar a que otros vengan a resolver nuestros problemas. Nos organizamos y hemos decidido exigir lo nuestro empuñando las armas, así como lo han hecho los mejores hijos del pueblo mexicano. Hemos comenzado los combates contra el ejército federal y otras fuerzas represivas. Somos miles los mexicanos dispuestos a vivir por la patria o morir por la libertad. En esta guerra necesaria, los pobres explotados miserables de México no vamos a parar hasta lograr nuestros propósitos. Los exhortamos a que se sumen a nuestros movimientos, pues los enemigos son los ricos, el Estado. No pondrán límites a su naturaleza sanguinaria para acabar con nosotros".

LA GESTACIÓN
DE UNA LUCHA

"Para un mexicano, Chiapas no es el paraíso de los antropólogos extranjeros, ni la selva con sus aventuras reales o fingidas, sino un pedazo de nuestra tierra —la tierra de Fray Bartolomé de Las Casas— donde una multitud de mexicanos son destruidos y vejados por otros mexicanos que se creen blancos y a sí mismos se llaman cristianos. Un testimonio sobre esta realidad no puede ser imparcial ni objetivo ni condescendiente. Desde su última trinchera, los indios se defienden, y yo estoy con ellos lamentando que las letras no tengan la eficacia de las armas".

Fernando Benítez, prólogo a "La última trinchera", 1963

No hace muchos años que en las tierras chiapanecas, dominadas por terratenientes, los indios, peones acasillados, vivían en un régimen de esclavitud encubierta en las grandes fincas maiceras, cafetaleras, cañeras. Pero la ganaderización del trópico húmedo los dejó sin trabajo. Extranjeros en su propia tierra. Con el crecimiento demográfico y las ansias de una vida mejor, muchos emprendieron la huida y se refugiaron en las montañas inaccesibles y en la selva.

En pocos casos se optó por comprar la tierra a los finqueros para repartirla a los peones, en lugar de tocar los intereses de los propietarios, se lanzó a los solicitantes a la aventura colonizadora.

Desde los años treinta se inició una marcha progresiva de campesinos que querían librarse del yugo de patrones y explotadores. En cierta manera eran los derrotados de la lucha agraria, no habían conseguido recuperar la tierra de los finqueros. El éxodo se intensificó en los sesenta y duró hasta los ochenta. Los pueblos mayas emprendieron un peregrinaje con la esperanza puesta en forjarse una existencia más digna y libre para ellos y las generaciones venideras. Sobre latifundios madereros, expropiados y sin expropiar, surgieron, sobre todo entre 1950 y 1970, los ejidos —forma de propiedad comunitaria donde cada miembro cultiva una parcela de la tierra común que le es arrebatada si deja de hacerlo—.

La decisión de romper drásticamente con todo un pasado, para iniciar una nueva vida desde cero, en un medio hostil al ser humano, requiere una voluntad muy fuerte de superación, supervivencia y a la vez desesperación. Las gentes del éxodo sólo tenían una opción: unirse, organizarse y compartir un deseo de transformación para construir el futuro.

Los indios pioneros tuvieron que crear sentido de comunidad, trabajar colectivamente, buscar juntos la forma de luchar contra el medio y de iniciar una nueva sociedad, romper con lo viejo. La igualdad de procedencia y pobreza de los implicados llevó a procesos asamblearios, donde se primaba la participación de todos y cada uno de los miembros, se debatía y razonaba y se acordaban por unanimidad las normas que iban a adoptarse en todas las esferas. Esta manera de democracia directa para hacerse fuertes como grupo llevó a una valorización de su propia cultura indígena y a una toma de conciencia.

Así se inició la repoblación de la selva Lacandona, olvidados por el gobierno, dejados a su suerte, víctimas de guardias blancas de ganaderos, de caciques y funcionarios públicos. Y así se gestó la organización de las gentes hasta dar como fruto el EZLN.

A la presión campesina por la tierra respondieron los terratenientes con represión directa, organizando sus propios cuadros paramilitares, guardías armados, que gozaron siempre de total impunidad, no sólo sufrieron la discriminación de clase, sino la discriminación étnica.

Hoy en día, donde hace 60 años no vivía nadie más que un centenar de lacandones, habitan tzeltales, tzotziles, choles, tojolabales y mestizos. Se calcula en más de medio millón la población de la region selvática que comparten los municipios de Las Margaritas y Ocosingo.

LA IGLESIA EN LAS COMUNIDADES

La Teología de la Liberación, inspirada en el Concilio Vaticano II y la Conferencia Episcopal de Medellín, encontró gran aceptación en la Selva, puesto que venía a dirigirse al hombre aplastado y despojado de todo que no pierde su dignidad y que lucha por liberarse.

En 1972 los hermanos Mardonio e Ignacio Morales Elizalde se embarcaban en la tarea de traducir la Biblia al tzeltal, sobre todo les interesaba hacer llegar a los indígenas el Libro del Éxodo, ya que veían un paralelismo evidente entre los colonos de la selva y la huida de los judíos de Egipto, el paso de la servidumbre a la libertad, la rebelión de los esclavos y la búsqueda de la tierra prometida.

El libro del Éxodo, adaptado en tzeltal bajo el título "Estamos buscando la libertad", reza: "Dios nos dice que como comunidad debemos salir a buscar la libertad. Si buscamos el mejoramiento y la libertad, Dios nos estará acompañando. Cuando los israelitas vivían como esclavos, tuvieron que salir y pelear para conseguir su libertad. Cuando nuestros antepasados vivían como mozos, también tuvieron que luchar unidos para ganar sus tierras. Eran hombres de mucha fe. La verdadera libertad no ha llegado todavía. Tenemos que coger fuerza en nuestros corazones y luchar y sufrir mucho todavía. Tenemos que luchar contra la pobreza el hambre y la injusticia".

La práctica pastoral recogía los sentimientos latentes entre los nuevos colonos. Samuel Ruiz García, obispo de la diócesis de San Cristóbal de Las Casas, siempre afirmó: "Tenemos que desmantelar las estructuras que están a favor de la dominación".

La diócesis a través de estructuras basadas en la labor de los párrocos y catequistas se involucró en la construcción de espacios organizativos para la reflexión cristiana que irán evolucionando.

Junto y de la mano de la Iglesia, aparece el desarrollo de un amplio movimiento sindical democrático entre el magisterio estatal, que en cierta manera se convierten en "intelectuales

23

orgánicos" del campesinado y llevan ideas renovadoras a las gentes. Catequistas y maestros son muchas veces los mismos.

AGRESIÓN Y ORGANIZACIÓN

El avance de los indios en la colonización de la selva Lacandona, amenazó los intereses de la explotación maderera en el Estado. Durante el gobierno de Luis Echeverría, en 1972, se promulgó un decreto que restituía toda la selva a los indios lacandones (unas 60 familias) y olvidaba a las más de 4.000 familias mayas allí emigradas. Detrás de ello estaban los intereses encubiertos de empresas como la Nacional Financiera S.A. que a través de la Compañía Forestal Lacandona S.A. explotó la madera de caoba y cedro tras firmar un contrato de derecho a tala con los lacandones por una ínfima cantidad de dinero.

A los mayas se procedió a reubicarlos bajo la excusa de preservar la naturaleza, lo que significaba romper la nueva vida empezada con tanto esfuerzo. Sólo unas 20 colonias accedieron a ello. Las demás empezaron a crear asambleas indígenas y a ensayar la lucha política para la autodefensa. Así surgieron organizaciones como la Quiptic, Unión de Ejidos y la Unión de Uniones.

La necesidad de armarse se hizo imperiosa para muchos, después de que el ejército arrasara varias comunidades que se negaban a desplazarse. También las guardias blancas de los finqueros imponían su propia ley y despotismo con toda impunidad. Había que protegerse para sobrevivir.

El proceso culminó con el Congreso Indígena de 1974, realizado en San Cristóbal por iniciativa gubernamental, cuando se cumplían 500 años del nacimiento de Fray Bartolomé de Las Casas. El obispo Samuel Ruiz por aquel entonces aceptó organizar el evento bajo la condición de que de verdad fuera un congreso indígena y no un acontecimiento folclórico y sensacionalista. Allí se dio pie a que las diferentes etnias de Chiapas se reconocieran ser sujetos de problemáticas de explotación comunes y acordaran: "hablemos y caminemos juntos" (*Proceso* 897). Nuevas organizaciones así como movilizaciones sociales en demanda de tierras sacudieron Chiapas. Influyó en ello la llegada de refugiados guatemaltecos a la zona (casi ochenta mil) y el crecimiento demográfico.

Y LLEGARON LAS BRIGADAS POLÍTICAS

En esa época reinaba entre los estudiantes de izquierdas la idea de que había que vivir con las masas, compartir su día a día y sus luchas y ayudarlas a tomar conciencia política. Según la periodista Olga Quirarte (*Proceso* 897), en esa época: "Muchos estudiantes se fueron a la selva chiapaneca; algunos regresaron muy pronto, otros se quedaron unos meses. Fue una especie de Gran Marcha, como la que realizó Mao sobre Pekín. Cuando los vencieron los mosquitos chiapanecos se regresaron. Fue la gran resaca del 68, no eran guerrilleros, eran gentes que se fueron a apoyar a la gente más atrasada".

Desde 1976, militantes del partido de izquierda radical Unión del Pueblo, convertida después en Partido Revolucionario Obrero Clandestino Unión del Pueblo (PROCUP), llegaron a trabajar a la selva, donde las instancias religiosas se hacían insuficientes para satisfacer las demandas de tierras, servicios e infraestructura. El PROCUP, después de cinco años de lucha armada en todo México, se unió en 1980 con el Partido de los Pobres, fundado por el revolucionario Lucio Cabañas del estado de Guerrero. Sus militantes realizaban expropiaciones a bancos, atentados contra intereses comerciales y oficinas del gobierno junto con otros grupos clandestinos. Éste y otros partidos presentes se fusionaron en la Organización Ideológica Dirigente (OID).

A finales de los setenta surgieron nuevas organizaciones que recogían las demandas de los campesinos: Coordinadora Nacional Plan de Ayala (CNPA), Partido de los Pobres, Central Independiente Agrícola y Campesina (CIOAC), etc.

En 1978 llegó a Chiapas Linea Proletaria, y allí se integró con estudiantes, colonos y obreros, como una escisión de Política Popular. Adolfo Orive fue su fundador. Línea, de corte maoísta, seguía la idea de que estudiantes, obreros, campesinos, comerciantes, profesionales, etc., caminaran juntos hacia una transformación social. Su lema "de las masas, por las masas, a las masas" buscaba, según un documento de 1979, que todo el pueblo participara en la toma de decisiones: "Esa participación es una discusión de varias ideas (...) Después de discutir hay que tomar acuerdos. Tomar una decisión es una práctica que une a los compañeros. Es necesario que exista la más amplia democracia, que consiste en una gran participación de ideas y opiniones. Es necesario que, a partir de las demandas más sentidas del pueblo, se formen organizaciones de masas".

Línea Proletaria, también conocida por Linea de Masas, contó con el apoyo de una docena de sacerdotes que contribuyeron a sembrar su ideología entre las comunidades campesinas: "Los apoyamos porque veíamos un trabajo de organización, de búsqueda del bien común, de estar buscando la solución a los problemas de los más pobres; era un trabajo abierto, se guardaba discreción en algunas cuestiones pero no había clandestinaje ni apología a la violencia" (*Proceso* 897).

Parece ser que el obispo de la diócesis de San Cristóbal de las Casas, Samuel Ruiz García, fue el que invitó a Linea de Masas a acudir a Chiapas, sorprendido y admirado por su manera de proceder en Torreón, al norte del país, por cómo se preparaba a la gente para una lucha de acción civil.

A finales de los setenta, al crecer la Organización Ideológica Dirigente, se produjo una guerra interna en la cúpula con el resultado del triste viraje de sus dirigentes. Según el padre Benigno Martínez, los dirigentes Orive y Araujo acabaron "trabajando juntos para el gobierno, dando un viraje que todavía no entendemos y que lastimó a mucha gente que creyó en ellos, sobre todo en Araujo; él ayudó a la gente a que descubriera lo corrupto del sistema... y ahora es parte del sistema".

Las comunidades quedaron hartas de políticos. Expulsaron a los asesores norteños y decidieron no volverse a dejar engañar, organizarse solas, sin ir de la mano o de las ideas de nadie.

En 1980, aún con influencia maoísta, surge formalmente la Unión de Uniones de ejidos en la selva, cuyos antecedentes vienen de 1974. Pero se escinde en 1983, fecha de fundación del EZLN. Se conforma por una parte la Unión de Crédito Pajal Yacaltic, con orientación economicista, y la Unión de Uniones, llamada Quiptic Ta Lecubtezel. Esta última en 1988 se convertirá en la Asociación Rural de Interés Colectivo (ARIC) Unión de Uniones, que negará la viabilidad de una lucha armada.

Carmen Legorreta, asesora de esta organización, cuenta en una entrevista en *La Jornada* (1 de marzo 1994): "Hace algunos años y ante las condiciones económicas de pobreza y de cerrazón política de las autoridades regionales, pega una propuesta ideológica alternativa a la ARIC, que señala la vía armada como forma de lucha... El proyecto fue creciendo gracias al trabajo discreto de sus dirigentes y asesores y al camuflaje de que se valían para evitar la confrontación ideológica".

La ARIC y el EZLN comparten el mismo territorio y según esta asesora discutieron conjuntamente las vías de lucha y el proyecto político que prefería la gente. Quizás sin que los dirigentes de la organización legalista lo supieran, gran parte de los zapatistas pertenecieron hasta el último momento a esta organización mientras iban forjando clandestinamente su ejército. Según Legorreta, antes del primero de enero, la ARIC guardó silencio porque no quería una solución militar al problema del EZLN y porque se encontraba entre dos fuegos.

Respecto al papel que jugaba la Teología de la Liberación en las comunidades indígenas, el subcomandante Marcos niega que el trabajo de la Iglesia fuera en el sentido de la lucha armada, como en cierta manera pasaba en Nicaragua o El Salvador. En México, se argumentaba que sí era posible un cambio pacífico basado en movilizaciones democráticas abiertas, dentro de la legalidad. Y la Iglesia se esforzaba en ese sentido.

El subcomandante Marcos lo explicó en una entrevista concedida a *Proceso, El Financiero* y *The New York Times*: "Políticamente la Iglesia plantea un encaminarse a esta participación política abierta. Nosotros llegamos y decimos: hay que prepararse en el otro sentido. Pero tratamos de no chocar sino de que el tiempo nos fuera dando la razón… Nosotros pensamos que la realidad también educa y que el Estado Mexicano estaba de nuestro lado en el sentido de que iba a demostrar que no bastaba con esta lucha sino que se necesitaba otra".

A partir de 1989 se agravó la situación con la crisis que provocó la caida de los precios del café, la veda forestal y la política macroeconómica del gobierno. Los conflictos sociales en la zona aumentaron y se resolvieron con represión. El párroco de Simojovel, Joel Padrón, fue encarcelado por simpatizar con los campesinos de la Central Independiente Obrera y Campesina (CIOAC) que luchaban por la tierra. Una amplia movilización tuvo lugar, se estructuró el Movimiento del Pueblo Creyente, que agrupaba a la mayoría de organizaciones campesinas, y se realizó una marcha sin precedentes por la Paz y los Derechos Humanos de los Pueblos Indios "Xi'Nich" a la Ciudad de México. Se crearon comités cívicos en varias poblaciones de Chiapas y se exigió la destitución de presidentes municipales, mejoras en servicios y tierra.

SÓLO NOS QUEDA TOMAR LAS ARMAS

En 1974 el gobierno federal destruyó un campamento guerrillero de las Fuerzas Armadas de Liberación Nacional (FALN) en el municipio de Ocosingo. Años después se intentó reconstruir el movimiento nombrándolo Fuerzas de Liberación Nacional (FLN). Su brazo militar, con el tiempo, sería el EZLN.

La cara visible del zapatismo fue entre otras organizaciones la ahora extinta Alianza Nacional Campesina Emilano Zapata (ANCIEZ) creada a finales de los ochenta con un posicionamiento radical de autodefensa. Su capacidad movilizadora sin precedentes quedó demostrada el 12 de octubre de 1992 en la manifestación de conmemoración de los 500 años de Resistencia Indígena, Negra y Popular, cuando se concentraron más de 10.000 indígenas en San Cristóbal de las Casas. Llegaron con sus rostros pintados y enarbolando arcos y flechas. Llenaron las calles marchando de forma casi marcial exigiendo sus derechos negados durante siglos y después simbólicamente derribaron la estatua de Diego de Mazariegos, el español fundador de la Ciudad Real ahora llamada San Cristobal de Las Casas. Junto con la ANCIEZ participaron en este evento 17 organizaciones más integradas en el Frente de Organizaciones Sociales de Chiapas (FOSCH), constituido justamente un día antes, del 12 de octubre de 1992. Las más representativas eran la Central Independiente de Obreros Agrícolas y Campesinos (CIOAC), la Organización Campesina Emiliano Zapata (OCEZ) y el Consejo de Representantes Indígenas de los Altos de Chiapas (CRIACH).

La ANCIEZ desapareció oficialmente en febrero de 1993 y parece ser que en los primeros meses de ese año salieron de San Cristóbal de las Casas todos sus dirigentes sin que nadie supiera a dónde fueron. Muchos de ellos puede que se echaran a la montaña o a la selva a preparar la insurgencia desde la clandestinidad.

¿NO, QUE NO HAY GUERRILLA?

Sorprendentemente, el gobierno ha negado siempre la existencia de lucha armada en este Estado, quizás por intereses del salinismo de cara a la imagen de México a nivel internacional. No convenía que se conociera este problema cuando faltaba poco tiempo para firmar el Tratado de Libre Comercio. Lo que resulta inverosímil es pensar que el poder no tuviera conocimiento de ello. Los precedentes son evidentes y no escapan a la inteligencia militar.

El 20 de marzo de 1993, se encontraron los cuerpos calcinados de dos militares desaparecidos en San Isidro El Ocotal, algunos periódicos empezaron a hablar de guerrilla. Cerca de 400 soldados rastrearon la zona, amenazaron de muerte a 46 familias y detuvieron ilegalmente y torturaron a por lo menos 13 campesinos. Para muestra, dos testimonios: Marcelino Chilón fue sacado de su choza de guano y madera, atado y acostado boca abajo, con la cara en un hormiguero, simularon asesinarlo con descargas de pistola. A José Hernandez lo tundieron a palos hasta dejarlo agonizante; a continución, agentes de civil le introdujeron puntas de junca en el pene para que se confesara culpable del doble homicidio.

Unos meses después, entre el 22 y el 23 de mayo hubo enfrentamientos entre el ejército y grupos armados en la sierra de Corralchen, entre Ocosingo y Altamirano. Perecieron dos militares, el subteniente José Luis Vera y el sargento Mauro Garcia Martinez. También un civil, que hoy se sabe era miembro del EZLN.

Fue el primer enfrentamiento entre los dos ejércitos. El mexicano movilizó 4 mil efectivos para peinar la zona durante 13 días. Por aquel entonces el gobierno negó tajantemente la existencia de guerrilla.

El corresponsal de *La Jornada* en Chiapas, Elio Henriquez, lo publicó en su periódico, apareciendo la noticia en portada en todo el país. Según el subcomandante Marcos fue precisamente el escándalo que levantó la prensa lo que obligó al gobierno a retirar sus tropas para que no se hablara más de guerrilla y no se embarrara la imagen de México a los pocos meses de firmar el TLC.

Se detuvo a ocho campesinos que estuvieron en la cárcel más de medio año y que eran inocentes, no sólo no eran guerrilleros sino que pertenecían a la ARIC, organización que se oponía a la lucha armada. Dos guatemaltecos fueron expulsados del país.

Marcos cuenta que "fue un chivatazo o un accidente que una columna de soldados chocara con nosotros en ese cuartel. Lo cierto es que por la noche no quedaba ningún zapatista en esa sierra. Todos los combates posteriores fueron entre ellos".

El mayor Mario, del EZLN, estaba al mando de ese cuartel cuando se produjo el encontronazo con los soldados: "Eramos unos treinta insurgentes que estábamos allí. La primera orden fue resistir y defender nuestro cuartel. Pero cuando nuestra inteligencia nos informó de que eran más de tres mil cabrones rodeándonos decidimos retirarnos. Ellos avanzaban cerrando el cerco. Nosotros salimos de noche entre la tropa federal y nunca nos vieron. Ya estábamos lejos de allí cuando llegaron al lugar. Combatieron entre ellos mismos durante varios días, tuvieron muchas bajas que nunca declararon, nosotros salimos ilesos de esa trampa que nos tendieron. Sólo tuvimos una baja. Pensamos que ahí comenzaba la guerra, que nos iban a aniquilar, pero tuvimos que esperar más de medio año para volver a combatir".

El teniente Leonel también estaba allí y cuenta: "Cuando nos topamos con ellos, antes de que agarraran el camino del campamento los estábamos esperando. Les tumbamos a dos. No tardaron cuarenta minutos tirando bala y se volvieron a bajar. No había permiso para atacar, por eso nos retiramos. Desalojamos el campamento y salimos como pudimos. No dejamos ni un arma, uniformes creo que sí, algunos. Se mataron porque se confundieron, porque entraron por la cañada de Altamirano y por la de Patihuitz y en la noche se confundieron. Contamos que sacaron más de doce muertos suyos".

El subcomandante Marcos aseguró: "Estábamos en alerta, dijimos al Comité: cálmense, si tocan a los pueblos, empezamos."

Marcos, en una entrevista concedida a *Proceso* y *El Financiero*, explica que la retirada del Ejército en aquel entonces no fue una decisión militar, sino una decisión política: "En términos militares ellos pensaban que el nuestro era un grupo aniquilable. Pero el hecho de aniquilarlo, o sea, de empezar a poner efectivos, significaba para el gobierno federal reconocer que había guerrilla. Y pensamos nosotros, aquí estoy elucubrando, que en vistas del TLC ese repliegue no pudo ser un error del ejército federal. Estoy seguro de que fue una decisión política de muy arriba. Que no pudo ser más que del Presidente de la República".

Además, el 25 de mayo fue asesinado el arzobispo de Guadalajara, Juan Jesús Posadas.

Se mantuvo en secreto el descubrimiento de un campamento con una réplica de un campamento del Ejército Mexicano (según informa *La Jornada* del 22 de mayo de 1994), cuatro cuevas y seis chozas con alimentos enlatados, un cañón de madera, pertrechos, revistas sobre estrategia militar, uniformes y parece que también armas, aunque el mayor Mario lo niega.

La represión taimada que prosiguió tras los hechos de mayo fue silenciada por todos los medios oficiales. Los procedimientos del ejército federal sobre la población generaron una lista interminable de denuncias y violaciones de los derechos humanos tales como allanamientos de morada, quemas de casas, violaciones, torturas, encarcelamientos sin pruebas, etc. La gente habla incluso de bombardeos.

El periódico clandestino *Proletario*, organo del PROCUP informó por aquel entonces de que "la existencia del movimiento revolucionario en la entidad, Chiapas, es un secreto a voces que se oye y transmite por los distintos puntos geográficos y es el pueblo quien ayuda, y su participación es de simpatía, ayuda y protección a los guerrilleros".

También el periódico *Tiempo* informó de que se había descubierto un campo de entrenamiento guerrillero de grandes dimensiones en la selva.

El primero de enero, cuando los zapatistas entraron en San Cristóbal hicieron una pintada que rezaba: "¿NO, que no hay guerrilla?" y estaba firmada irónicamente con los nombres de Godinez Bravo (ex comandandte de la Séptima Región Militar, sudeste del país) y Gastón Menchaca Arias, de la 31 zona militar.

VIOLENCIA COTIDIANA

Según el Centro de Derechos Humanos Miguel Agustín Pro Juarez, en su informe preliminar de 1993: "El estado de Chiapas es, al igual que en 1992, el estado con más violaciones a las garantías individuales contra grupos organizados y ciudadanos. La mayoría de las agresiones fueron contra los grupos indígenas tzeltal y tzotzil, así como grupos campesinos mestizos". Y continúa: "El sector más afectado fue el campesino-indígena. El tipo de violaciones más frecuente fue el de agresión y lesiones, seguido de detenciones arbitrarias, amenazas, tortura y asesinato. Las organizaciones más reprimidas, a manos de grupos de choque de la CNC (Confederación Nacional Campesina), fueron la Organización Campesina Emiliano Zapata (OCEZ), la Unión General Obrera, Campesina y Popular (UGOCP), la Central Independiente de Obreros Agricolas y Campesinos (CIOAC)".

Amnistía Internacional en México sostiene que en Chiapas nos encontramos ahora con un patrón crónico de violencia que se viene dando desde hace décadas, del cual han sido víctimas recurrentes los campesinos pobres y los indígenas. Para Amnistía Internacional no fue ninguna sorpresa la aparición de grupos armados, era algo que ya se sabía que existía aunque el gobierno mexicano lo negaba. México ya tiene un expediente negro de 400 desaparecidos registrados por AI, cuyos responsables permanecen impunes.

El propio general Ángel Godínez, comandante de la Séptima Región Militar, llegó a afirmar que el ejército sólo tiene una manera de hacer investigaciones y ésta es arrasar comunidades enteras.

Según Pablo Romo, del Centro de Derechos Humanos Fray Bartolomé de Las Casas, de la Diócesis de San Cristóbal, "hasta hoy ni siquiera un solo violador de derechos humanos en Chiapas ha sido sujeto de sanción".

Como paradoja, el Gobierno federal creó en 1990 la Comisión Nacional de Derechos Humanos, organismo dependiente de las instituciones y, como tal, poco efectivo, ya que la mayoría de violaciones son cometidas por el Ministerio Público y el ejército.

DE ESTRUCTURA
DE AUTODEFENSA
A EJÉRCITO OFENSIVO:
"NUESTRAS VIDAS:
NOSOTROS HICIMOS EL EZLN"

EL COMITÉ CLANDESTINO REVOLUCIONARIO INDÍGENA CUENTA SUS ORÍGENES

"Vivimos bien jodidos. Cuando éramos chamacos de diez años ni siquiera usábamos zapatos. Mis abuelos dejaron las fincas y empezaron a pedir dónde trabajar. Echaron su solicitud. Les dieron puro cerro. Ahorita ya casi está bueno el terreno, pero somos un chingo: de 36 padres de familia que éramos cuando llegamos hace 40 años ahora somos 135. Ya no da para todos".

"Nosotros vivíamos en las fincas, allí nacimos. Y nuestros padres y abuelos sufrieron mucho trabajando para los ricos, los finqueros y nunca tuvieron ellos una vida buena. Cuando yo tenía tres años nos fuimos a conseguir un terreno nacional que no estaba ocupado por nadie. Los daban en ese tiempo, pero el problema es que tenían que arreglarse los papeles a través pues de la reforma agraria y nos obligaban a hacer muchos gastos para regularizarlo".

"Venían los ingenieros, medían y decían voy a necesitar que me des algo. Entonces la gente tenía que hacer un esfuerzo para juntar el dinero y poder pagar. Pero después, los ingenieros mismos medían otros terrenos, los ejidos, y los arrimaban cerca del otro ejido y lo querían pasar y así lo hacían para que entre pobres campesinos indígenas nos peleáramos, como quitándonos la tierra entre nosotros, aunque era el mismo ingeniero el que hacía eso. Y entonces iba a unos y les decía: yo voy a arreglar tu tierra, pero me das tanto. Y por el otro lado iba también, los agarraba uno por uno y siempre hacía lo mismo, nunca arreglaba nada. Pasaba el tiempo y venía otro ingeniero y lo mismo. Yo recuerdo un ejido que creo que es el más viejo de todos. Tenía 60 años y todavía no había conseguido sus planos definitivos ni sus escrituras, o sea, lo que debe tener un ejido bien documentado".

LAS COSAS NO PUEDEN SEGUIR ASÍ

"En 1983 empezamos a darnos cuenta de la situación en que vivíamos. ¿Que cómo nos empezamos a organizar? Mira, nos pusimos de acuerdo en primer lugar por la tenencia de la tierra, luego por el camino, no podemos llevar a vender nuestros pocos productos, tenemos que pedir que nos lo haga el Gobierno el camino y sólo unidos nos van a escuchar. Y así fue que empezamos a formar una comisión para que fuera a entregar una solicitud".

"La organización campesina empezó así. Llegó un momento en que tuvimos que hacer una huelga protestando y gritando todas nuestras necesidades, ya sin miedo porque sabíamos que éramos un grupo. Y de ahí empezamos a ver que no, que tenemos que prepararnos de otra forma para que nos escuchen, para que se atiendan nuestras necesidades, para denunciar lo que ha venido pasando durante muchos años, la historia de nuestros antepasados, la explotación en la que vivimos. Pero nadie entendía cómo iba a ser esa otra forma. Entonces algunos decían: solamente una organización armada. Salía la idea así, pero con una risa, así, como un relajo...".

"¿Pero, cómo?, decíamos. Tenemos que buscar la forma de cómo. Y así fuimos ayudándonos unos a los otros a platicar sobre nuestra lucha, que ya estábamos cansados de estar volteándonos y haciendo gastos y nunca había solución para nada. Tenemos que ver cómo hacernos respetar. Tenía que llegar el momento de tomar las armas para que nos escuchen".

"Lo llevábamos en secreto, luchábamos en público, pero no mencionábamos nada, si hablábamos de una lucha fuerte, muchos decían: no, pues esto está peligroso. Pero hasta ahí nadie sabía nada, solamente nosotros, y marchábamos junto con los demás en las organizaciones legales. Pero era un grupo fuerte y no había miedo ni nada".

"Y entonces se empezó a dividir la gente. Estábamos unidos, pero el problema es cuando agarran a los que dirigen así solos y les empiezan a dar otra idea y les dicen: tú como dirigente puedes hacer mucho, dile a tu gente esto y esto y yo te voy a pasar algo, te voy a ayudar. Y le preguntan al líder: Tú lo haces todo, pero ¿cuánto te dan ellos? Y contestan: No me dan nada, sólo los gastos para el pasaje. Y entonces dicen: Tú estás bien jodido, aquí te vamos a pagar y todo lo que te digamos tú tienes que verlo con la gente, que no se alteren tanto con nosotros. Y así empezaron a manipular a los dirigentes. Y estos empezaron a decir: No, pues la lucha armada nos lleva a la muerte y es en contra del Gobierno y el Gobierno es bueno, y el Gobierno nos puede mandar matar si no obedecemos, tenemos que hablar también con los ganaderos, ponernos de acuerdo con ellos....".

"Eso empezaron a hacer y se hicieron amigos de los ganaderos. Cuando había una marcha, los ganaderos daban camiones para cargar a la gente y decían: Nosotros también estamos de acuerdo con su lucha. Y los dirigentes: ¿ya ven como no son enemigos, son amigos también? Y la gente estaba confundida y se preguntaba: Bueno, ¿por qué está hablando este compañero así? ¿No recuerda lo que hacíamos al principio? Y los vendidos empezaron a manejar un centralismo puro, nada democrático. Lo habitual es que cada quien puede opinar y hablar y decir lo que piensa ante todos en la asamblea. Si oían alguien que iba en contra de ellos saltaban: No, este joven no está bien lo que dice. Y así se empezó a dividir la gente. Y dejó de venir a la asamblea mucha gente".

"Y nos fuimos quedando aparte los que hablábamos así, claro, de que la lucha debe ser correcta, para todos, consigámoslo juntos o no lo consigamos; pero nosotros vamos a hacer una lucha derecha y no vamos a engañar a los compañeros diciendo que el gobierno es bueno si ha sido traidor siempre. Si no, pruebe de meterse en una finca de un propieterio. ¿Qué es lo que hará el Gobierno? Mandar el ejército, sacarnos, quemar las casas, matar, lo que sea, todo eso puede pasar. El Gobierno no es bueno. El que dice que el Gobierno es bueno es que le están dando dinero. Y esos decían: Hay que hacer la lucha de dos caras, decirle allá que sí y aquí no. Pero era al revés, les daban más la espalda a los compañeros. En las asambleas trataban puras cosas que fueran a favor del Gobierno".

Y nos fuimos retirando de eso hasta que los fuimos dejando solos. Y nos fuimos reuniendo clandestinamente. Decidimos seguir firmes en los dos campos de lucha, político y económico. Los otros ya no querían política, sólo trabajaban lo económico. La pura paga. Y andar en camioneta, hasta camioneta les dieron... ¿Y de dónde consiguen tanta paga para moverse con la gasolina si ya no les apoya la gente? Por ejemplo, llegan tantos millones que son para la gente y dicen: no, están en el banco, van a servir los intereses para los gastos... Y es para ellos, empiezan a construir casas buenas en la ciudad y así se pagan grandes bebidas con los amigos".

"Y nosotros lo veíamos y decíamos: ¿qué compañero puede ser éste? El que quiera ser como ese que se vaya, pero nosotros vamos a seguir adelante, hasta que veamos que damos inicio a la guerra. Y como había delaciones para que nos espantáramos, nos buscaran y nos acabaran, empezamos a hacer el trabajo clandestinamente. Así se empieza a formar el Comité, que son los que agarran la dirección de la lucha. Y recuperamos las ideas, recordamos lo del principio, cómo empezamos y cómo vamos a seguir. Y entonces la gente empezó a unirse, a amarrarse más fuerte en la lucha".

VAMOS A UNIRNOS: CRECE EL EZLN

"Las ideas principales fueron que íbamos a hacer nuestra lucha a nivel nacional, no por nuestro estado o por un municipio para tener un cargo o llegar a la presidencia o tomar el Palacio del Gobierno o para mandar nosotros. No. Vamos a unirnos de esta forma y daremos inicio a la guerra cuando ya estemos más fuertes. No somos sólo nosotros. Hay muchos compañeros que están dispuestos a luchar, tenemos que ponernos de acuerdo con los compañeros de otros lados. Y se empezó a analizar nuestra situación: la tenencia de la tierra, la falta de maquinaria, los ricos dicen que somos huevones (perezosos), que no trabajamos, pero estamos muriéndonos de hambre porque sólo tenemos el puro machete -en estas tierras no se conoce ni el arado-. Sería un descanso levantar la producción de maíz y frijol, arroz y todo y poder ponernos a sembrar banano, caña de azúcar, poner los ingenios de la fábrica de azúcar con puros campesinos, así en cooperativa... Hay que salir de la pobreza".

"Bueno, si vamos a hacer esta lucha tenemos que ser muy derechos y muy serios, no andar peleándonos entre nosotros, nos vamos a respetar como compañeros. Para empezar, las bebidas alcohólicas hay que dejarlas, porque eso no nos va a dejar pensar y cuando vamos a querer hacer una reunión vamos a estar durmiendo borrachos con la curda, no vamos a avanzar. Dentro del pueblo no vamos a pelear con nadie. Los que estemos de acuerdo vamos a ir haciendo. No hablaremos mal de los demás y si hablan mal de nosotros pues que hablen, pero no los estaremos molestando e intentaremos seguir avanzando hasta que vean que no vamos en contra de ellos, sino que vamos a pelear contra el Gobierno. Y todo lo que ganemos en esta lucha armada va a ser para todos. Así se van a dar cuenta y a lo mejor con el tiempo dicen: no, pues yo estaba equivocado, esta forma está bien".

"El Comité debía ser muy derecho, vigilar que no pase como pasó, que les hablen y los busquen para comprarlos y manipular a la gente. Hubo un acuerdo: si un compañero nos enteramos que nos está vendiendo, ¿qué vamos a hacer? Pues ajusticiarlo de una vez.

El Comité empezó a reclutar. Teníamos que salir a las comunidades, a los pueblos a platicar con los compañeros de qué es lo que pasó y cómo estamos, porque muchos no llegaban a entender por qué un grupo de gente decía una cosa y otro otra. Les contábamos que nuestro camino era tardado y costoso, pero que cuando vayamos a flotar por fin nos van a escuchar y a conocer quiénes somos. Tenemos que hacerlo clandestinamente, con cuidado, y no se puede decir ni cuándo, ni dónde, ni cómo, por seguridad. Los otros decían: es malo su camino, no nos dejan tomar ni trago, no nos dejan hacer nada, ya ven que esa organización no sirve, no, la guerra no sirve, es muerte, no se metan...".

HASTA FORMAR UN EJÉRCITO DEL PUEBLO

"Pero cada vez éramos más y más. Sí, íbamos a dar la vida pero por eso estábamos viendo quiénes estaban dispuestos, decididos a dar la vida por sus hermanos, conscientes. Y entonces la gente fue concienciándose y decían: Ni madres, ¡órale! Vimos quiénes querían entrar como milicianos. Entonces nos decían: Yo estoy dispuesto, pero necesito entrenamiento para la lucha armada, ¿quién nos la puede dar? Entonces el Comité vio cómo y dónde. No se le decía al pueblo, sólo a los que se iban incorporando al Ejército Zapatista. Ser insurgente es un trabajo durísimo, les decíamos, tienes que hacer esto y esto y éste es el reglamento, ve si quieres. Luego empezamos a ver que hubiera un mando, a ver quién iba a dirigir. Había un compañero que podía prepararnos, era el subcomandante Marcos, él iba a formar como insurgente al compañero que salía del pueblo y se iba a la montaña. A la gente le gustó mucho, no hubo problema porque no fuera indígena porque el problema con el Gobierno está muy duro y si queremos hacer esto necesitamos quien nos enseñe. Y entonces fue cuando empezaron: yo voy, yo voy, yo voy".

"Los que no querían irse de la comunidad se quedaban y eran milicianos, también eran del ejército del pueblo. Fuimos viendo que fuera el pueblo el que se levante. El Comité iba reclutando y dando reuniones, orientación. Y no pensábamos que fueran los insurgentes los únicos que debían estar preparándose, también el resto del pueblo, las bases de apoyo, los que participan y son miembros del EZLN, también ellos tienen que tener tantito entrenamiento, todos, porque puede llegar el momento en que tomemos las armas todos con todos los pueblos, las compañeras mujeres también, las que quisieran".

"Los niños que estén grandecitos sí pueden integrarse en el EZ. Los que quieran pueden entrar a la edad de 10 ó 12 años, si quieren y les gusta un entrenamiento se les puede dar, pero no se los obliga tampoco. Nada más se les explica y si dicen que sí pues se los forma y si vuelven a pedirlo, que les gustó, pues otra vez. Entonces ellos se van acostumbrando y preguntan cuándo nos van a volver a llevar a donde fuimos aquel día... Y se les dice que se pongan de acuerdo, que sí, que hay que nombrarles un sargento".

"En los pueblos se hizo una reunión con todos para que dijeran cuándo y quién quería, que levantara la mano: yo estoy dispuesto, voy a probarlo, si puedo me quedo, y si no aguanto pues me regreso. De acuerdo, pero si regresas te quedas aquí en el pueblo, no puedes ir por otro lado, y enseñas lo que has aprendido".

"¿La ANCIEZ? Sí que había gente del EZ. Era una organización abierta, que decíamos, pero no podía negociar o hacer trato con el gobierno como la ARIC, sino que también era clandestina aunque abierta. ¿Se utilizó para llegar a más gente? Sí, sí. A través de ella todos fueron entendiendo, porque no íbamos a engañar a los compañeros y decir que haríamos lo mismo que la ARIC, de nada servía volver a hacer una organización y engañar a los compas, mejor hablarlo ya claro, así debajo del agua. Ya teníamos las ideas de cómo nos podíamos formar como ejército y empezar a trabajar sobre eso con los que estaban más conscientes, también secretamente. Y estos podían a su vez, hablar secretamente con otros y así se fue extendiendo y extendiendo. Y ahí comprendieron que la lucha armada es buena y terminó la ANCIEZ. ¿Para qué tener una organización? Pues ya no. Dejemos de estar haciendo esto y metámonos en esto de una vez ya. Así se amarró la lucha de forma más fuerte todavía".

AFILANDO MACHETE: LEVANTARSE EN ARMAS

"En el 87-88 así hasta el 90 creció mucho. El EZ formó sus batallones y se vio que había fuerza para hacer una demostración de armas a nivel nacional, porque la idea era pelear a nivel nacional. Y el Gobierno trató siempre de ir engañando a la gente, dividiéndola y comprándola. Empezó con lo del crédito a la palabra, les dan para hacer milpa 100 ó 200 mil pesos por hectárea y entonces dicen el Gobierno es bueno. Así, unos peleando y otros recibiendo. Les dan la paga ya por 15 años, pero ¿cuánto pueden ser 700 mil pesos para 15 años? Esto no es correcto".

"En el EZ había que estudiar de forma muy dura la cuestión política, sobre todo a los insurgentes había que darles una prepración fuerte y entrenamiento. Todo esto lo tuvo que hacer el subcomandante Marcos como militar. Los trabajos del Comité Clandestino son lo político y lo económico. Por ejemplo, en cuestión del ganado que tienen los pueblos, se veía que se necesitaba un arma, pues se vendía ganado del que se trabaja colectivamente. Tenemos en colectivo tantas cabezas de ganado, entonces vamos a vender tantas y vamos a comprar armas y eso nos va a servir. Entonces, la gente consciente lo empezó a hacer y así se fueron consiguiendo armas... Todo el dinero sale del pueblo, aunque todos los compañeros estemos pobres... Se gastó mucho dinero porque todos los insurgentes son compañeros, son campesinos indígenas pobres, de familia pobre todos. Sus padres que están trabajando, si pueden darle la ropa a sus hijos que están como insurgentes o calzado, pues lo mandan, saben dónde y a quién entregarlo. Montamos nuestros propios talleres, todo salió del pueblo, los uniformes, las botas".

"Si esperamos tanto tiempo en darnos a conocer era porque teníamos que prepararnos, hacerlo bien. Por fin, tras 10 años, de una vez se tomó el acuerdo en todos los pueblos. Muchos decían: ya, si se puede mañana, pues que se haga, ya hemos esperado mucho, rápido. Pero el Comité decía: compañero, vamos a hacer las cosas con calma, porque rápido nos puede salir mal. Nosotros tenemos que esperar a que se tome el acuerdo bien, en todos los pueblos. Ya entonces le daremos el inicio a la guerra, diremos cuándo y cómo, ya les avisaremos. Y así quedaba para que no supieran cuándo íbamos a salir. Dentro del Comité se decidió que fuera el 1 de enero. Pero dimos varias fechas para que los pueblos estuvieran listos, afilando el machete para la guerra. Dábamos fechas como método para organizar y ensayar los avisos, cómo íbamos a manejar y todo eso. Ya cuando llegaba el momento decíamos todavía no, en tal fecha tal vez, pero quién sabe".

"Nos preparamos bien, llevamos todo lo que pudimos a la selva, teníamos la idea de que la guerra iba a durar más. Ropa, alimentos. Entonces ya faltaban tres días, al día siguiente teníamos que salir los que vivíamos lejos porque hay dos días de caminar para salir a la carretera. Además tuvimos que ver que hubiera vehículos, teníamos que tomar camiones, conseguir gasolina para que pudieran salir los compañeros con toda la carga y las armas. Es muy pesado caminar dos o tres días. Lo preparamos todo bien y ya cuando estaba listo el momento, sí, pues, ala, vámonos. Y nos fuimos contentos. El Comité también iba, delante, claro, porque no tiene caso que digamos váyanse y yo aquí, yo diciendo váyanse a hacer la guerra y me quedo. Por eso fuimos todos delante, los del Comité. Y entonces todos los compañeros con gusto porque nos ven allí, todos contentos. Ahora los compañeros nos tienen más confianza porque saben que todo lo que vayamos haciendo lo hacemos junto con ellos".

LA FORMACIÓN DEL EZLN SEGÚN MARCOS

En Chiapas la propia situción geográfica y de miseria se pone a favor de un movimiento de este tipo: no hay caminos, no hay comunicación, la misma propaganda del gobierno llega diluida si es que llega. La gente no habla español y es analfabeta, no hay electricidad ni televisión, ni fútbol ni espectáculos. Para los indígenas sólo existe la realidad cotidiana, una realidad que, según palabras de Marcos, te está gritando a la cara que estás bien jodido y que tienes que hacer algo por cambiarla.

LA ETAPA GUERRILLERA

El EZLN nació, según todas las versiones e incluso los corridos, el 17 de noviembre de 1983. Llegaron a la selva Lacandona cinco personas e integraron el Ejército Zapatista, tres de ellos eran indígenas campesinos de la zona que de una u otra manera se habían politizado. El pequeño grupo mestizo procedía de la ciudad, del agotamiento de las formas legales de lucha y de las limitaciones y fracasos de las guerrillas de los setenta. Se adentraron en la selva y empezaron un proceso de adaptación al medio.

"Fueron tiempos duros, había que sacarle a la montaña la casa, la medicina, todo, ya que no había forma de andar metiendo comida, ni nada, y, por supuesto, en aquel entonces no había apoyo de los pueblos" —cuenta el subcomandante Marcos.

Estaban en una región muy inhóspita, muy agresiva con el ser humano, ni siquiera había poblados cerca. Las comunidades de la selva acababan de salir de la experiencia política con los grupos maoístas de Política Popular, Linea Proletaria, que, en cierta manera, habían intentado subvertir las propias formas de organización y toma de decisiones de los indígenas, hasta que fueron expulsados.

Ya no era, por tanto, posible llegar a la población de la selva con un discurso proselitista basado en la teoría política académica. La gente reaccionaba con desconfianza y recelo ante cualquier proyecto presentado por mestizos. Veían en ello la taimada intención de aprovecharse de sus estructuras y de su fuerza para beneficio personal, para encabezar oficinas de apoyo al indígena o convertirse en asesores bien pagados y traicioneros, como ocurrió con los líderes de la Organización Ideológica Dirigente.

Por eso, el ideario zapatista llegará a las comunidades a través de los indígenas y campesinos y jamás, de los mestizos. Y éstos no hablarán directamente de cuestiones políticas, sino de cómo está la situación en los pueblos, de cosas tan evidentes y terribles como la miseria.

El mensaje que se dio era claro: "Preparémonos para luchar, en algún momento se va a necesitar alzarse en armas, ya sea para defendernos o para conquistar lo que no tenemos".

Se trata de un discurso sencillo: "Estas son las condiciones de vida, hay que luchar, está bien hacerlo en las organizaciones económicas, pero todo tiene un límite, algún día se va a necesitar la lucha armada". Es la idea de resistencia y autodefensa propagada por indígenas mismos, y no ladinos, la que hizo que el EZ tuviera aceptación. No había razonamientos ideológicos enrevesados. Los interlocutores son gente de la misma etnia y la misma lengua, algunos de ellos con una gran cultura, conocedores de todos los dialectos mayas, aparte del castellano, gente que ha vivido en las comunidades, que conoce la problemática porque la ha sufrido en su propia piel, en sus orígenes, y, por lo tanto, es muy difícil que no tenga argumentos que dar en las comunidades.

Los Comités Clandestinos tomaron la dirección del EZLN y decidieron mantener una independencia total no sólo del gobierno, sino también de organizaciones políticas de cualquier signo. Según Marcos, serán muy celosos en ello para no perder lo que consideran su independencia y la pureza de su camino y defenderlo a toda costa.

Al subcomandante Marcos le encargaron la faceta militar de la organización que se gestaba. Según él, es un compañero también mestizo el que le empezó a enseñar y juntos revisaban y estudiaban manuales del Ejército Mexicano y Norteamericano. No fue empresa fácil, había que traducir del inglés e interpretar para luego poder ponerlo en práctica.

Esta primera etapa, que Marcos denomina guerrillera, duró unos 3 ó 4 años, durante los cuales aprenden a sobrevivir en las montañas y están solos, la población no los apoya ni los conoce y si los encuentra en los caminos los tacha de bandidos.

En cuanto al abastecimiento, desde el principio se sentaron las bases de no recurrir a ninguna ilegalidad. Durante los primeros años, sobrevivieron gracias a la gente que colaboraba desde la ciudad con ellos, modestamente. Llegaron a una conclusión: "No hay dinero que valga el arriesgar la vida de un compañero en un atraco o un secuestro, porque además eso no tiene ningún efecto político".

Se consideraba que esa manera de hacer hubiera distorsionado la verdadera dimensión del movimiento. Quizás hubieran conseguido grandes y modernos equipos, pero eso no correspondería a la realidad del apoyo popular que tenían. El subcomandante Marcos lo explica: "Fue ahí cuando se decide que no, que el crecimiento de la organización tiene que ir según el apoyo de la población, así el apoyo y avance organizativo sería un reflejo fiel del apoyo político. Entonces, al principio podíamos conseguir una pistolita o un riflito porque esa era la colaboración que recibíamos. Y así íbamos poco a poco, creciendo. Fue un crecimiento lento pero nosotros pensábamos que más sólido, en el sentido de que no respondía al espejismo de la recolección de recursos por otros medios. Yo creo que fue correcto porque ahora estamos donde estamos, sin ninguna mancha en nuestra historia de que hayamos secuestrado, asesinado o asaltado".

Para el EZ lo militar tenía sólo sentido en la medida en que era político, se dejó claro que sería la política la que tendría repercusiones militares y no lo militar lo que provocara reacciones políticas.

Marcos niega totalmente la ingerencia de grupos religiosos. La línea de la Diócesis en las comunidades siempre fue en sentido contrario a la lucha armada. La contribución de la Iglesia puede entenderse en el sentido de que es la forma en que gran número de campesinos acceden a la lectura y la escritura. Y según Marcos, "si esta gente aprende a leer y escribir en estas condiciones de vida es potencialmente subversiva". Pero el trabajo eclesiástico va orientado a cuestiones de tipo económico, para conseguir apoyo y recursos que el gobierno no proporciona en materia de salud, mejoras en la producción, contactos con organismos no gubernamentales de solidaridad".

LLEGAN UN CHINGO

La etapa de crecimiento masivo del EZ empieza cuando el gobierno amenaza con desalojar muchos poblados de la selva Lacandona. Falta tierra, el crecimiento demográfico ha sido muy alto y se producen constantes invasiones de tierras. Se recrudece por tanto la acción violenta de las guardias blancas. Los campesinos se organizan para ocupar predios y solicitarlos al gobierno. La represión a veces es tan fuerte que lleva a una radicalización general; es necesario defenderse, hay que prepararse.

"Hace ocho años -cuenta Marcos- los finqueros quemaron un poblado entero cerca de San Miguel, rumbo a Monte Líbano. Se trataba de tierras indígenas que los finqueros se habían apropiado. De nuevo habían sido recuperadas por los campesinos, quienes habían construido sus humildes casitas de zacate. Ganaderos enmascarados irrumpieron una noche y le prendieron fuego a todo, se llevaron a algunos hombres amarrados, los torturaron y los entregaron a la policía. Fueron tratados como invasores ilegales".

Este hecho se difundió como una onda expansiva por la selva. La expectativa de obtener tierras caía por si sola. Además, aún pendía la amenaza de desalojo de varias comunidades. El subcomandante Marcos explica: "Es entonces que la gente empieza a buscar a los guerrilleros y piden estar con nosotros. Y nos empiezan a proteger, a diferencia de antes en que, si aparecía un extraño, inmediatamente lo denunciaban o lo tomaban preso ellos mismos, o lo mataban o lo entregaban a las autoridades".

Así fue como se pasó de la indiferencia a la complicidad e interés por colaborar con el incipiente Ejército Zapatista. En esta segunda fase se recluta a muchos jóvenes indígenas y empiezan a aprender a vivir en las montañas. La consecuencia de su incorporación es la consiguiente implicación de los familiares, quienes empiezan a mandar alimentos a los hijos. Poco a poco, los guerrilleros conseguirán la suficiente confianza como para bajar a los pueblos que envían apoyo para hablar con sus moradores, quienes paulatinamente pasan a ser confidentes y a participar directamente en la organización clandestina.

En la selva, la gente de los ejidos muchas veces son poseedores de armas. Las utilizan para la caza, una forma de completar la pobre dieta de los campesinos. En el monte se encuentra venado, tepesqüite, armadillo, faisán... Y además está el tigre, que a veces baja a comerse el ganado. El arma es por tanto una herramienta de trabajo. A partir de esos rifles y lo que se logró ir comprando se empezó la instrucción militar en los pueblos.

El EZ empieza a crecer masivamente. Los poblados pasan a organizarse y coordinarse a nivel regional. Se toma conciencia de que la lucha debe ser conjunta y no sólo por comunidades. Hay que unirse para tener más fuerza y poder repeler a los soldados si vienen a desalojar. El subcomandante Marcos siempre ha reiterado que el principal colaborador, el que hizo que el EZ creciera, fue el Gobierno: "Es el Gobierno el que avienta finalmente a la gente a la lucha armada, a no denunciar primero, a hacerse cómplice en este sentido y luego a participar con nosotros".

Será la idea de autodefensa la que impere. Pero con el incremento masivo de insurgentes hubo un cambio de táctica. No es posible seguir las mismas reglas de la guerrilla cuando ya se trata de centenares de personas, cuenta Marcos. Y se optó por empezar a crear la estructura de un ejército.

Fue a partir del proyecto de Tratado de Libre Comercio entre México, EEUU y Canadá, y de las enmiendas del Gobierno de Carlos Salinas al artículo 27 de la Constitución —que convierte a la tierra en mercancía— que el EZLN toma ya la iniciativa de actuar no como organización de autodefensa sino como ejército ofensivo dispuesto a provocar una insurrección armada que conmueva a todo el país. Los problemas por resolver son de ámbito nacional. Hay que derrocar al mal gobierno, para ello habrá que declarar la guerra.

MARCOS LLEGA A LA SELVA

"No me correspondió a mí la decisión de ir a Chiapas, pues evidentemente todo el sureste reunía estas condiciones. Lo que decide que sea en Chiapas es el contacto con algunos indígenas de allí". El subcomandante insurgente cuenta su incorporación a la selva: "Yo acababa de entrar, me acababan de hablar y me encargaba de escribir de política, de cómo estaba la situación nacional en ese entonces, y de cuestiones internacionales como Nicaragua o las ofensivas del Frente Farabundo Martí en el sesenta y tanto, la guerilla colombiana, el problema de la URSS que empezaba a padecer cambios, en Europa empezaba a discutirse lo del Mercado Común... Tenía la opción de quedarme haciendo eso, análisis políticos, rollos de esos".

"Yo les dije: quiero ir a la montaña. Finalmente me dijeron: prueba, si no te regresas... está muy cabrón, ahí sólo los campesinos la libran. Pero aguantas, te revientas, ahí puedes hacer el trabajo y finalmente dicen: pues prueba y si la libras te quedas. Y finalmente me quedé. No pude salir hasta enero".

"Cuando llegué, cargaba un montón de libros. Uno era el *Canto General* de Pablo Neruda, otro una selección de poemas de Miguel Hernández, León Felipe, *Historias de cronopios y famas* de Julio Cortázar, las memorias de Francisco Villa, *El inge-*

nioso hidalgo Don Quijote de la Mancha, etc. Por supuesto que fuí dejándolos por el camino, cargaba como 15, unos cinco o diez kilos. La carretera no bajaba y para donde nosotros íbamos había que subir una montaña, bajar y subir otra. Y hay una lógica en la guerrilla: lo que pesa un kilo a la hora pesa dos y a las dos horas pesa cuatro... Lo vas sintiendo cada vez más pesado y te dan ganas de botarlo a la chingada".

"Todos llegamos al campamento, pero entonces te toca tu dotación de balas, de comida, de equipo, de cargadores, un radio chiquito, altímetro, brújula, misiles y alguna cosa pues para topografía, mapas. Llevas el mismo peso que todos y además los libros. Eso les llamaba la atención a los compañeros, primero se burlaban de que yo cargara libros, era un absurdo. Luego como de esos libros salían historias a la luz de la fogata pues se fueron ofreciendo cuando yo les decía, éste ya lo voy a dejar; yo te ayudo a cargarlo, me decían, de ahí va a salir un cuento y una historia que nos vas a contar".

"Los compañeros contaban historias de montaña, de aparecidos, de muertos, de luchas anteriores, de la revolución mexicana, y eso se confunde con la etapa de la colonia o con la época prehispánica, pero te están hablando de lo mismo, lo puedes ubicar en tiempos diferentes".

"En la montaña, los compas, cuando escribían a sus familias o a sus novias, a mí me decían: no, pues dame una carta tuya y la firmo, o dime como le voy a decir si esta chamaca no me hace caso o cómo la enamoro".

"Eramos puros machos, la única hembra era una monita, que llamábamos Margaret Tacher, era un mono araña, muy chistosa. Eramos seis, corría 1984, ella andaba con nosotros y cuando nos sentábamos a leer o platicar se sentaba con nosotros, cuando acabábamos se levantaba también, todo su trabajo era ir a comer".

"Al principio fue muy duro, los compañeros indígenas son muy duros, te ven mestizo y dicen, no, a ver si es cierto. Y te ponen a caminar igual que ellos. No es lo mismo que uno haga ejercicio así corriendo en una pista plana donde puedes correr ocho, diez o doce kilómetros al día, aquí a la primera loma te revientas completamente. Luego ya vas agarrando la maña, empiezas a observarlos, ver como agarran el paso, cómo lo aceleran en determinados terrenos y lo aminoran en otros, cómo balancean el cuerpo al caminar... Empiezas a probar su forma de caminar, su forma de cargar y luego, al final, ya echábamos carreras... Éramos todos más o menos de la misma rodada. Y ahí fue donde dijeron: no pues ya, éste es nuestro... Ahí empiezo a aprender dialecto".

"Fue duro, pero nosotros habíamos pensado que hay cosas que hay que seguir hasta sus últimas consecuencias, que un paso te lleva a otro, a otro, a otro, y si claudicas en determinado momento, puedes tener una satisfacción en ese momento, pero siempre vas a vivir con la vergüenza de no haber dado ese paso. Hay una parte al final del Quijote cuando Alonso Quijano dice: estuve loco ya estoy cuerdo. Eso es lo que yo siempre quise evitar decir, tenemos que mantenernos en esta locura hasta el último momento y no decir esas palabras y entrar en el aro del Estado y del conformismo. Y los molinos de viento son enemigos muy reales, los aviones Pilatus que el gobierno de Suiza vende al mexicano para matar indígenas".

"Allí eres anónimo, más que un pasamontañas no había nada. La montaña te hace una promesa: estas dificultades tendrán una recompensa algún día, esto que estás aprendiendo algún día lo vas a usar y va a servir de algo no para ti en lo personal sino para este país en que te tocó vivir para bien o para mal".

"Alguien de la ciudad no tiene a qué aferrarse más que a la esperanza, allí no hay nada pues. Si tú tienes esperanza en esas condiciones cuando todo te dice: no, mejor regrésate, estás perdiendo el tiempo, es inútil lo que estás haciendo...; y todavía dejas una llamita que dice que hay una esperanza de que cambie, la montaña te hace casita con las manos para que esa luz no se apague y ésa es la que prendimos el primero de enero y la llevamos a las cabeceras municipales. Es tan grande la oscuridad en este país que esa lucecita que nosotros llevamos brilla mucho. No porque sea grande sino porque la oscuridad es la que es grande...".

"Lo que más te preocupaba era llegar a un lugar y poder sentarte. Ahí el placer más grande era poder dormir con los pies secos. Caminábamos por pantanos donde el agua llega hasta las rodillas. Teníamos que llegar y prender fuego y la leña estaba mojada, era un suplicio. Y así te ibas a cocinar y luego a dormir porque al otro día teníamos que seguir. Siempre dormíamos con los piés mojados. Queríamos un par de calcetines calientes, secos, era el mayor atractivo en la vida, eso y el azúcar. El azúcar lo extrañábamos un chingo, es lo primero que te pide el cuerpo cuando va para abajo".

"Yo empecé de soldado raso, de recluta pues, de recién llegado. El síndrome del recién llegado es que suspira por algo que cree que se le ha olvidado, una mujer, o la comida, o tu abuelita, o unos libros... Yo suspiraba porque ya no me alcanzaba el aire... En realidad, uno no se acordaba de nada... No es cierto, lo que pasa es que los más viejos tenían apenas unos meses".

"Cuando llegaba un grupo de nuevos compañeros me encargaban que los enseñara a cocinar, a cortar leña, a vivir en campamento, a armar y desarmar un arma, a saber por qué luchamos... Entonces es cuando me dieron el grado de subteniente, un suboficial".

"No fue hasta la tercera etapa que nos empiezan a presentar en los poblados para dar instrucción militar y planteamientos políticos".

LAS HIJAS DE LA GUERRA Y DE LAS ARMAS

En muchos casos son las madres las que incitaron a las hijas a incorporarse al EZLN. En estas tierras donde la pobreza niega toda oportunidad, hacerse insurgente es la única forma de promoción personal, de superarse, sobre todo, para las mujeres.

De madres a hijas hay un salto cultural enorme. En el EZLN las insurgentes aprenden español, a leer y a escribir, pueden amar libremente, utilizan métodos anticonceptivos y viven en un ambiente de igualdad sexual.

Nacieron en las comunidades indígenas y campesinas de Chiapas. Estas jóvenes sin infancia se han convertido en la generación que el pueblo ha entregado a la guerra. Nunca han llevado una vida normal, no viven en casas ni tienen hijos, ni otro proyecto de futuro que acabar con las armas la injusticia insostenible que las viene sometiendo por lustros. Son las insurgentes, el 35% del EZ, sacrificadas luchadoras que desde la edad más tierna aprenden el manejo de las armas y hacen de la guerra el sentido de su vida. Jóvenes guerreras, jóvenes dignas y conscientes, entregadas y tiernas, precisas e implacables. Son militares, se han hecho adultas en el EZ y allí han aprendido todo lo que saben. Ellas cuentan su historia.

CAPITAN LAURA, TZOTZIL, 21 AÑOS DE EDAD

Su historia personal es simple y extrapolable a miles de casos. De los hemanos de Laura 4 murieron, le quedan 11 vivos, cree. ¿Por qué mueren los niños? Pues porque andan mal alimentados. Ella es la mayor, vivió en la ciudad un año con su madre, su padre marchó a buscar empleo en el campo.

Regresaron al pueblo y, como ella sabía leer, se dedicó a enseñar a las compañeras con las que trabajaba colectivamente. Aprendió también a bordar y a tejer.

En la selva, bajo el jacal, la capitán Laura que no es muy habladora y aparece siempre sumida en sus propios pensamientos, agarra un periódico que los reporteros han abandonado en la banca y lee. Otro día tomará mi libro de Traven *La guerra de los olvidados* y se enfrascará en él mientras hace la guardia de los pocos periodistas que quedamos en la escuela.

Laura tiene 21 años y su sed de conocimiento es tan grande como la ecuanimidad de su mirada seria y reflexiva. "Yo tenía 14 años, y mi padre me empezó a hablar de política, de cómo está el país, de por qué eramos pobres, cómo sufen las mujeres... Date cuenta de cómo sufres tú, me decía. No sé cómo supo, pero llegó un día en que me dijo que hay una lucha armada pero que no lo puede saber nadie. Me preguntó: ¿qué piensas? Yo dije: No, pues está bien, pero primero déjame trabajar más con las compañeras".

Recolectaban hortalizas colectivamente. Cuando terminaban por la tarde se reunían. Laura les contaba lo que le enseñaba su padre sobre política. Así fue como esas charlas cobraron una regularidad semanal. "Las mujeres se ponían en contra de los hombres: "los hombres casi no nos ayudan, nosotras hemos de cuidar a los niños, tu niño allí llorando y los hombres nada más vienen a pedir la comida". Discutíamos mucho, nos llegábamos a reunir como 20 mujeres, y era una comunidad muy chiquita."

Con 15 años ingresó en las milicias, una forma de participar en la lucha que le permitía no abandonar el pueblo, no ir a las montañas como los insurgentes. "Mi papá dijo: así vas a poder seguir trabajando con las mujeres, organizándolas. Yo dije que sí, que está bien".

Fue a partir de entonces cuando Laura tuvo que ir a otras comunidades a reunirse con otros grupos de mujeres. Con ello aprendió de otras experiencias, se enriqueció. La ayudaron a gestionar la compra de una máquina de coser colectiva, la aconsejaron sobre cómo seguir organizando a las mujeres de los pueblos. Y así fue avanzando.

"A los hombres se les daba la política aparte de las mujeres, y porque ya se daban cuenta de la situación. Además, muchas compañeras hablaban con sus maridos, les decían lo que discutíamos y empezaron a ayudar en la casa a las mujeres: si quieres que cambiemos la explotación pues ayúdame a traer el niño, cargar la leña y el agua y todo eso".

Pero Laura marchó pronto a las montañas. Apenas cumplió los 17 años ingresó en el Ejército: "Pensé que quería prepararme, hay que saber pelear. A pesar de que organizaba a las mujeres, quería hacer algo más, saber, avanzar. No sólo en los personal, sino para todos. En el monte aprendíamos muchas cosas distintas, historia, etc. Lo primero que te enseñan los compañeros es el reglamento, la disciplina, leer y escribir, hablar bien el español y la práctica, el entrenamiento militar, limpiar el arma, cuidarla..."

No es fácil para las mujeres indígenas, nacidas en sociedades tradicionalistas y de un sexismo exacerbado, cambiar de golpe, abandonar el reducto de la casa y verse tratadas de igual a igual con los hombres, viviendo y relacionándose con ellos. "Al principio te cuesta acostumbrarte, no está tu familia, todo es distinto. Cuando entré había varias mujeres y claro, como quiera, una se va arrimando. Te ayudan, te sientes triste y deprimida, pero te vas acostumbrando a vivir con hombres, a ver que es diferente. Además en mi pueblo ya estaban cambiando las cosas, ya se tomaba conciencia de la situación de la mujer y la necesidad de que todo fuera parejo".

Hace un año y medio que no ve a su familia pero no parece afectarle mucho: "¿Ganas de verlos? Me es igual; si los veo, mejor; si no, date cuenta, estamos en guerra. Aquí estoy con mis compañeros, como si fueran mi familia. Con los compas pues te relajas, los chingas, compartes muchas cosas, te ayudan... Es como si fueran tus hermanos, todos, tus mandos son como tus padres, los que llevan más tiempo, los hermanos mayores...".

Laura nunca pensó en dejarlo, a pesar de que confiesa que es duro, que es durísimo y a la pregunta de qué es lo más difícil contesta con un **todo** contundente: la cocina, el fuego, el entrenamiento... "Y la caminata. Cuando empezo a caminar se me empieza a hacer ronquido en la garganta y me duele, es lo que me dificulta más. A veces caminammos 7 u 8 horas con carga en los hombros, subiendo monte".

Ella es capitán. El subcomandante Marcos le dio el grado. El 1.º de enero entró en Ocosingo al mando de su tropa. "Te da nervios, estás consciente, y al mismo tiempo tienes que saber controlarte. Tenía 80 milicianos a mi mando y 4 insurgentes. Como eres la capitán tienes que darle ánimo a la gente y saber dirigirlos. Yo tengo que ir delante".

¿Qué sentías? "Sólo quieres acertar. Ver caer un soldado es una sensación increíble. Voy a disparar, pero no puedo fallar, no puedo fallar ni un tiro, eso tienes en la cabeza. Y además ordenar a tu gente, darle ánimo: apúntenle y tírenle ya".

Laura no hace vaticinios sobre lo que va a pasar. Es pragmática, se aferra a su arma; la guerra es la única realidad desde que tiene uso de razón. Si se le habla de un hipotético futuro de paz, qué le gustaría hacer o ser..., responde: "Seguiré en lo militar, es lo único que sé hacer. Me gusta leer y estudiar, pero... Además como quiera que cuando ganas una guerra te queda la sensación misma de la guerra, ¿no? Quieres ser lo mismo que eras antes, lo que llegaste a aprender y esto es a ser militar. Y ése es mi gusto porque el arma es como si fuera mi propio cuerpo".

CAPITÁN SILVIA, CHOL, 18 AÑOS

Silvia tiene un terrible pasado que contar, tan joven, y a la vez las ganas de vivir se le escapan por el brillo de sus ojos.

"Tenía más o menos cuatro hermanos. Trabajaba en el campo, no estudié nada. En mi comunidad había una escuela así de madera, de puro zacate. Los maestros llegaban alguna vez pero sólo contaban a los alumnos y se iban, no daban clases. Así pues la mayoría de los niños no estudian; algunos se iban a otro pueblo dónde funcionara la escuela, pero eran pocos".

"Mi ejido es muy pobre, no hay nada, más pobre que aquí, también en la selva. Yo ayudaba a mi mamá, mi familia vive en la miseria, sin dinero, sin nada. Si los niños enferman no hay donde ir, no hay carretera ni médicos. A los enfermos los llevan cargados 8 horas caminando. Se mueren. Los que están enfermos de calentura o enfermedades que se pueden curar no es justo que tengan que morir. Las mujeres no tienen nada, trabajan en sus casas, cargan leña, llegan a trabajar, tortean, hacen comida, ayudan a limpiar la milpa a los maridos y atienden a los hijos. Algunas, no todas, participan en las reuniones de las comunidades, las que llegan a entender".

"Supe mucho antes que había una organización armada, el EZ. Alguien me lo comentó, uno de otro lado, no del pueblo. Empecé a pensar en los once puntos por los que lucha el EZ; y por eso me sentí muy orgullosa de integrarme aquí. No hay nadie que se venga por gusto nada más. Estamos explotados por el Gobierno, por los que tienen poder. En mi pueblo no todos estábamos con el EZ y en 1990 nos traicionaron. Llegaron como 500 federales armados y registraron toda la comunidad y encontraron armas. Eramos pequeños grupos de organizaciones y por eso nos investigaron, querían ver quién es el dirigente, quién movía el ejido. Uno habló, lo dijo todo, nombres, etc. Tomaron presos. Algunos se pudieron esconder. Pero a los dirigentes los llevaron y algunos no han vuelto a aparecer. Los que huyeron lograron venir hasta acá, a este pueblo, los estuvieron buscando por las montañas, dispararon por todas partes. Mataron, porque a algunos ya no los volví a ver".

"Nos llevaron a una casa de seguridad en San Cristóbal, donde no nos encontraran los federales. En esa casa donde estuve trabajando en la ciudad pensé bien qué iba a hacer. Y pedí ir a la montaña. Ya sé que es un sacrificio lo que voy a hacer, pero es hora de confirmar, por eso estoy acá. Hasta ahora no he visto a mi familia desde 1989, no saben dónde estoy. Los ejércitos tienen controlado el ejido ahorita. Y me siento orgullosa de estar aquí en el EZLN, es necesario estar aquí. Además aquí se aprende. En una casa nada más trabajas, haces la comida y no se aprende nada, por eso es mejor venir para bien de nuestro pueblo, tomar las armas. Yo antes no sabía español, hablaba puro chol. Aquí me enseñaron todo. Ahorita lo estoy llevando pues adelante."

AZUCENA, CHOL, 18 AÑOS

Azucena es la ternura encarnada en una mujer indígena, todavía niña y a la vez tan adulta, tan sufrida. Azucena reparte cariño entre sus compañeros y entre los extraños, es amable, atenta, sonríe y observa a los periodistas, es confiada y más dulce que la panela. Pero carga una carabina, ha conocido el desarraigo y la violencia, las heridas de bala y metralla. Ha visto cómo los militares quemaron su pueblo. Sabe lo que es la huida, la clandestinidad, la renuncia a todo y la dureza de la montaña. Azucena defiende lo que le queda, su inmensa ternura, tras el uniforme y las balas de su arma. ¿Quién puede poner en duda siquiera un instante la sinceridad de sus palabras cuando dice que no había otra puerta para ella? ¿Que esto o la muerte? Y habla como si nada: "Yo no me lo pensé mucho. Soy del mismo pueblo que capitán Silvia. Vine así nomás, rápido, como ella. Pasé 3 días nomás de miliciana y después ya me mandaron para aquí. Creo que tengo 18 años, llevo 3 en el EZ".

"Al principio es duro, más para la mujer porque entrenamos igual que los hombres, igual nos tratan. En los pueblos incluso entre los milicianos, el trabajo principal de las mujeres es cocinar, pero también sabemos empuñar armas. Los hombres están de acuerdo que sí. Muchas quisieran entrar, pero no pueden porque están trabajando, tienen hijos. Cuando llegué me sentía bien, estaba muy contenta, los compañeros nos enseñaron a hablar español, a manejar las armas. No me daba miedo. Aprendes y ya. Luego enseñas tú a otro".

"Encontraba a faltar a la familia pero no me puse triste porque ya saben dónde estoy. Desde que salí no he regresado nunca a mi casa, pero saben que estoy viva. No me preocupo porque sé que es para bien de mi pueblo, de todo el país, vivir o morir".

"Me casé el 13 de mayo de hace 2 años. Se pusieron en línea los compañeros, se cruzan armas y nosotros pasamos, el capitán Martín y yo, por debajo. Firmamos un acta e hicieron una fiesta, compraron cosas para comer. Pero aunque te cases no es como en los pueblos, somos soldados y sabes que a veces vamos a poder estar juntos pero cada quien tiene su trabajo y no te puede importar que tu marido se vaya. En el Ejército no se pueden tener hijos. Usamos condones".

"Nosotros no luchamos por dinero, nos alzamos en armas, es muy difícil ser insurgente pero estamos decididos a esto por todo lo que necesitamos, para el bien del pueblo, quizás con las armas nos entienda el gobierno. Yo estoy tranquila, no había otro camino".

CAPITAN ELISA, TZELTAL, 22 AÑOS

Otra capitán. En el EZLN las mujeres son más del 35% del total; la mayoría tienen grado, puesto que resultan más responsables en muchos casos que sus compañeros. Disciplinadas, alegres y limpísimas, se peinan y arreglan sus trenzas y coletas con esmero y constancia. Elisa habla con cierta timidez y sin prisa: "Yo tengo cinco años en el Ejército. Decidí entrar porque vi la situación en mi pueblo. Antes no sabía que había compañeros que estaban preparándose para luchar y sacar adelante al pueblo. Pero cuando me enteré ya me fui a la montaña para prepararme para hacer la guerra, decidí ingresar en las filas del EZ".

"Cuando llegué allí, poco a poco, me fui acostumbrando. Claro que a veces sí se siente a la familia, pero los compas me animan y así fui olvidando. Antes del primero de enero siempre llegaba a visitar a mi familia, cada año. Yo no les dije nada de que iba a pasar esto, de por sí ya lo sabían, pero no me dijeron nada de que yo me quedara allí, al contrario, me animaban para que siguiera adelante, estaban de acuerdo. Tengo otro hermano en el EZ. Ingresamos juntos y nos separamos. Hasta ahorita nunca más lo he visto".

"A nadie la gusta hacerse insurgente, pero con esta situación pues tenemos que hacer el esfuerzo y aguantarlo para que el pueblo tenga lo que necesita. Porque ya hemos visto muchas veces que la gente se organiza, hace marchas, plantones y nunca se resuelve nada. Por eso es mejor agarrar las armas. Y para ello hay que estar en la montaña, sufrir allí y aguantar todas las chingas que pasan, si te dice el mando que tienes que caminar toda la noche, aguantar el frío, el sueño, la lluvia... ".

EL MAYOR ROLANDO

Rolando tiene 35 años, es fuerte y alto, su voz es suave y comedida, tiene una gran sensibilidad. Habla buscando las palabras justas, y si no las encuentra no duda en detener la conversación e intentar dar con ellas, aunque sea en castellano, una lengua que no es la suya, pero que utiliza con esmero. Rolando es un luchador ansioso de conocimiento, despierto al estudio, que busca la superación personal como parte de la lucha.

Alegre, pero con cierta timidez, cuenta su origen, su vida, la gestación del movimiento: "Descendiente de padres campesinos, vivía en un pueblito, chiapaneco de corazón, trabajaba en el campo haciendo milpa, sembrando maíz y frijol para sobrevivir. Tuve 7 hermanos. Pero eso no daba para vivir, a parte tenías que trabajar en otro lado para sacar un poco de paga y comprar lo más necesario. Ibas a ranchitos, fincas grandes no, de machetero, meterte a un potrero y empezar a limpiar".

"Nunca he pertenecido a ningún partido político. Cuando me enteré del EZ yo trabajaba en otra parte, no en mi casa. Viví como 7 años en la ciudad. Yo era ayudante de albañil, no tienes otra capacidad ni oportunidad de un trabajo mejor, te piden estudios y no los tienes".

"Conocí una ciudad bien bonita y ahí una persona me empezó a explicar la necesidad de organizarnos en un grupo y ver, estudiar lo que está pasando en nuestro país, sobre todo con el campesinado que es lo que te afecta más directamente. Llegó luego la oportunidad. Me invitaron a esta lucha y uno acepta sin titubear. Yo estaba contento porque sentía que venía a formar otro tipo de vida, otras costumbres mejores que las que te enseñan en otras partes, inclusive uno aprende a leer y a escribir aquí".

"Yo llegué a la selva hace 8 años, yo solo pues, una invitación no es masiva, sino individual, te van conociendo, te van explicando todo muy bien. Fue muy difícil, como todas las cosas, tienes que acostumbrarte al medio. Pero bueno, uno ya está acostumbrado a las chingas, los trabajos pesados, pero me refiero a las costumbres. Uno cuando está en su casa pues es un desmadre. Pero acá es diferente, tienes que acatar la disciplina, el compañerismo, cuesta un poco".

"Pasé varios días caminando y llegué ya directamente a un cuartel de entrenamiento. Al principio te sorprendes un poco, te da un poco de curiosidad y de temor el ver más compañeros, acostumbrarte a ellos. Están ahí, no los conoces, lo único que te hermana es la misma lucha, pero con el trato te vas dando cuenta que es como estar en una familia, a veces hasta mejor, todos tratan de enseñarte, aportar algo a tu aprendizaje, ayudarte a conocer las costumbres dentro del Ejército Zapatista. Lo primero es aprender las rutinas internas de un cuartel, desde pedir permiso para ir a la letrina. Uno no está acostumbrado a eso, y se lo explican y uno va entendiendo. Luego a cocinar, a hacer las vigilancias".

"Para mí, el trabajo más difícil era hacer la comida. Un día quemé el frijol; imagínate, darle de comer a los compañeros frijol quemado. Cuando te pasa eso tienes que repetir otra vez para que te vaya saliendo mejor. De la cocina lo peor es que tienes que levantarte mucho más temprano para prender el fuego, que es una lata. Uno no sabe, pero no lo haces solo sino que te ponen a alguien que tiene más experiencia que tú y está allá dirigiéndote para que aprendas, te va diciendo cómo hay que hacerlo".

"Un día normal te levantas por ejemplo a las 6.30 y te vas al baño. Luego hay un horario para tu preparación física y tu preparación militar. Luego te vas a desayunar. Y entonces depende de lo que te toque, si te toca ir a traer comida, lo que nosotros llamamos góndola, pues cargas tu mochila y andas 4 ó 5 horas caminando, 2 de ida y 3 de regreso cargando los víveres. Y llegas de nuevo al campamento, descargas y es la hora de la comida otra vez. Luego ya te dan un horario para estudiar. Si no sabes, el que esté más capacitado te enseña español y luego cuando vas avanzando ya matemáticas, etc., según el nivel. Normalmente no es más de una hora y media para que no te canses porque uno no aguanta mucho tras el lápiz".

"Después te tocan otros trabajos, por ejemplo instrucción. A veces le toca a una unidad, otras a otra, va cambiando. Después de comer, ya ahora sí, se hacen células por unidad y ahí es donde se empieza a estudiar materiales políticos, según lo que escoja la propia célula de estudio. Por ejemplo, historia de México o los libros sobre revolucionarios como Pancho Villa, Emiliano Zapata, biografías de Hidalgo, Guerrero, Morelos, todo. Hay un representante por célula que es el que se encarga de ir llamando a los compañeros para empezar el estudio. Entonces uno allí aprende hasta a leer porque a veces nos lo vamos pasando uno a uno, parrafito por parrafito, ahora sigues tú. Y así va uno desarrollándose. Allí en la unidad el mando no es quien decide sino los compañeros, entre todos, lo que diga la mayoría".

"A mí, lo que más me gustó es estudiar. Yo no sabía, pues, apenas ponía mi nombre. Fueron varios años, varios días de estar ahí estudiando. Ahorita ya sé un poco pasar cuentas. Por ejemplo, nosotros estudiábamos los 10 puntos, para saber por qué es que estamos luchando. Tenía lo suficiente: un cuaderno. Y esos libritos que nos costaba mucho conseguir, porque no había una biblioteca central y además eso lo tenías que cargar y cuesta. El EZLN sólo publicó su reglamento".

"¿Por qué entré en el EZ? En mi casa la situación era muy difícil, la alimentación era muy raquítica. En un caso llegamos a comer media tortilla al día. En otro, frijoles; pero no eran frijoles, era un caldo donde los frijoles contados andaban ahí nadando. Yo pienso que algo más duro no hay. Y no es que alguien te lo cuente, sino que lo vives directamente. Entonces, cuando te hablan de una forma de cómo terminar todo esto, pues no lo dudas. Además también me tocó vivirlo en la ciudad: duré tiempo sin trabajo, tres meses. Y tres meses sin trabajar significa que no vas a comer y uno tiene que hacer otras cosas. Por ejemplo yo tenía que meterme a vender cualquier chingadera. En ese tiempo si vendía y ganaba de 2 a 3 pesos al día ya era ventaja. Cuando está uno desesperado, en ese momento te dan ganas de hacer cualquier cosa, vaya, hasta robar".

"Ya cuando te pasa todo esto no tienen que hacer mucho trabajo contigo para convencerte de que necesitas organizarte y pelear. Cuando uno ingresa en el EZLN uno a lo que aspira es a aprender a pelear. Y es según el trabajo que va haciendo uno y en los hechos cuando se demuestra que sí puedes tener grado. También tienes que tener confianza en ti mismo: sí lo puedo hacer, porque si no te vas a derrotar tu solito: No puedo, no puedo.

"Yo soy mayor desde 400 días antes de la toma. Primero fui recluta, después fui insurgente, después subteniente, después hice un examen y fui teniente. Pasé a capitan segundo, hice otro examen y fui capitán primero, luego pasé a ser un mayor y ahora tengo que hacer otro examen para ser teniente coronel".

"Cuando no hay armas se entrena con un palo. Yo la primera arma que tuve fue así un coyotito descompuesto, viejito, sin tirito, una armita de una comunidad. Por eso yo la tuve que cuidar y aprender con ella. Pero fue pasando el tiempo y luego ya nos empezaron a llegar más. Cambias de arma dependiendo del mérito o del trabajo de uno. La que ahora tengo tiene 3 ó 4 años. Tienes que pasar una etapa para conocer el armamento. Nos las vamos pasando para conocerlas todas y según el conocimiento te dan una".

"Antes era muy difícil para nosotros, no podíamos caminar de día por los pueblos, tenías que darles vuelta o pasarte en la noche con los poquitos compañeros que ya sabían. No es un reclutamiento masivo, sino que es clandestino. No llegas al pueblo y empiezas en el centro a decir: oye, que esto y que lo otro. Hablas con los que vas conociendo y ellos se van encargando de, poco a poco, ir hablando con la comunidad. No en reunión, sino con la gente que conocen hasta que toda la comunidad lo sabe. Entonces, cuando ya una comunidad dice abiertamente: aquí todos somos compañeros, pues ya llegas ahí".

"El Ejército Zapatista crece por la misma situación y los problemas que hay en el campo, y siempre, continuamente llegan insurgentes. A los milicianos los entrenamos igual. Tú haces un plan. Tienes un tiempo de ir a una comunidad, de ahí pasas a otra y a otra".

"¿Qué pienso de la guerra? Pues la guerra es como todas las guerras, uno nunca espera nada bueno, algo dulce. Aunque nadie esperaba lo del cese al fuego".

"Ahora llegan muchos periodistas, es lo que pasa siempre que ocurren cosas novedosas, pero lo importante es que lleguen, que vean lo que está pasando por acá, porque hay muchos lugares donde no lo conocen, no saben, y ése es el trabajo del periodista y nos favorece".

"¿Qué si creo en el diálogo con el Gobierno? Yo no creo ni en mi sombra".

"Yo lo que hacía antes era trabajar, manito, tenía novia, pues, claro. Pero no tuvo que ver en mi decisión".

"Si se acabara la guerra me gustaría hacer lo que siempre me ha gustado: algo que sirva para mi pueblo. Si esto se acabara quizás trabajaría en algo que tengo que aprender todavía o en algo que ya sepa hacer. Yo espero simplemente un futuro o una sociedad mejor que lo que estoy viviendo. Que todos tengan lo suficiente, educación y que coman".

"Lo que más me agrada es hacer mi trabajo; lo que menos me gusta es seguir viendo a este pueblo que no tiene nada".

MARIO SE HIZO MAYOR EN LA MONTAÑA

El mayor Mario también condensa en su biografía la historia del Ejército Zapatista. Su pasado es la formación del movimiento; su presente, la guerra, y, su futuro, incierto como el de todos los insurgentes.

Es de los más veteranos, aunque cuente sólo con 25 años de edad: "Yo llevo 10 años en el EZ. Hacía sólo meses que se estaba integrando el Ejército Zapatista cuando yo llegué. Soy del tercer grupo que llamó la Comandancia, el Comité Clandestino, ya formamos una compañía, había entre 12 y 15 cabrones".

Él fue el encargado de organizar la retirada del EZLN de Ocosingo en enero de 1994, y el primero en ser entrevistado en pleno conflicto. Posteriormente se ha erigido en el pastor del rebaño de periodistas que han ido haciendo acto de presencia en territorio zapatista. Parece que entre la prensa existe unanimidad respecto a que Mario es encantador, demuestra una paciencia infinita; pero a la vez es autoritario y se hace obedecer: Vengan aquí señores periodistas, ahora mando yo, pórtense bien. Y da órdenes a los reporteros con la misma contundencia con que las da a su tropa. Cualquiera no le hace caso, su furor no tiene compasión y seguramente el reportero sería expulsado.

Todo el mundo disfruta de sus buenos momentos, de sus chistes o de sus comentarios ocurrentes. Es un joven rebelde, dice estar casado con la patria. "Chinga su madre el mundo y la materia", dice, "antes éramos fuertes porque no habíamos subido a la montaña, ahora ya nos chingó la montaña, ya estamos en ella".

A los periodistas les encarga llevarle cassettes de Pedro Infante. Su energía se aplaca cuando oye los acordes de una guitarra, se acerca y con voz grave y emocionada pide canciones, "románticas, bien románticas". Y nunca se da por saciado. Las escucha en silencio, relajado, con la mirada perdida en el suelo, conmovido en sus fibras más sensibles bajo el pasamontañas, con sus cananas verdes sobre la camisa café, con su escopeta de cazador reposando. Y pide que toquen "Noche de ronda" y nunca tiene bastante y a cada una dice: "¡Chingón! Venga, toca otra". Y el músico no encuentra público más agradecido.

MARIO SE HACE INSURGENTE
Y ENCUENTRA A SU MAESTRO MARCOS

"En el EZLN aprendimos a desarrollar el espíritu guerrero. El soldado siempre piensa en matar a su enemigo sabiendo dónde debe apuntar el arma, no contra su hermano pobre, ahí es donde nos guía la política. Sin la política no se puede hacer una guerra, sin la guerra no se puede imponer una política. Y ¿qué política seguimos el EZ? La que nos impuso el Gobierno, el único camino que nos dió: la lucha armada".

"De mi familia no sé cómo están, no sabría decirte si están vivos o están muertos, hace muchos años que no los veo. Son campesinos, de otro lado, no de los Altos. Ahí la producción era café y ganado en las fincas".

"El Comité Clandestino al que pertenecía, era el primero que empezó a reclutar. Había que pasar un examen para integrarse. Te daban trabajo y tú lo realizabas, y si lo haces bien... Estaba yo chavo cuando me integré, tenía 11 años. Lo que a mí se me encargó era aprender algo en la ciudad, algo manual para que luego yo les enseñara a otros. Primero estuve yo estudiando enfermería, quería ser doctor".

"Fue el Comité el que gastó todo el dinero para que yo fuera a estudiar. Y he aprendido muchas cosas dentro de esta revolución, no sólo así de clases. La casa donde estaba debía ser secreta, debía aprender a ser discreto, a disfrazarme, a cambiarme, aprender a vivir en la ciudad, porque los del campo no nos sabemos mover bien allí; cuesta trabajo. Aprendí pediatría y medicina preventiva, era muy cabrón para inyectar, tenía mucha práctica, a diario lo hacía, yo salía a vacunar a la gente.

También estuve, desgraciadamente, en la sala de partos, era yo muy chavo, 12 años".

"Y ya en 1984 me vine a la montaña, después de 6 años en la ciudad. El Comité me dijo ahora sí estás listo, sube. Y me subí. Porque el Comité tiene una política muy fija y dura, no cualquiera puede integrarse rápido, tienen que ver primero quiénes de verdad podían ser soldados, porque hay que sacrificar muchas cosas".

"Siempre en la vida humana existe la oportunidad de hacer cosas, pero te llama más el deber, el deber militar, aunque era necesario también estudiar medicina. Pero analizaba la situación del país, las condiciones objetivas y subjetivas que se presentaban... Todo eso me fue inquietando la conciencia: Yo lo que quiero es pelear. Simplemente, como combatiente".

"Estaba yo chavo y me aventé sin pensar. Bueno. A ver qué sale. Como vieron que aguantaba y me disciplinaba, se fueron integrando más gentes, jóvenes, de mi edad.

"En la montaña fue el subcomandante Marcos mi jefe militar y político. Me enseñó tanto el uso de armas como el uso de la montaña, la cacería, qué hay que hacer para sobrevivir, qué significa ser guerrillero... Porque al principio eres un pánfilo, un pendejo vaya. Llegas a la montaña todo apendejado".

"Teníamos que aprender a vivir a través del ejemplo que nos mostraban ellos. Cuando yo llegué Marcos ya tenía el grado de teniente, porque aprendió muy rápido. Me enseñó cómo se llaman los animales. ¡Matalo! Y a mí me daba miedo tirar ese chingado rifle. ¿Qué animal es ese? Yo iba y lo mataba. El primer muerto que maté fue un zaraguate y yo le dije al subcomandante: ¡ahí está el puerco! Y él me dijo: no seas pendejo, el puerco no está en el árbol, está en el suelo, eso se llama zaraguate".

"Yo era muy cobarde para la montaña, el tigre me daba miedo. El subcomandante me preguntaba: ¿Ya aprendiste a pecar? Un día que salí, maté cinco zopilotes y se los presenté: aquí traje cójola. Él se rió y dijo: no es cójola esto es zopilote. Y apestaban un chingo, no se puede comer. Mataba yo animal y le aventaba a la cara del subcomandante: ¿qué animal es este? Y él se reía: bueno, este se llama faisán. Él siempre ganaba en lo de donar caza para comer. El Comité iba llevando una lista de quién dio más carne para alimentar a la tropa".

"También me enseñaba a hacer la picada, es decir, a encaminarse en las montañas, cómo hay que estar desconfiado por todos lados, cómo hay que portarse con la población civil en ese momento. Anduve y aún ando mucho con él".

"Cuando Marcos era teniente era poeta, hacía canciones. Tiene una forma muy buena de jalar a la gente. Lo hacíamos cantar, recitar".

"A mi me gusta la música, cualquiera, sobre todo el rock, lo llevo como una historia. El subcomandante Marcos lo escucha también, tiene una realidad histórica para la revolución, eso pienso yo aunque él no lo expresaba así. No entendemos lo que nos dice en inglés pero fue él quien nos hizo parir como cuatro o diez entrenamientos. Me quedó como un recuerdo, una historia de soldado".

"Lo que más me ha marcado es que siempre me ha tocado hacer fuego y eso en época seca chingón; pero cuando hay lluvia, las leñas están mojadas y no agarra. Da coraje, lo pateas o lo orinas. Yo así lo he hecho, se encabrona uno, luego te arrepientes. Tienes que conseguirlo hasta que cuezas el animal que hayas matado o te haya ordenado el jefe de la columna, el mando".

"Yo en ese entonces casi no anduve con civiles, pero sí lo hicieron otros jóvenes como yo que tienen rango de mayor ahora. Ellos se encargaban de conectar la línea política para pasar nuestros abastecimientos, arreglar que nos manden comida para que haya compañeros donde ir a por las cosas. Yo iba más a asuntos de la guerra, lo militar. A veces andábamos en grupos de dos, a veces cuatro, a veces seis a veces doce. Esos compas míos que salían a fuera, a los pueblos, hicieron que se fuera integrando más gente a ser soldados, iban llegando más y más. Es cuando le toca el rango a Marcos de capitán y empieza a mandar sobre más gente. Es donde agarró más filo".

"El sufrió como cualquier gente. No es así que de golpe eres subcomandante. Le pasaron mentadas de madre, sacrificios, de todo, pues. Ya te digo, es muy duro el Comité, y es el que decide los grados".

"Cuando llegan más jóvenes, se forma una compañía, se llama compañía Calavera, manda el compañero subcomandante Marcos. Y él empezó a entrenar a sus tropas. Era muy duro, como dentro de las filas del Comité. Siempre con la idea del espíritu de ser guerrero. En ese tiempo la gente de los pueblos ya estaba empezando a agarrar la onda, a entender, ya no sospechaba. Marcos se encargó también de explicarnos más la política, cómo está el país, el campesino pobre, por qué existe el proletariado. Nos hablaba sobre el PRI, los fraudes, las leyes, las cárceles, cómo está estructurado el estado, cómo dominan unos sobre otros. Y también las historias de Pancho Villa, Zapata, los jefes miitares y políticos en México".

"Por esas fechas, en 1987 es cuando más creció el EZ y se empezaron a dar grados militares. En ese tiempo, todo se ganaba con sacrificio, hasta un arma. Cuando me dieron el grado de subteniente lo que a mí me dio fue vergüenza. La responsabilidad que implica, tener que responder por los que están tras de ti... Sentí que se me fue la sangre a los talones: ¿por qué yo? Si yo no vine para dirigir, vine para pelear. Y así les pasó a muchos, te dan escalofríos. Pasé el examen. Te preguntan cosas militares, cosas políticas. Existe un índice, un temario para que estudies, Pasas ante el Comité y contestas verbalmente a las preguntas".

"Las estrellas es muy difícil portarlas, tienes que tomar tus propios criterios cuando te encargan un trabajo o te indican una orden. Si te sale mal es tu responsabilidad. Y te castigan. Así te hacen desarrollar".

"A mí me castigaron por desobedecer una orden. Tuve que cargar el agua doce días, para que te des cuenta y no vuelvas a cometer ese error; fue duro y más por aquel entonces que no había mucha comida".

"Obedecer es lo más chingón de un insurgente, ser soldado. Pero dar órdenes es donde está lo complicado. Y en estos tiempos de combate, no digamos, dar mal una orden puede costar la vida. Y hay que entender que un error integrado en una unidad o varias unidades vas a dañarlo todo".

"El Gobierno claro que sabía de nosotros. Lo que pasa es que Carlos Salinas quería salir limpio, con la manta blanca, esconder todas estas cosas, este movimiento. Pero el ejército topó con nosotros en Corralchen, yo estaba ahí. Además los finqueros, los rancheros y propietarios les decían que sí había guerrilla porque nos encontraban en el camino, a veces. Pero que no imaginaban lo grande que era la fuerza hasta el primero de enero. Delatores los hubo, pero no les hicieron caso. Antes, cuando bajábamos a los pueblos no usábamos uniforme, íbamos de civil, por si topábamos con gente cuando avanzábamos".

"Ya cuando el EZ estaba bien grande, ya había batallones, secciones, regimientos, cuerpos, el Comité Clandestino fue a preguntar a las bases qué pensaban, si ya era la hora. Nosotros no movimos nada, era el trabajo del Comité. Ellos nos dijeron que íbamos a hacer lo que diga la base: si dice que no se va a hacer la guerra, chínguense, si dicen que sí, chínguense. Y las bases dijeron que sí. Nos dieron unos meses para prepararnos, porque esta guerra se preparó cuidadosamente, no así a lo loco".

"Cuando nos dijeron hay que pelear antes de que acabe el 93, lo único que hice fue dirigir mi vista al subcomandante Marcos, porque sabía que él se iba a encargar de dirigir todo, a él le tocaba: tú te vas a encargar de dirigir a toda la tropa, ahora sí se declara la guerra. Y como a cualquier soldado empezó el ansia del cuerpo, parece que uno está loco, cómo he de comer, cómo he de dormir... tiene ganas de empezar la guerra ya".

"Yo no me imaginaba que Marcos iba a llegar a tener una función como ahorita. No esperaba que el subcomandante, que es el que dirige el combate, se sentara horas y horas con la prensa. No le he dicho nada a él, pero quedó bien pues. Y los comunicados, me da risa, me quedo mudo, no entiendo cómo tiene tanta idea junta. Pero no se crean: cuando hizo la declaración de guerra, tuvo que estudiar bastante, yo lo vi sentado con así de libros a su alrededor".

DECLARACIÓN
DE LA SELVA LACANDONA

DECLARACIÓN DE LA SELVA LACANDONA

HOY DECIMOS ¡BASTA!
AL PUEBLO DE MÉXICO
HERMANOS MEXICANOS:

Somos producto de 500 años de luchas: primero contra la esclavitud, en la guerra de la Independencia contra España encabezada por los insurgentes, después por evitar ser absorbidos por el expansionismo norteamericano, luego por promulgar nuestra Constitución y expulsar al Imperio Francés de nuestro suelo, después la dictadura porfirista nos negó la aplicación justa de las leyes de Reforma y el pueblo se rebeló formando sus propios líderes, surgieron Villa y Zapata, hombres pobres como nosotros a los que se nos ha negado la preparación más elemental para así poder utilizarnos como carne de cañón y saquear las riquezas de nuestra patria sin importarles que estemos muriendo de hambre y enfermedades curables, sin importarles que no tengamos nada, absolutamente nada, ni un techo digno, ni tierra, ni trabajo, ni salud, ni alimentación, ni educación, sin tener derecho a elegir libre y democráticamente a nuestras autoridades, sin independencia de los extranjeros, sin paz ni justicia para nosotros y nuestros hijos.

Pero nosotros HOY DECIMOS ¡BASTA!, somos los herederos de los verdaderos forjadores de nuestra nacionalidad, los desposeídos somos millones y llamamos a todos nuestros hermanos a que se sumen a este llamado como el único camino para no morir de hambre ante la ambición insaciable de una dictadura de más de 70 años encabezada por una camarilla de traidores que representan a los grupos más conservadores y vendepatrias. Son los mismos que se opusieron a Hidalgo y a Morelos, los que traicionaron a Vicente Guerrero, son los mismos que vendieron más de la mitad de nuestro suelo al extranjero invasor, son los mismos que trajeron un príncipe europeo a gobernarnos, son los mismos que formaron la dictadura de los científicos porfiristas, son los mismos que se opusieron a la Expropiación Petrolera, son los mismos que masacraron a los trabajadores ferrocarrileros en 1958 y a los estudiantes en 1968, son los mismos que hoy nos quitan todo, absolutamente todo.

Para evitarlo y como nuestra última esperanza, después de haber intentado todo por poner en práctica la legalidad basada en nuestra Carta Magna, recurrimos a ella, nuestra Constitución, para aplicar el Artículo 39 Constitucional que a la letra dice:

"La soberanía nacional reside esencial y originariamente en el pueblo. Todo poder público dimana del pueblo y se instituye para beneficio de éste. El pueblo tiene, en todo tiempo, el inalienable derecho de alterar o modificar la forma de su gobierno".

Por tanto, en apego a nuestra Constitución, emitimos la presente

DECLARACIÓN DE GUERRA

Al ejército federal mexicano, pilar básico de la dictadura que padecemos, monopolizada por el partido en el poder y encabezada por el ejecutivo federal que hoy detenta su jefe máximo e ilegítimo: Carlos Salinas De Gortari.

Conforme a esta Declaración de guerra pedimos a los otros poderes de la Nación se aboquen a restaurar la legalidad y la estabilidad de la Nación deponiendo al dictador.

También pedimos a los Organismos Internacionales y a la Cruz Roja Internacional que vigilen y regulen los combates que nuestras fuerzas libran protegiendo a la población civil, pues nosotros declaramos ahora y siempre que estamos sujetos a lo estipulado por la Leyes sobre la Guerra de la Convención de Ginebra, formando el EZLN como fuerza beligerante de nuestra lucha de liberación. Tenemos al pueblo mexicano de nuestra parte, tenemos Patria y la Bandera tricolor es amada y respetada por los combatientes INSURGENTES, utilizamos los colores rojo y negro en nuestro uniforme, símbolos del pueblo trabajador en sus luchas de huelga, nuestra bandera lleva las letras "EZLN", EJÉRCITO ZAPATISTA DE LIBERACIÓN NACIONAL y con ella iremos a los combates siempre.

Rechazamos de antemano cualquier intento de desvirtuar la justa causa de nuestra lucha acusándola de narcotráfico, narcoguerrilla, bandidaje u otro calificativo que puedan usar nuestros enemigos. Nuestra lucha se apega al derecho constitucional y es abanderada por la justicia e igualdad.

Por lo tanto, y conforme a esta Declaración de guerra, damos a nuestras fuerzas militares del Ejército Zapatista de Liberación Nacional las siguientes órdenes:

Primero.- Avanzar hacia la capital del país venciendo al ejército federal mexicano, protegiendo en su avance liberador a la población civil y permitiendo a los pueblos liberados elegir, libre y deocráticamente, a sus propias autoridades asministrativas.

Segundo.- Respetar la vida de los prisioneros y entregar a los heridos a la Cruz Roja Internacional para su atención médica.

Tercero.- Iniciar juicios sumarios contra los soldados del ejército federal mexicano y la policía política que hayan recibido cursos y que hayan sido asesorados, entrenados o pagados por extranjeros, sea dentro de nuestra nación o fuera de ella, acusados de traición a la Patria, y contra todos aquellos que repriman y maltraten a la población civil y roben o atenten contra los bienes del pueblo.

Cuarto.- Formar nuevas filas con todos aquellos mexicanos que manifiesten sumarse a nuestra justa lucha, incluidos aquellos que, siendo soldados enemigos, se entreguen sin combatir a nuestras fuerzas y juren responder a las órdenes de esta Comandancia General del EJÉRCITO ZAPATISTA DE LIBERACIÓN NACIONAL.

Quinto.- Pedir la rendición incondicional de los cuarteles enemigos antes de entablar los combates.

Sexto.- Suspender el saqueo de nuestras riquezas naturales en los lugares controlados por el EZLN.

PUEBLO DE MÉXICO: Nosotros, hombres y mujeres íntegros y libres, estamos conscientes de que la guerra que declaramos es una medida última pero justa. Los dictadores están aplicando una guerra genocida no declarada contra nuestros pueblos desde hace muchos años, por lo que pedimos tu participación decidida apoyando este plan del pueblo mexicano que lucha por trabajo, tierra, techo, alimentación, salud, educación, independencia, libertad, democracia, justicia y paz. Declaramos que no dejaremos de pelear hasta lograr el cumplimiento de estas demandas básicas de nuestro pueblo formando un gobierno de nuestro país libre y democrático

INTÉGRATE A LAS FUERZAS INSURGENTES DEL
EJÉRCITO ZAPATISTA DE LIBERACIÓN NACIONAL

Comandancia General del EZLN
Año de 1993
Selva Lacandona, Chiapas, México

TIEMPOS
DE IRA Y FUEGO

AQUELLAS PRIMERAS HORAS
DE GUERRA

"Lo decisivo en una guerra no es el enfrentamiento militar sino la política que se pone en juego en ese enfrentamiento", diría el subcomandante Marcos.

El primero de enero consiguió el EZLN un notable éxito militar, logró ocupar varias ciudades con un saldo reducido de víctimas y poner en vilo al país.

Según afirmaron, no se levantaron para matar o que los mataran. Salieron para hacerse escuchar y lo lograron. No fue una acción suicida como pudiera parecer al inicio de su alzamiento, puesto que cayeron más federales que rebeldes, tuvieron muy pocas bajas e incluso aumentó en número el contingente de sus tropas con nuevas incorporaciones.

Marcos insiste en que la sapiencia militar del EZLN proviene de Villa y Zapata, de la misma historia de México, y no de las experiencias de las guerrillas latinoamericanas. De éstas últimas aprendieron lo que no debe hacerse; por ejemplo, no confiar en la opción puramente electoral de los sandinistas o en el desarme de los farabundistas, no empezar un movimiento militar localizado y esperar que las bases se vayan sumando paulatinamente al foco guerrillero. La acción armada debe darse una vez las estructuras estén consolidadas y en su máximo apogeo.

Con una estrategia militar bien estudiada, hicieron lo que Francisco Villa cuando atacó Ciudad Juárez tras fingir un ataque a Chihuahua que despistó al ejército. Tres días antes, el 29 de diciembre, los zapatistas secuestraron camiones en San Miguel, cerca de Ocosingo, y se habló de grupos armados por esa zona. Mientras la atención se centraba en esta población, las tropas se dirigían a San Cristóbal y Las Margaritas.

El día 31, dos periodistas fueron a Ocosingo y entrevistaron a los propietarios de los camiones robados. Les dijeron que, efectivamente, habían sido hombres armados quienes les obligaron a entregar sus autos. Luego se acercaron a San Miguel y se les aparecieron los zapatistas con sus uniformes. Rápidamente informaron de ello al alcalde de Ocosingo, quien respondió que no pasaba nada, que era un problema de esa comunidad.

Esa noche de fin de año, Concepción Villafuerte, la directora del diario *Tiempo* de San Cristóbal de las Casas, escuchó inquieta toda esa información de los reporteros. Ya de madrugada, cuando se disponía a cerrar las puertas de la casa y el taller para irse a dormir, se le presentó una vecina alarmada: "Ay, Doña Conchita, le voy a decir una cosa muy fea, fíjese que ahorita íbamos a la Quinta de San Ramón a dejar a una amiga que vive por ahí y encontramos muchos hombres armados, mujeres, algunos hasta niños y traen armas, algunas de alto poder, con pasamontañas, con pañuelos, vienen así marchando en toda la carretera y son muchos, porque ocupan todo el carril de la carretera de Ramón Larrainzar".

Eran más de la una de la madrugada. Rápidamente, Conchita relacionó las dos narraciones. Pero no dejó de sorprenderse: "Si los vieron en Ocosingo, ¿cómo es que ahora están acá, tan pronto, por qué acá?". Con el miedo en el cuerpo llamó a la Policía Municipal, pero no le respondió nadie. Despertó a su marido, Amado Avendaño, y le dijo: "Fíjate que entraron los guerrilleros". Se levantó y llamó al procurador, tampoco contestaron.

Entonces, exactamente a la 1.35 minutos de la madrugada, Conchita llamó al general Menchaca Arias: "Marqué el teléfono y me contestó él personalmente y le dije, general, qué es lo que está pasando en la ciudad porque hay muchos hombres armados que están entrando; y él me dice que ha de ser gente que está festejando, yo le dije ¿con armas?, no mi general, son muchos y traen pasamontañas, y me preguntó por dónde y le dije que entre el Puente Blanco y el periférico, por muchas partes, en camiones... Él me contestó: mire, señora, déjeme investigar y luego le aviso, y colgó la llamada".

Y ya no supieron más ni consiguieron entablar comunicación con autoridad alguna. Pero a la redacción de *Tiempo* llegaron otras llamadas. Una de Las Margaritas, pasadas las tres de la madrugada, los guerrilleros habían tomado la Presidencia Municipal. De Ocosingo informaron que estaban en el pueblo, pero que no habían ocupado la Presidencia porque estaba resguardada por miembros de la Seguridad Pública. Y del mismo San Cristóbal amigos y vecinos reportaron que los insurrectos habían entrado en la Policía Judicial y en el Centro Administrativo de Justicia, que lo habían destruido y prendido lumbre a todos los papeles. También habían irrumpido todos sus miembros habían huido.

Y SE FUERON A RANCHO NUEVO

Durante el primero del año permanecieron en San Cristóbal, concentrados en la Presidencia Municipal y en los accesos a la ciudad. Pero el 2 de enero, protegidos por la bruma de la madrugada, los zapatistas desaparecieron tan repentinamente como habían llegado. Por la mañana, desde primera hora, la gente se concentraba en el Palacio Municipal, ahora desierto de guerrilleros. Las paredes estaban ilustradas con sus consignas. Se despidieron: "Nos vamos a Rancho Nuevo. Gacias a todos por todo, coletos". Una multitud curiosa observaba el maltrecho Palacio, todas sus ventanas estaban rotas, todos sus archivos vacíos, todos los muebles desaparecidos. Se comentaba que los guerrilleros eran puros niños, que incluso había muchachas, decididas, bien serias y con sus fusiles, decían las señoras admiradas. Otros remarcaban que el alcalde de la ciudad aún no había hecho acto de presencia, aún no había ninguna autoridad. "Cuando se les necesita desaparecen", murmuraba un señor airado. Un comentario se expandía de grupito en grupito, de boca en boca: "esto es cosa de don Samuel", el obispo de San Cristóbal de Las Casas. Rumor que algunos medios de información no dudaron en difundir.

Las calles de acceso a la ciudad seguían bloqueadas con autobuses de pasajeros destruidos, llenos de pintadas. Los coches policiales formaban barricadas, sus ruedas pinchadas, los cristales rotos, los asientos destrozados.

Los zapatistas se dirigieron hacia el cuartel de la 31 zona militar, Rancho Nuevo, a doce kilómetros de San Cristóbal, pasaron por la cárcel del Cereso y liberaron a todos sus presos. Fue un grupo de insurgentes mujeres las que abrieron las celdas ante la mirada atónita de los reos, quienes fueron invitados a sumarse a la lucha.

El periodista Gaspar Morquecho entrevistó a uno de los presos liberados, Angel Fonseca. El día uno, la guardia de la prisión llegó dos horas más tarde de lo habitual. El comandante de los custodios no informó del ataque del EZLN; ellos buscaron información en la radio y dieron con la emisora que lanzaba los mensajes de los zapatistas: "Convocamos una reunión en el momento en que intercalaban unas melodías de contenido revolucionario. Nos concentramos en el comedor y, exactamente cuando estábamos reunidos para empezar a platicar, se reanudaron los mensajes llamando al pueblo a sumarse a la insurgencia y publicando todas sus leyes del nuevo gobierno. Fue un momento muy solemne, la gente fue guardando silencio hasta que éste fue completo; se oía el volar de las moscas en ese muladar en que nos tenían. El rostro de la gente que hacía chascarrillos se fue transformando hasta guardar rostros de estupor, los ceños se fruncieron. Habían pasado unos tres cuartos de hora cuando interrumpieron otra vez y escuchamos nuevamente melodías de contenido revolucionario".

"Entonces tratamos de iniciar la asamblea de presos: compañeros, ya vieron los motivos de por qué no vino don Samuel, la guardia y sobre todo las tortillas... Estamos en guerra y ustedes entienden el tamaño del problema. Como presos no sabemos cómo nos vayan a tomar, a lo mejor como enemigos del sistema y entonces llega la tropa del Gobierno y nos masacra y si viene el grupo insurgente no sabemos cómo vaya a venir".

"Participaron muchos en la asamblea y podría decirse que casi todos manifestaron dudas, pero dentro de las dudas le concedieron la razón al grupo insurgente. Sin embargo prevalecía la intranquilidad de qué iba a pasar con nosotros como presos. Se concluyó racionar los alimentos que existían en el interior del penal y se nombró una comisión para platicar en la alcaldía y con el director del penal, tratando de conseguir, por un lado, cierta fraternidad del componente de la guardia con nosotros, asegurándole que no íbamos a tratar de huir en nigún momento, pero que se estableciera con claridad el respeto mutuo".

"Les pedimos que si en algún momento recibían la orden de maltratarnos o masacrarnos, que por favor nos mandaran una señal, una contraseña, y que no le pusieran candados a las celdillas para tener cierta capacidad de movilidad y defensa en el caso necesario. Por otro lado, que la guardia nos consiguiera algo de alimentos en las comunidades aledañas, para lo cual hicimos una cooperación que apenas llegó a los 100 nuevos pesos".

"Timoteo, el alcaide, comprendió nuestra situación y fue solidario con todos nosotros y con nuestras peticiones y volvimos a reunirnos para informarles a los presos lo que la comisión nombrada había hallado en la alcaldía".

"Llegó la noche y nos permitieron estar más tiempo fuera de las celdas, como hasta las once de la noche; nos encerrarron pero no pusieron candados, creo que muchos estábamos con la inquietud. Y amaneció, era el 2 de enero, quisimos sintonizar alguna estación y no encontramos nada; al filo de las nueve de la mañana empezamos a escuchar tiros alrededor de todo el penal, seguidos del estallido de los cristales de los garitones. Escuchamos el estallido de algunas granadas, pero después notamos que no había derrumbe de muros.

Quisimos contactar con la alcaldía que se encuentra a unos 70 metros de la nave principal, donde nos encontrábamos. En esos momentos, la gente prácticamente se había amotinado, las rejas de la nave central se encontraban cerradas con candados".

"Les sugerimos a los presos que no se hiciera la gritería —era tan confuso el momento—, y que de algún modo se comunicara a la guardia que no se resistiera para evitar bajas de su lado. Nos respondieron que ya les habían girado esa orden y en los garitones levantaban sus manos y empezaron a entregar sus armas. Esto duró como un cuarto de hora. Los guardias que cuidaban la nave principal se empezaron a vestir de presos y se confundieron con nosotros, sólo quedó el comandante y le pedimos que pusiera una bandera blanca".

"Habían pasado unos diez minutos cuando llegaron diez guerrilleros; eran muy jóvenes. Había dos muchachitas con sus uniformes, se me hizo extraño que todavía llevaran sus aretes (pendientes), muy sencillas, hablaban en batzi'kop (lengua verdadera). Ellas habían liberado a las seis o más mujeres de la cárcel femenina y todas ellas se reunieron con nosotros".

"Por fin se abrió la reja de la nave principal y se dio la estampida, ya todos traían sus costales con sus pocas pertenencias y salieron por las oficinas. En cinco minutos quedó la cárcel totalmente en silencio".

"Cuando yo salí, con calma, me encontré con los ventanales rotos, algunos papeles del archivo de la dirección estaban quemados y agua regada por el piso, de alguna llave que dejaron abierta. Los guerrilleros continuaban en la oficina buscando más armas. Se portaban muy decentes, muy humanos, no se les veía agresividad con nosotros; al alcaide, de buena manera, le decían que se iba a quedar con ellos; escuché que un guerrillero con grado le dijo cuando vine al penal a visitar fui maltratado, ahora... ni modo, y se lo llevaron".

"No he visto a Timoteo, el alcaide; no sé cómo lo trataron, pero sé que ya lo soltaron".

"Habían pasado unos tres cuartos de hora, una hora de que había sido asaltado el penal, y por ahí andaba el grupo guerrillero. Algunos de los presos se les habían incorporado, se les dio su arma, su parque y ante la presencia de un helicóptero se internaron en el bosque.

"Mientras estuve en el penal, fue algo... cómo te dijera... después de haber escuchado el chirrido de las rejas cuando me abrían los guardias, ahora yo podía entrar y salir de ahí cuando se me dio la gana, sentía como algo de placer. Todas las rejas las abría a mi gusto".

"Quedamos tres en el penal, un reo recién operado, un tzotzil "trastornadito" y yo. No llegó autoridad alguna y decidimos irnos. Después de tres o cuatro días por la montaña para llegar a Mitzitón, Flores Magón y Teopisca, a "paso de enfermo", el "trastornadito" no quiso salir de ahí —esa escena la vi alguna vez en alguna película— ahí se quedó".

"Después del asalto al Cereso y de poder observar a los miembros del EZLN sentí estar en el holocausto de esa gente, impresionado por su sencillez, abnegación y entrega. Siento mucho las muertes, pero en estos momentos no sé si debo recordar esta frase cuyo autor desconozco: No están muertos, ni los estamos enterrando. Los estamos sembrando y van a florecer.

A las 7 de la mañana empezaron los enfrentamientos entre el EZLN y el ejército en Rancho Nuevo. La Secretaría de Defensa Nacional informó ese día cinco militares muertos y de que "por parte de los agresores se han localizado los cuerpos de 24 individuos".

El nerviosismo entre las tropas federales era muy grande, disparaban sobre cualquier objetivo móvil. Abrieron fuego sobre un microbus y mataron a los 14 ocupantes, según la versión oficial, estas fueron las primeras bajas de los zapatistas. Algunos periodistas llegaron al lugar de los hechos y tomaron las primeras fotos de muertos de esta guerra. Varios de ellos tenían el tiro de gracia. Yacían sangrantes en medio de la carretera. La combi (microbús) convertida en colador permaneció en la cuneta durante todo el mes, como para recordar a los viajantes esos muertos del inicio de los alzados.

La respuesta a la cuestión de cómo y por qué se enfrentaron los zapatistas a un ejército en su propio cuartel y en condiciones evidentes de desventaja, la declararía el subcomandante Marcos a *La Jornada* (7. 2. 1994): "El ataque a Rancho Nuevo fue porque un ejército hambriento de armas y de balas tiene que ir a donde están las armas y las balas". Según Marcos, ese enfrentamiento permitiría una retirada ordenada de Ocosingo, Chanal, Margaritas, Oxchuc y Huixtán. Pero los federales los repelieron con eficacia y tuvieron que darse a la fuga, dispersarse a la carrera, camuflarse en las montañas. La sangre de sus muertos quedó regada en esa zona militar, construida sobre un cementerio de indios tzotiles, era el precio de esta guerra corta.

Mientras, seguían tomadas las poblaciones de Ocosingo, Altamirano, Chanal, Las Margaritas, Huixtán y Oxchuc. En Las Margaritas los más de 600 zapatistas que desde la noche del 31 de diciembre ocupaban la Presidencia Municipal no emprendieron la retirada hasta las 6 de la mañana del día 4 y se internaron en la Selva Lacandona, de donde habían venido. El saldo era de cinco agentes de Seguridad Pública muertos, que los propios insurgentes sepultaron y el secuestro del ex gobernador del estado de Chiapas, y general de división Absalón Castellanos Domínguez en su rancho San Joaquín, de más de 250 hectáreas. Lo recluyeron en el hospital de Guadalupe Tepeyac, en el corazón de la Lacandona. El mayor Moisés, del EZLN, entrevistado por Fredy Martín el día 4, informó que a Absalón Castellanos se le realizaría un juicio sumario para después fusilarlo. Lo acusaban de represor de los indígenas: masacró a los indígenas y el pueblo tiene presente esto, también de poseer las mejores tierras de Chiapas.

En la zona de Ocosingo fueron secuestrados cinco ganaderos más por parte del EZLN. El mayor Moisés afirmó que las tierras de estos finqueros iban a ser repartidas entre los indígenas: esa es nuestra intención, porque nosotros enarbolamos las ideas de Emiliano Zapata.

EL SEGUNDO DIA DEL AÑO Y EL OBISPO

Sobre las cinco de la tarde del 2 de enero llegó el ejército a San Cristóbal. Entraron a cientos, corriendo agachados, con las armas en posición de disparar, como si la ciudad aún estuviera llena de zapatistas. Y la gente emprendió la huida del parque central, se echó a la carrera. Tomaron la Presidencia y cortaron el paso. Mientras, más y más soldados seguían entrando en la ciudad.

La curia, al mismo lado del parque central, estaba cerrada. El obispo Samuel Ruiz había convocado una conferencia de prensa a las seis de la tarde, pero aún faltaban unos minutos. No parecía prudente quedarse en la calle.

Por fin abrieron las puertas. Entramos en la salita de reuniones que, poco a poco, se fue llenando de periodistas. Samuel parecía preocupado. Tras saludar a los presentes, denunció que a las pocas horas del estallido del conflicto varios medios de comunicación difundieron la versión de que la diócesis de San Cristóbal estaba directamente implicada en el movimiento armado del EZLN. Repartió un comunicado que desmentía la versión del boletín difundido por el gobierno de Chiapas en la noche del 1 de enero, según el cual los vecinos de varios municipios "señalan que algunos sacerdotes católicos de la Teología de la Liberación y sus diáconos se han vinculado a estos grupos y les facilitan el apoyo con el sistema de radiocomunicación de la diócesis de San Cristóbal".

Por contra, Samuel declaraba: "Ni ahora, ni antes, ni en ningún momento la Diócesis ha promovido entre los campesinos indígenas el uso de la violencia como medio para solucionar sus demandas sociales, humanas y ancestrales. Menos todavía ha mantenido ningún tipo de relación operacional y mucho menos institucional con esas organizaciones armadas que propugnan una solución violenta. Ni siquiera cuenta con un sistema de radiocomunicación".

El obispo denunció también "las malintencionadas versiones noticiosas" que acusan al sacerdote Pablo Romo, del centro de derechos humanos Fray Bartolomé de las Casas, de comandar el Ejército Zapatista de Liberación Nacional y de estar el día primero en la radio tomada por los guerrilleros en Comitán invitando a la rebelión. Samuel habló de "milagros de bilocación", puesto que Pablo Romo se encontraba en el D.F. desde el 27 de diciembre. "También dicen que yo, que estaba en Cuernavaca bendiciendo un seminario, estaba a la vez en Simojovel repartiendo armas en un coche con placas identificadas. Tomen nota de todo esto para mi beatificación".

A continuación entregó otro comunicado donde los tres obispos de Chiapas, él, Felipe Aguirre Franco de Tuxtla Gutiérrez y Felipe Arizmendi de Tapachula, se ofrecían como mediadores para un diálogo entre los zapatistas y el gobierno "dado el ascendente moral que se le reconoce a la Iglesia" y "si ambas partes así lo requirieran y aceptaran", "tomando en cuenta la angustia de las poblaciones de la región en que se está desenvolviendo el conflicto y consciente al mismo tiempo de nuestra responsabilidad pastoral y cívica".

No había certeza de si serían aceptados: "Por parte oficial no hay duda, aunque no se sabe todavía quién sería el representante del Gobierno, pero no tenemos caminos de comunicación con los otros hermanos. Yo pensaba que sería sencillo cuando estaba tomada la Presidencia Municipal, que podríamos darles un comunicado en mano. Por eso ahora pedimos que lo difundan para que lo conozcan ellos y podamos obtener una respuesta. El Gobierno espera que la otra parte se conozca para empezar a trazar el camino de un diálogo".

El obispo no dudó en hablar de posibles antecedentes de los cruentos hechos del momento: "Tengo en el subconsciente que los campesinos indígenas dijeron una vez cuatro o cinco años hace que estaban cansados, inclusive de la presencia de movimientos y partidos políticos que venían a requerir su fuerza, pero que tenían una utilización. Necesitamos nosotros hacer nuestro propio movimiento y partido campesino para que así sean nuestras propias preocupaciones las que sean atendidas.

Y esto se fue generalizando, y aunque algunos pertenecían a partidos y movimientos tenían simpatía para establecer comunicación. Y el Movimiento Zapatista —no como ejército— se hizo presente en algunas manifestaciones con otros grupos en el paseo de la Reforma del D.F."

Y a la pregunta de si los guerrilleros querrán negociar, Samuel repuso: "Ellos no quieren diálogo, quieren guerra. Y su lema es Victoria o muerte. Pero esperan propuestas y dicen: Nosotros no queremos matar. Es la única forma que tenemos para que se haga caso a nuestras necesidades. En el fondo, por ese camino pueden entrar en negociaciones...".

Como se convertirá en norma, en las ruedas de prensa del obispo los periodistas informan de todo lo visto durante *La Jornada*:

- Logramos pasar hasta Huixtan, en el recorrido encontramos 14 cadáveres de guerrilleros a 50 metros de la planta de gas. Estuvimos a lo largo del día por lo menos en 5 fuertes tiroteos, lo que indica que los combates son cada vez más frecuentes. Bombardean cerca de la planta de gas, eso es peligroso. También nos percatamos de la toma de la cárcel del Cereso y la liberación de los presos.

—¿Se logró? —pregunta el obispo.

—Sí, se logró.

—A la población civil se la baja de los carros, se la tira en el piso y se la registra por parte del ejército mexicano. Pero también empieza a haber este tipo de acciones por parte del EZ.

Cinco periodistas de *Tiempo*, *Excelsior* y *Expreso* de Chiapas fueron detenidos por los guerrilleros en la población de Huixtan y les descomisaron todo lo que llevaban, material fotográfico, cuadernos, grabadoras y vehículo. Depués de mucho negociar, consiguieron que les devolvieran sus pertenencias a cambio de un "impuesto de guerra" de 700 nuevos pesos (24.000 pesetas).

- ¿Cree usted Don Samuel que sean realmente indígenas?

El obispo no puede evitar mostrar su indignación ante esta pregunta de un reportero: "Se vive todavía con la idea de que el indígena es mitad ser humano, que no tiene capacidad de pensar ni de sentir y menos de organizarse. Eso es una minimización, el presupuesto de que sí están organizados alguien los tiene que organizar. No se descarta que haya gente asociada, pero no son manipulados, ellos subjetivamente dicen que no tienen una puerta de salida. Para mí, sí las hay a largo plazo. Pero ellos llegaron al límite de lo que es la espera de los mecanismos a los que han acudido ordinariamente. Por ejemplo, los expulsados chamulas llevan 20 años esperando una solución. Esto se va acumulando, evidentemente. El líder —se refiere al subcomandante Marcos— que hablaba perfectamente español dijo que tienen una cultura superior, que lo que ellos buscaban es que el mundo supiera que estaban aquí. Quiso decir que no hay en el mundo gente consciente de la existencia de una problemática fuerte de los indígenas. Ahora dicen: hemos emergido... Además pensar que no son capaces de hablar otra lengua con corrección es una muestra de inexperiencia. Hay gente que habla cinco lenguas".

La conferencia acaba con la triste noticia de que el socorrista de la Cruz Roja, Juan Pantoja, murió a los cinco minutos de llegar al hospital de Tuxtla tras haber sido herido en la zona de combate. Se tardará un tiempo en reconocer públicamente que fue víctima del fuego del ejército mexicano. El director de la Cruz Roja, que lo acompañaba en la ambulancia en el momento de ser ametrallada, que no sufrió heridas, fue inmediatamente destituido de su cargo por señalar a los culpables. El grave error militar fue así silenciado.

OCOSINGO

Entre Palenque y San Cristóbal se encuentra la ciudad de Ocosingo, enclavada en una de las entradas a la selva. La lucha por la tierra y los enfrentamientos entre campesinos y propietarios siempre han sido una constante en esta zona. Aquí tuvieron lugar los incidentes más cruentos entre el EZLN y los soldados federales.

El capitán insurgente Nacho contaba que salieron todos: insurgentes, milicianos y el Comité Clandestino entre las ocho y las nueve de la noche del 31 de diciembre, de San Miguel hacia Ocosingo. "Teníamos unos 25 camiones que hicieron varios viajes, nos tardamos mucho, no fue hasta las cinco o seis de la mañana que tomamos Ocosingo".

Tras un breve enfrentamiento con los guardias judiciales, los zapatistas ocuparon la Presidencia Municipal. Las balas rebeldes acabaron con la vida de cuatro agentes, uno de ellos comandante judicial.

El mayor Rolando explicó que recuperaron el equipo y armas de los policías; ellos no tuvieron entonces ni una baja. En cuanto a los judiciales heridos, "fueron atendidos por nuestros servicios sanitarios y de ahí nosotros mismos los llevamos al hospital de Ocosingo y ahí los dejamos".

Los zapatistas prendieron fuego al edificio de la Presidencia, a los archivos del Juzgado local y a la Agencia del Ministerio Público.

El capitán Benito, que fue ascendido a mayor el pasado abril tras haber perdido un ojo en esta batalla, relató: "El 2 de enero estábamos en la plaza cuando llegó un camión militar lleno de federales, le dimos un tiro al chofer y se estrelló contra una casa. Los teníamos rodeados y como tardaron en bajarse, ahí quedaron. Eran unos 40. Después nos replegamos al mercado, nos atacaron con balas, helicópteros, morteros y granadas. Logramos tirar un helicóptero cuando estaba atacando la iglesia y el mercado. Era el día 3. Cayó un mortero y no alcancé a esconderme, una esquirla me dio en el ojo y otra en la espalda. Éramos muchos, fuimos saliendo en grupos. Yo salí entre las balas, no me importaba nada, ya que de quedarme, me matarían; estaba herido, corrí y corrí hasta salvarme. No tenía miedo, yo sé que ésta es una guerra y hay que luchar o morir. No sé mi edad, soy un salvaje, no tengo acta de nacimiento, pero tengo conciencia y convencimiento de la lucha".

La capitán Laura también estuvo allí: "Tenía 80 milicianos a mi mando, yo vi que era algo peligroso estar en el mercado. Escuché que la población civil decía: ahí vienen los federales. Como soy el mando pues dije: pónganse alerta".

La capitán Elisa explicó como vivió ella los hechos: "Fue muy fácil la toma de Ocosingo. Pero el segundo día nos posicionamos en el mercado, allí estuvimos hasta las once o doce de la mañana en que pasó un helicóptero a patrullar y como a las tres de la tarde llegó el ejército. Nosotros sabíamos que venían a contratacar. Estábamos listos para contestarles de por sí. Llegaron y ya empezamos a disparar. Nosotros ya éramos pocos, muchos ya se habían ido retirando y sólo quedábamos un grupo. Y es ahí donde me hirieron: una esquirla de granada en mi espalda. El capitán Benito me ordenó que me retirara de allí. Busqué a las dos sanitarias que iban con nosotros, pero no me pudieron atender porque estaba la balacera como agua de por sí, chorro. Entonces me mandaron a otro lugar... Logré llegar a un pueblo que está controlado por los zapatistas y allí nos atendieron a los heridos, éramos ocho."

Según el subcomandante Marcos, en Ocosingo hubo un combate no propuesto. El ejército los rodeó por dos lados y muchos civiles quedaron en medio. "En este caso nuestra tropa hizo lo que tenía que hacer, morirse por la población".

Los zapatistas se fueron retirando por etapas. Cuando llegó el ejército, la gente estaba mezclada con los guerrilleros en el mercado, una ratonera. Los insurgentes francotiradores empezaron a abrir fuego. Rápidamente los militares los ubicaron y les empezaron a lanzar morteros y a tirar granadas. El subcomandante Marcos cuenta en una entrevista pulicada en *La Jornada*: "Nuestros combatientes se tiraron desde una posición fija, cosa que es suicida para cualquier francotirador, pero lo hicieron por los civiles. Perdimos en el peor de los casos 40 compañeros".

El mayor Mario era el encargado de dirigir la retirada de los zapatistas de esta ciudad y fue de los últimos en salir de allí: "Estábamos tres mandos, yo estaba como tercer jefe. Dos pudieron salir, pero siguieron los enfrentamientos y me tuve que quedar, porque el mando ha de sacar primero a toda la tropa y aún no habían terminado de salir. Me arrinconaron en otro lado y tardé como dos días cercado allí, en el centro de Ocosingo, por las azoteas. Saqué a la mayoría y me quedé con puros heridos. Estaba duro, durísimo. No podía comunicarme, estaba cercado".

Isidora, insurgente de 18 años, relató: "En el mercado había como 10 civiles ahí atrapados con nosotros, teníamos que protegerlos. Los federales no respetaban a nadie, para ellos todos eran enemigos. Murieron muchos civiles. Permanecimos allí respondiendo al ataque. Enfrente hay una casa de dos pisos desde donde nos atacaban los soldados con metralla y granadas, también sonaban los morteros desde algún lugar cercano. Una compañera herida tomó el mando porque el oficial que estaba al mando quedó paralizado. Ella organizó la defensa de la posición, combatimos todo el día".

"Había cinco compañeros heridos donde yo estaba. Como a las cinco y media del día tres, por órdenes del mando salimos un grupo entre las balas. Todavía estaban vivos los civiles escondidos ahí. Yo creo que los mataron los federales en el ataque. Yo estaba herida, tenía esquirlas de granada en la espalda y en el brazo, además de un balazo en la pierna. Salimos como pudimos. Llegué a la tijera de Suchila y encontré una posición nuestra. Pedí un carro y regresé por otros dos heridos. Después los helicópteros no nos dejaron sacar más heridos en el carro".

Heriberto, del EZ, afirmó que "los soldados no respetaban a nadie. Mataron muchos civiles. Yo vi cómo a un viejito y a un niño los barrieron con una ráfaga".

Narciso dice que el 3 de enero, de una casa cercana al mercado, un señor, que seguramente se acababa de despertar en un momento en que se interrumpió un poco el tiroteo, salió a la calle y le dispararon. Quedó herido en medio de la calzada y su familia no pudo salir por él. "Entonces llegaron los soldados y lo remataron con un tiro en la cabeza".

Así murieron muchos ciudadanos inocentes, también en el hospital de dicha localidad pudo haber ejecuciones sumarias. La fosa común estaba repleta. Algunos de los cadáveres fueron enterrados en los patios de las viviendas, puesto que era imposible acercarse al cementerio para sepultarlos y los muertos empezaban a hedir. Padres de familia que intentaban llegar a la casa de sus hijos, viejitos que querían ir a comprar tortillas a la tienda de la esquina, jóvenes curiosos... Todo un sinnúmero de víctimas aún no contabilizado, aunque se barajó la cifra de 400 muertos como excesiva.

El día 3 llegaron nuevos refuerzos militares por tierra y por aire. La ciudad quedó incomunicada y sin abasto mientras duraron los enfrentamientos. Fueron días de angustia y terror en la ciudad donde se concentraron gran parte de los ya más de 10.000 soldados y 100 vehículos, helicópteros y aviones de la Secretaría de Defensa Nacional en Chiapas.

El día 4, después de 48 horas de combates, el Ejército Mexicano publicó por segunda vez que había recuperado la plaza. Se hallaron cinco cadáveres ajusticiados con las manos atadas a la espalda. Pero algunos periodistas que lograron entrar en la ciudad, entre el hedor a muerto del mercado, contaron 22 cuerpos. También encontraron a un moribundo con un rifle de utillería, un palo con un tirante y un machete en la punta.

Dos meses más tarde escucharía en un pueblo de la Cañada un corrido sobre la batalla de Ocosingo: "El 2 de enero fue un caso/ del año noventa y cuatro/ en el mercado de Ocosingo/ hubo un enfrentamiento/ como a las catorce horas/ llegaron los federales/ sin darle tiempo de nada/ a los compas zapatistas/ Los federales tiraron granadas/ también morteros, también todos/ les gritaban que se rindan los rebeldes./ Insurgentes, milicianos/ responden tiro seguro/ con lanza gas y R-15 / que fueron recuparados./ Nosotros en el combate no traicionamos a nadie/ avisamos en el radio / el motivo de la guerra/

pudimos ganar las armas/ que tenían los policías/ escopetas chaqueteras/ con armas sin puntería/ en realidad somos pobres/ no teníamos buenas armas/ apuntamos los soldados/ con palos hechos armas/ Qué bonito son los hombres/ que luchan frente a frente/ con las armas en la mano/ otra guerra de repente".

LOS DESMANES DEL EJÉRCITO

En Ocosingo, un joven fotógrafo fue víctima de la agresividad del Ejército: lo detuvieron el tercer día de enero y no consiguió la libertad hasta los tres meses y medio después de realizar, junto con otros presos en la misma situación, una huelga de hambre de 18 días. Todos fueron acusados de ser zapatistas. Marcos Morales vivió una verdadera odisea de la que al menos salió vivo. Niega tener nada que ver con el EZLN; no obstante sufrió en su carne la represión más desmedida, su familia quedó destrozada y además le incautaron sus instrumentos de trabajo: las cámaras, ampliadora, negativos y fotos que guardaba en su estudio y que los federales se llevaron para jamás devolverlos.

Él mismo narra los hechos: "Me llamo Marcos Morales Cruz, aquí estoy radicando ahorita, pero mi familia se encuentra en una ranchería que se llama Zapata. Antes trabajaba aquí en las fotografías, pero ahorita no por lo que me ha pasado".

"El día 31 de diciembre estuve en una fiesta, bailando, haciendo el gusto. Al amanecer vine aquí a mi casa. Los zapatistas llegaron el día último del año, como a las diez de la noche, alguna gente los vio, decían que había guerrilleros que traían armas. El día primero fuimos al mercado y ahí estaban amontonados, no se metían con la gente, sólo decían que según cuando vengan los soldados los vamos s enfrentar, pero con ustedes no".

"El domingo, como a las seis de la mañana, vi que salía humo de la presidencia, lo quemaron todo y se fueron la mayoría, eran como 800. Sobre las tres de la tarde llegaron los soldados, pasaron en camiones por el periférico y se fueron al mercado, se enfrentaron con los zapatistas, dispararon a todo el que pasaba por la calle, mataron a mucha gente. Mi hermano contó como 20 ó 25 civiles muertos".

"Yo estuve en la casa con mi hermanito y con mi familia; pero desgraciadamente en la tarde me vine a mi cuarto y al amanecer del lunes salí a la calle sin saber si me iba a pasar algo. Los soldados tienen que proteger al pueblo, no perjudicarlo, por eso salí a la calle. Veía mucha gente, yo fui con dos chavos que son testigos. Regresando fue cuando me detuvieron, como a las 7 y media de la mañana, allá en la farmacia Cruz Blanca".

"Estaban metidos adentro y me llamaron: ven. Yo pensé que querían un mandado, pero al entrar por la puerta, me agarraron de los brazos y me aventaron adentro a culatazos. Y me dijeron: ¿Dónde fuiste? Yo respondí: Allá en Coplamar. Pero ellos: Qué Coplamar, te vamos a chingar, tu has entrado en una casa y te has cambiado de ropa, tú eres zapatista. Me pegaron, me vendaron los ojos, me ataron las manos y me pasaron un trapo, así, por la boca. Me pegaban con los zapatos y culatazos, me dieron uno en el ojo, se me hinchó, pero donde más me dolió fue un culatazo en la espalda y se subían encima de mí. Me torturaron mucho, me iban a dar toque eléctrico porque veían que aguantaba, pero no me lo dieron, afortunadamente, porque no había corriente. Me preguntaron a qué me dedicaba. Les dije que a las fotografías, es mi chamba y con eso me ganaba la vida, con eso mantenía la familia —tiene 2 hijas y mujer—. Y que dónde tomaba yo las fotos, les dije pues aquí en el pueblo y que también salía a las comunidades de la selva. Ahí es donde se encabronaron: son fotografías de los zapatistas. Pero no, los de la ARIC son testigos, me contrataron para sacar fotos para sus credenciales. Ahí fue que me empezaron a golpear un chingo".

"Pasé la noche del lunes, luego me trasladaron a la Presidencia Municipal. Uno me decía que ahí me iban a matar, que me iban a aventar desde el segundo piso, me amenazaban y cortaban cartucho. Habíamos unos 18 ó 20, nos agarraron uno por uno, cuando salían a comprar tortillas, o a otro para comprar caja porque habían matado a su padre. Unos estaban en el primer piso, otros en el segundo y otros en el tercero. Un chavo estaba gritando, le clavaron un cuchillo, le picaban para que se declarara culpable. A mí me decían que declarara ser zapatista. ¿Cómo lo voy a decir siendo que no soy? En ese día me dijeron que me liberarían si entregaba las fotografías. Me trasladaron a la bodega del Tito Mendez, allí llegó mucha gente, como 35 detenidos pero de diferentes sitios, todos hombres y una mujer embarazada que la dejaron ir".

"Al día siguiente me trajeron aquí, a mi cuarto, me sacaron 1.300 órdenes y 50 rollos, una cámara Pentax y una ampliadora, y no me han devuelto nada. Yo pienso mucho por qué me hicieron esas cosas, el Ejército Federal debe saber qué dice la ley, no violarla. Todavía me torturaron un chingo, se lo llevaron todo y a mí me trasladaron a Tuxtla, en helicóptero y me consignaron en la cárcel de Cerro Hueco. De los 35 detenidos dieron la libertad a 17, a los otros 18 nos consignaron".

"Yo no participé en nada y me hicieron esas cosas. Y lo de mi papá: el uno de enero se encontraba en el rancho e intentó venir a Ocosingo para entrar y sacarnos a la familia, pero lo mataron. Venía vestido de civil, se encontró con los zapatistas, lo hicieron bajar de la camioneta y se la llevaron; pero él con otro señor siguieron caminando y llegaron como a las tres del mediodía a Ocosingo. Se encontraron con la balacera, se protegieron y pensaron en regresar. Fue al ponerse a caminar cuando le dieron el balazo, el otro señor sintió el calor de la bala al rozarle y también cayó. Fue revolcándose a abrazar a mi padre y entonces llegó un soldado y le dijo: ¿tú qué? Pues yo iba a entrar al pueblo, aquí vive el señor, se había ido a la comunidad y no sabía nada. No lo mataron: levantó las manos, lo registraron y lo dejaron. Mi papá ahí se quedó, pasó días, parece que lo enterraron en una fosa común. Mis hermanitos lo desenterraron y lo enterraron ya solo".

"Al llegar a Cerro Hueco nos trataron muy mal, no nos sacaron las esposas; nos sacaban a declarar, esposados unos con otros. No me dejaron salir de la celda hasta que llegaron los de

Derechos Humanos. Al cumplir los tres meses pensamos en hacer una huelga de hambre, 18 dias sin comer. Hicimos la huelga los 21 presuntos zapatistas. El señor gobernador mandó un escrito a México para que se revisaran los expedientes y vino la solución, 16 inocentes y 5 culpables. Los que fueron culpables son Domingo Morales Sánchez, Roberto Torres, Jesús Mesa, Pedro Hernández Jiménez y Venancio Hernández Jiménez".

"Platicábamos en el comedor. A todos nos torturaron, no les dieron de comer cuando los agarraron, como a mí, que me tuvieron cinco días sin comer ni beber nada. Yo pensaba que me maten de una vez porque estoy sufriendo mucho; les decía a los militares que mejor me maten para que no sufra y puede ser que un día les va a tocar a ustedes, porque ya estaba encabronado. Entonces más me golpeaban y me decían que declarara dónde están los armamentos. Y yo qué sé. Bueno, claro, al salir ya me di cuenta de que conozco tal persona, son zapatistas, pero en cambio cuando me detuvieron no, yo no sabía nada de esto".

A los cinco que quedan dentro les obligaron a declarar que eran culpables, pero no a su voluntad. Los agarraron en Oxchuc, les pusieron pólvora en la mano para hacerles la prueba de que habían disparado y salió positivo. Les forzaron los zapatistas a que agarraran armas, uniformes, pero no por su voluntad, y cuando iban entrando por Huixtán tuvieron miedo y se regresaron por Oxchuc, y allí los agarraron. Los consignaron sin probar nada. Al hacerles la prueba de si habían disparado les dieron pólvora en la mano, por eso salieron culpables".

"Hicimos la huelga porque pensamos que si vamos a morir que sea ya de una vez. Estábamos en la máxima seguridad, todos nosotros, los presuntos zapatistas, y allí se desespera uno: ¿cómo vamos a obtener la libertad si nos tienen abandonados, nadie nos visita, van a dejar que nos pudramos aquí en la cárcel? Mi familia no me visitó porque les mandé un escrito para que no vinieran, porque si llegaban con mis hijas me va a dar más pena, me van a hacer pensar mucho. Decidimos, mejor hagamos una huelga, todos estabamos de acuerdo, si muere alguien pues ni modos. Empezamos a partir del primero de abril con un escrito a los reporteros, a los 5 días ya nos empezamos a desmayar y nos dieron suero. Estuvimos 18 días. Nos dijeron que nos iban a dar la libertad por medio del escrito que hizo el gobernador directamente a México con los Derechos Humanos. Pero nosotros no paramos la huelga hasta que nos dieron la boleta de libertad. Salimos por la huelga".

"Ahorita ya mandé una querella, la iba a entregar al Ministerio Público, aquí en el cuartel de ellos (Ocosingo), pero no quisieron recibirla porque ahí he mencionado que me torturaron y que mataron a mi papá. No les conviene y me dijeron que cambiáramos esas dos cosas. Lo hicimos a su gusto y la acabamos de entregar; estoy con un licenciado que hace los papeles, me dijo que mejor lo quitamos. La solicitud de indemnizacion la vamos a mandar al gobernador del Estado y a Carlos Salinas para que se reconozca que no es justo".

Marcos fue acusado de los delitos de homicidio, lesiones, asociación delictiva y posesión de armas de fuego. Junto con los otros recibió "la inmediata y absoluta libertad de los procesados en virtud de que en el día de hoy se decretó en su favor el sobreseimiento de la causa por los delitos de homicidio, lesiones, asociación delictuosa y portación de armas reservadas para uso exclusivo del Ejército, armada y fuerza aérea...".

OXCHUC

En Oxchuc, el comportamiento del EZLN había sido el habitual: toma de edificios municipales, quema de registros y archivos. Pero azuzados por personas del pueblo incendiaron varias casas de miembros destacados de la política municipal y del PRI. Se temía incluso que se llegara a ejecutar gente.

La división entre la población en este lugar es ancestral. Con la llegada de los insurgentes el uno de enero, las viejas rencillas se avivaron. Algunos de los pobladores se fueron con los zapatistas cuando estos se retiraron por miedo a las represalias de sus propios vecinos.

Así fue que apresaron el cuarto día a once zapatistas rezagados y los llevaron a la glorieta del parque central, donde empezaron a golpearlos hasta casi lincharlos. Encabezados por las autoridades del pueblo, el sector priista de los habitantes agredió a los detenidos. Se gritaron consignas contra la guerrilla y a favor del PRI. Además se condujo a los periodistas que pasaban por la carretera a la plaza para que vieran su hazaña. Los reporteros entrevistaron a los pobres moribundos y sacaron fotos.

Los líderes autóctonos mostraban a los guerrilleros presos como trofeos, amarrados a la verja de la glorieta. Pero luego empezaron a escuchar a los periodistas que les instaban a no torturar a los detenidos y a dudar de si eran también zapatistas. Les molestó el poco caso que les hacían, la escasa atención con que escuchaban sus quejas: "No tenemos ninguna protección del Gobierno, aquí no han llegado los soldados federales, protegen sólo las ciudades donde hay gente importante". El ambiente se fue enardeciendo en contra de los informadores que tuvieron que salir por patas de la escena. El pueblo siguió concentrado y decidió qué hacer con sus víctimas, ultimarlos o entregarlos al ejército. Hicieron lo segundo.

Oxchuc quedó desde el inicio del conflicto hundido en una guerra civil a pequeña escala. Días después apresarían a 17 personas más acusándolas de zapatistas, pero serían liberados por falta de pruebas. Unas 500 personas estuvieron patrullando por las calles y la plaza central con palos para repeler cualquier incursión del EZLN.

El presidente municipal de Oxchuc, el priista Emilio Gómez Santiz, una vez llegó el ejército mexicano a esta localidad, decidió tomarse la justicia por su mano. Hizo una colecta entre la población de 20 pesos nuevos por persona (800 ptas.) para pagar a los militares con el objetivo de que detuvieran a los integrantes de la asociación civil Tres Nudos, integrada en su mayoría por maestros y gente opuesta al PRI. En la tarde del 20 de enero, siete camiones penetraron en la zona urbana llevando a bordo al alcalde y sus secuaces. Estos señalaron las viviendas de los miembros de la asociación y los soldados los detuvieron con lujo de violencia, haciendo destrozos en sus viviendas y robando el dinero que encontraron. A Jacinto Gómez le incautaron los 7.500 nuevos pesos que acababa de cobrar del seguro de vida de su hijo.

El 21 de enero se repitió la agresión: el ejército rodeó el pueblo con 16 vehículos y peinaron las casas y los cerros colindantes en busca de las armas que, según el alcalde había ocultas. Esa noche amenazó a los miembros de Tres Nudos con quemar sus casas y expulsarlos definitivamente de la comunidad. Llenos de temor por sus vidas, un grupo de 200 personas abandonaron el pueblo y buscaron refugio en San Cristóbal de las Casas.

HUIXTAN

Un maestro de este municipio relató al diario *Tiempo* que los zapatistas entraron en la cabecera municipal el primero de enero a las 6 de la mañana, eran unos 200, iban armados con cuernos de chivo, metralletas, rifles y palos con machetes en la punta. Destruyeron el Ayuntamiento a base de bombas y balazos, saquearon la tienda Conasupo, rompieron las líneas de teléfonos y el sistema de radio. También afirmó que un encapuchado los instaba a unirse al movimiento armado para defender la tierra y luchar contra la injusticia, además de asegurar que llegarían al Distrito Federal para sacar al presidente Salinas. El encapuchado hablaba en español y un traductor repetía sus palabras en tzotzil.

El maestro afirmó que en ningún momento agredieron a la población civil ni las casas particulares. Según este testimonio, los rebeldes se retiraron luego a los cerros colindantes y bajaban al pueblo por las noches para conseguir alimentos. Las gentes de Huixtán estaban nerviosas porque los víveres empezaron a escasear y temían andar por la carretera a causa de los retenes federales que podían acusarlos de colaborar con los insurrectos.

LA COMBI BALEADA

Por la mañana del día 4, fue acribillado a tiros un microbús de pasajeros en la 31 zona militar. Murieron sus cuatro ocupantes adultos y una niña. Los tres heridos restantes y un bebé fueron trasladados a Tuxtla. En el hospital no dieron explicaciones ni información alguna de su estado o paradero.

El indígena chamula que conducía el vehículo y que perdió un brazo y un pie contó que al llegar a Rancho Nuevo estaba el retén militar: "Yo paré, me orillé en la cuneta para acercarme a ellos, para que revisaran el carro y no les gustó cuando me acerqué a ellos, sólo por eso dispararon, ya. El carro que yo traía es polarizado, no se ve nada de adentro, no se ven los pasajeros, solamente se ve oscuro el cristal. Me acerqué a uno que fue el que disparó y de ahí todos dispararon. Eran cuarto para las seis, yo me acuerdo bien... El señor que venía a mi lado, cuando nos pegaron las balas y yo me caí, él se cayó y pisó el acelerador y giró el volante para agarrarse, como para esconderse, pero ya estaba muerto, lo vi que escurría mucha sangre".

"Me preguntaron todavía: ¿por qué no paraste? Yo respondí: ¿cómo no voy a parar, si ya sé que tienen que revisar todo el carro? Si me quieren acabar a mí, porque yo quedé con vida, por qué voy a sufrir, le dije: acábeme de una vez".

"Levanté sólo mi cabeza, mi tripa ya estaba saliendo, me tapé el estómago con las dos manos. Me sacaron 17 balas de adentro de mi estómago y como 25 en mi espalda, en todas partes estoy picado, pero no perdí el conocimiento".

El chófer contó que no lo quisieron atender en el hospital de Tuxtla y lo trasladaron a México: "Cuando llegué a México, la verdad, ya apestaba como muerto, no fue hasta el 16 de enero, y allí he estado hasta el 15 de abril".

En su testimonio afirmó que vio cómo al hombre que iba a su lado en el asiento delantero, que ya estaba muerto, le pusieron en la mano una pistola: "Cuando me pegaron las balas, yo quedé debajo del volante, cuando le dieron las balas al señor, se cayó casi encima de mí y se abrió la puerta de la combi, yo me caí para abajo y vi que el muerto quedó colgando del volante y le pusieron una pistola, su misma pistola de los soldados".

"Más o menos una hora quedamos ahí tirados. Ellos ya no decían nada. Yo les dije, porque ya no quiero sufrir tanto, mejor acábame de una vez y dame otro balazo, porque no voy a sufrir más. Me contestaron que ya no".

No es este el único caso de civiles asesinados en los retenes militares de esta guerra. En la madrugada del 6 de enero en Comitán dos personas que viajaban en una furgoneta Ford recibieron el fuego de los soldados, quienes argumentaron que no se habían detenido en el control. En esta ciudad fronteriza y cercana a la selva se vivía una situación de miedo y angustia, pues la gente no sabía muchas veces cuando le daban el alto si se trataba de militares o de guerrilleros.

DELINCUENTES, EXTRANJEROS, MANIPULADOS

El primer mensaje del Presidente de la República, Carlos Salinas de Gortari, dirigido a la población llegó el dia 3 de enero y fue contundente: "No hay lugar ni tiempo para la divergencia que no se resuelva dentro de la ley" y añadió que las acciones violentas entorpecen la solución de las verdaderas demandas sociales. La Secretaría de Gobernación había reconocido desde el principio "un grave rezago histórico de la región".

La subsecretaria de Readaptación Social y Protección Civil, Socorro Díaz, declaró que en el EZLN "existe una mezcla de intereses de personas nacionales con extranjeros y que muestra afinidades con otras facciones violentas que operan en países hermanos de Centroamérica". La versión de que los indígenas han sido manipulados se convierte en propaganda oficial.

El obispo de Tapachula, Felipe Aguirre, dijo: "Es innegable que los han alzado. Pero los indígenas están poniendo los muertos, y los líderes del EZLN se están resguardando en ellos para llevar a cabo sus motivaciones personales e ideológicas".

Pero en la noche del dia tercero, un boletín de la Secretaría de Gobrenación del Estado reconocía que: "durante los últimos meses del año 1993 se contaba ya con información sobre actividades ilegales de pequeños grupos en aquella zona fronteriza. Entre éstas estaban el tráfico de armas y pertrechos militares y la localización de centros de entrenamiento". Hasta ese momento ninguna instancia oficial había reconocido la existencia de una guerrilla o movimiento organizado.

El 4 de enero se designó como vocero oficial del gobierno a Eloy Cantú, quien afirmó: "Es claro que la conducción de este grupo de transgresores de la ley está en manos de profesionales de la violencia". El gobierno hizo correr la versión de que se trata de un grupo armado organizado por fuerzas extranjeras.

La Procuraduría General de la República informó que el EZLN había robado el 31 de diciembre un camión de Pemex (Petróleo de México) con 1.566 kilos de dinamita y 10.440 detonantes, con los que presumiblemente se volaron los puentes de la Virgen y la Florida, que dan acceso a Ocosingo. En su comunicado número 4 informó que habían sido detenidos ocho "transgresores" -nunca se les llama guerrilleros o zapatistas e incautadas diversas armas.

Pero lo terrible del caso fue que mientras la televisión, en especial Televisa, difundía en sus noticiarios un "aquí no pasa nada", los habitantes de las zonas tomadas por los zapatistas se sentían olvidados y confundidos. En Altamirano, por ejemplo, no fue hasta el dia 4 cuando se retiraron de la Presidencia Municipal, no sin antes destrozarla en un simbólico ataque colectivo a martillazos contra sus muros. La historia se cobraraba su venganza en la pura piedra del poder opresor, décadas de agravio contenidas salían a la luz. La población salió a la calle, un clima de terror generalizado reinaría en esta ciudad durante meses. Los enfrentamientos ancestrales entre ganaderos, propietarios y campesinos indígenas se recrudecían.

Además, durante los primeros días la falta de alimentos y abastos fue notoria. El ejército estaba ocupado en sofocar la rebelión en Ocosingo y esta población cercada quedó descuidada; veían pasar de largo los helicópteros y aviones militares.

DEMASIADO TARDE

Al mediodía del martes 4 arribó a San Cristóbal el secretario de Desarrollo Social, Carlos Rojas, acompañado del gobernador del estado Elmar Setzer y de otros funcionarios. Fuertemente escoltados por el ejército, hicieron un recorrido por la plaza central y por la Presidencia Municipal, ahora convertida en un cuartel abarrotado de militares, mientras siguieron llegando camiones y camiones con tropa provinientes de la capital Tuxtla Gutiérrez.

Carlos Rojas había anunciado dos días antes que viajaría a Chiapas para abrir una mesa de atención a las demandas populares. La celeridad con que se presentó en San Cristóbal para escuchar a los campesinos y organizaciones indígenas se enmarcó dentro de una estrategia de tratar de impedir la radicalización y simpatía por la guerrilla. Demasiado tarde. Ya las promesas de ayudas y proyectos por parte del Gobierno no merecían confianza alguna. La guerra estaba en marcha. 28 grupos esperan ser atendidos en esta "mesa de concertación". Muchos dijeron que es triste que haya sido necesario un levantamiento armado para que se les tomara en serio. El día 4 a la hora concertada, los representantes se agolpaban en los pasillos del Centro de Convenciones El Carmen. Todos los allí entrevistados coincidieron en tres cosas: el grado de pobreza a que se ven sometidos, la falta eterna de soluciones o respuestas a sus problemas por parte del Gobierno y que el EZLN es una consecuencia inevitable de que el hambre y la paciencia tienen límite.

Juan Hernández, de la Coordinadora de Organizaciones de los Pueblos Mayas en Lucha, explicaba que la burocracia es una forma de tenerlos siempre a la espera: "nunca nos dicen que no, pero, vamos a ver, vienes tal día... y pasan los días, meses, años y cuando uno envejece, entra otro a gestionar y es lo mismo".

"Desde hace 501 años nuestras comunidades están abandonadas, nunca han recibido luz, ni han conocido carreteras, ni agua corriente. No se ha cumplido nunca ninguna de nuestras demandas de servicios mínimos. Cuando nos dan algo hemos gastado más en gestionar el apoyo... Tenemos que caminar siete u ocho horas a pie con el café, maíz, frijol...Necesitaríamos no ya una carretera buena sino, por los menos, una brecha para poder sacar los productos".

Un campesino aseguró que la reunión que ahora tienen con las autoridades es "de alguna forma el resultado de todo el movimiento del EZLN". Y añadió que se trata de "un grupo de más edad, llevan mucho tiempo organizados, nosotros somos más nuevos, y quizás ellos ya han agotado todo el procedimiento sin encontrar nunca solución".

Un miembro de una organización de los Altos dijo: "Los zapatistas ya se cansaron, no se puede salir adelante, los niños no tienen alimento y cómo creen ustedes que van a aprender si no tienen comida aunque tengan profesores excelentes".

Juan, de la Organización de Representantes Indígenas de los Altos de Chiapas, afirmó: "Llevamos cinco años pidiendo al Gobierno y nunca nos han dado respuesta. Los zapatistas se cansaron de esperar, no se puede salir adelante, ya estamos a 501 años de estar bajo el yugo de los capitalistas, los ricos pues, y como que no sienten, no son humanos, son como piedras, nosotros somos para ellos la última clase".

Sebastián, de la Organización de Médicos Indígenas del Estado de Chiapas contaba, en un castellano de extranjero en su propia tierra, que llevan años esperando unas credenciales y que el Estado regule la medicina indígena, puesto que ahora son considerados meros "auxiliares" de la occidental. Sebastián reflexionó: "Los zapatistas tomaron su propio camino, claro, seguramente ahora nos harán más caso a todos".

Respecto a los presupuestos extraordinarios que el Gobierno destinó a esta zona dentro del plan "Solidaridad" en los últimos tiempos, dijeron con cierta indignación: "Es falso, lo acapararon los caciques, los presidentes municipales, los dan a los que a ellos les conviene, a sus "cuates" -amigos-; a nosotros nunca nos dan, esa es la razón de esas gentes, están cansados ya de no poder vivir".

El quinto día del año, cinco de los dirigentes de la Central Independiente de Obreros Agrícolas y Campesinos (CIOAC) fueron detenidos por los militares en Las Margaritas cuando se disponían a ir a San Cristóbal a la mesa de concertación con el secretario de Desarrollo Social. Pasaron los días y se desconocía su paradero. La organización hizo una denuncia pública de los hechos y manifestó "el temor de que, al amparo del estado de emergencia que prevalece en la región puedan ser torturados y se les pretenda involucrar como partícipes del conflicto armado o aún peor, se les desaparezca". La carta proseguía: "Nos preocupa que tras las avasalladoras acciones militares que, en nuestra opinión, pretenden justificar el arrasamiento militar sobre las regiones indígenas, de paso se aproveche para reprimir a cientos de civiles inocentes y a las organizaciones sociales que, aunque con presencia importante en las regiones en que se ha presentado el conflicto armado, somos ajenas al mismo". Se cerraba el escrito con el lema "Tierra, democracia y liberación social".

EN TIEMPOS DE GUERRA Y EN *TIEMPO*

Una algarabía increíble reinaba en el periódico *Tiempo* de San Cristóbal de las Casas a principios de enero, la casa-taller-redacción quedó invadida por los periodistas que iban llegando a la ciudad. Y aunque el diario local no salió hasta el día 5, su gente se dedicó a pasar información a todos los medios escritos, estaciones de radio del país y extranjero, por medio de fax, teléfono o contacto directo, en una actividad febril y nada lucrativa que después se revelaría en las exorbitantes facturas de Telmex. Ni el aumento de tirada de *Tiempo* (de quinientos a dos mil ejemplares) pudo paliar los devastadores efectos de tanta generosidad.

Era el principio de todo. Una veintena de periodistas se movían en las instalaciones mínimas de este periodiquito de 4 hojas, sin fotografías, impreso como en tiempos de Gutenberg.

En la mañana del 3 de enero, algunos reporteros que se habían acercado a la zona de Rancho Nuevo recibieron una amable acogida por parte de los militares y regresaron lívidos al cuartel general de los informadores, *Tiempo*, con los coches convertidos en coladores.

En la acera frente a la entrada del taller, estaba el Volkswagen blanco lleno de impactos de bala. Bajo el cartel enorme de prensa, en la luneta frontal, había un boquete. Un poco más cerca hubiera atravesado el cristal y volado los sesos al aún tembloroso reportero de *El Financiero*. Otro coche no tuvo tanta suerte y uno de sus ocupantes, el periodista de *La Jornada* Ismael Romero, fue ingresado en el hospital, herido de bala en el hombro.

Concepción Villafuerte, la directora de *Tiempo* y señora de la casa, emprendió una arremetida feroz contra las autoridades a base de difundir la injustificada agresión, demandar responsabilidades y denunciar los hechos. Concepción lleva 26 años de lucha por sacar adelante los 6 hijos, los nietos, el marido y a la vez el periódico. Amado Avendaño, abogado de profesión que ante tanta injusticia decidió dedicarse al periodismo de denuncia, tenía esos primeros días una barba desaliñada, unas ojeras profundas; todo el esfuerzo por dar voz a los indios durante tantos años le parecía vano y absurdo; los indígenas mismos se defendían, desde el primero de enero habían tomado la palabra y así las instalaciones de *Tiempo* no pudieron hacer más que dar cobertura informativa a la verdad de aquella insurrección. Abrir sus puertas a todos y a todo.

Con el paso de los meses, muchos nos preguntaríamos qué hubiera sido de este conflicto por lo que respecta a los medios si no hubiera existido *Tiempo*, si no hubiéramos tenido los boletines que hacía Conchita, la excelente base de datos siempre actualizada del cerebro de Amalia, la entrega y capacidad de toda la familia, que repartía noticias con tanta generosidad como café y sentido de la responsabilidad del momento. La labor de hormiga, los años sacrificados pusieron a esta gente y su trabajo en el momento justo en que podían demostrar su valía, y lo hicieron de una forma sin precedentes, más allá de toda expectativa.

Conchita explicó: "No nos movíamos para nada día y noche del fax, del teléfono y la computadora, donde metíamos toda la información que recibíamos. Hacíamos un boletín y lo enviábamos a todo el que pedía información".

Era la primera semana de enero. En un rincón de la sala, un corro de periodistas mirábamos las primeras fotografías de muertos de esta guerra, los jóvenes guerrilleros del microbús ametrallado. Un colega contó la sensación que tuvo rodeado de cadáveres. Oyó disparos de todos los lados y rápidamente le invadió el miedo y también una rabia ciega y extrema, un odio impotente. Hubiera querido borrarlo todo del mapa, hacer desaparecer los dos bandos. Pero la crudeza de la sangre fresca, tan real, lo serenó. Logró sacar la cámara y disparar unas cuantas veces, violador de la poca paz de unas muertes tan chicas, tan indígenas y tan mal armadas. Las imágenes circularon de mano en mano. Alguien dijo: "Piensa que por cada uno que matan son cinco los que se unen, entre los indios es así".

La televisión estaba prendida en la cocina del hogar. Empezó el noticiero de *Televisa*.

Nos juntamos los periodistas y familiares y se sucedieron las risotadas cínicas y los insultos al locutor Zabludovsky. Los hechos que todos estábamos viviendo de cerca eran tergiversados de la manera más absoluta: el Gobierno hablaba aún de "unos 200 transgresores de la ley" cuando sólo en la toma de San Cristóbal habíamos visto un millar. Los muertos no contaban.

Cada vez que llegaba algún nuevo informe, se hacían fotocopias y se repartían desinteresadamente entre todos los presentes para enriquecimiento de nuestras crónicas. En *Tiempo* la información era patrimonio de todos y circulaba como chisme de cocina, veloz, no existía ni la exclusiva ni el secretismo, había que comunicar lo mejor posible, dar al mundo ojos, cumplir una misión importante y colectiva: informar. Era el otro frente de guerra, no en vano se llamaría a la prensa "el tercer ejército en contienda".

Al periódico no cesaban de llegar llamadas de las más altas instancias políticas del Estado. Amado se acariciaba la incipiente calvicie y sonreía socarrón mientras saludaba: "Buenas tardes, señor diputado", o "¿Cómo está usted señor gobernador?".

Todo el mundo en San Cristóbal conoce a Amado Avendaño. Antes del conflicto, cuando intentaba recabar información sobre las expulsiones de los indios chamulas, me dijeron: "Ves a *Tiempo* a ver a don Amado, ese sí que no le teme a nada". Su periódico ya había caído diariamente en mis manos como una golosina. No se cortaba en denunciar corruptelas e impunidades; y a pesar de lo escueto, mal impreso y poco cuidada compaginación, me remitía al verdadero sentido del periodismo.

Pero quien mejor describe este periódico es el subcomandante Marcos en una parte de la carta dirigida a Gaspar Morquecho: "El heroísmo auténtico de *Tiempo* no viene tanto de sacar un periódico con esa maquinaria de Pedro Picapiedra. Viene de, en un ambiente tan cerrado y absurdo como el coleto, darle voz a los que nada tenían (ahora tenemos armas). Viene de desafiar, con cuatro páginas (a veces seis) llenas de verdades, a los poderosos señores del comercio y la tierra que sientan sus reales en la ciudad idem. Viene de no ceder a chantajes e intimidaciones para obligarlos a publicar una mentira o dejar de publicar una verdad.(...) Viene de que, cuando bajaban los indios de la montaña (ojo: antes del primero de enero) a la ciudad, no a vender, no a comprar, sino a pedir que alguien los escuchara encontrando oídos y puertas cerrados, una puerta había sido abierta, la que abrieron un grupo de no indígenas desde hace tiempo y pusieron un letrero que decía lo mismo: *Tiempo*. Y que al traspasar esa puerta, esos indios que hoy hacen rabiar al mundo por su osadía de negarse a morir indignamente, encontraban a alguien que los escuchaba, lo que ya era bastante, y encontraban a quien ponía esas voces indias en tinta y papel y cabeceaba *Tiempo*, lo que ya era antes, y más ahora, heróico. Porque resulta, señor Morquecho, que el heroísmo y la valentía no se encuentran sólo detrás de un fusil y un pasamontañas, también están frente a una máquina de escribir cuando el afán de verdad es el que anima a las manos que teclean".

Concepción Villafuerte trabajó sin descanso defendiendo los derechos humanos de los indios, asesorando mujeres indígenas violadas, recogiendo denuncias y publicándolas en su periódico. Durante toda su vida ella había intentado hacer que reclamaran lo suyo y no se dejaran subyugar: "Pero ellos se iban otra vez y a mí me daba coraje ver que no querían defenderse, no quieren alegar sus derechos. Por eso, cuando tuvo lugar el alzamiento, a Conchita se le hacía imposible creerlo: "a mí se me hacía ilógico que ellos pudieran tener esa reacción, siempre se me habían hecho mansos y hasta mensos si tú quieres". Y recordó su batalla con ellos durante años y años: "No reaccionaban; yo les decía, compañeros ustedes son campesinos tienen que aprenderse a defender. Cuando yo tenía mis arranques así, ellos sólo me miraban, nada más, pues a lo mejor estoy loca".

Al principio, ella creía "que tenían atrás un montón de gentes mestizas y con la cara de Marcos, pensaba que aquí hay un manipuleo, había visto yo muchos mestizos manipular a grupos indígenas y a mí me daba mucho coraje eso. Los de la ARIC por ejemplo, a mi se me hacen manipuladores".

Y concluyó: " Pero ya cuando tengo más conciencia y veo que son indígenas, mis respetos para ellos, empiezo a comprenderlos, tuvieron que pasar por un proceso de concienciación, de poder confiar en ellos mismos para lanzarse a ese movimiento suicida. A mí se me hizo suicida porque estaban dispuestos a morir por la causa y a mí se me hizo muy noble, morir porque otros vivan, por alcanzar la libertad. Ahorita ya no puedo hablar más mal de ellos, se cambió totalmente el esquema".

Seguimos en los primeros días de la guerra. En *Tiempo* se montaban tertulias improvisadas, hablabamos de los antecedentes, de que en mayo del año anterior habían bombardeado en la selva. Mientras, en la radio escuchabamos los boletines de la Secretaría de Gobernación: "Las circunstancias particulares de un ancestral atraso en la región obligaron a actuar siempre con especial prudencia y cuidado...".

Al día siguiente empezó el cerco militar. Los periodistas no pudimos acceder a las zonas de conflicto. El Gobierno instaló una sala de prensa en el hotel Diego de Mazariegos de San Cristóbal. Muchos abandonarán *Tiempo*, otros se sentirán más a gusto entre la familia Avendaño que entre agentes de gobernación.

Los periodistas no podían hacer su trabajo, los retenes militares no daban paso. La Caravana por la Paz, integrada por organizaciones no gubernamentales, no logró cumplir su objetivo de marchar a Ocosingo para prestar ayuda a las poblaciones necesitadas y aisladas.

En *Tiempo*, Conchita, indignada, tomó la iniciativa y con todos los presentes redactó un comunicado de denuncia: "Se nos han violado constantemente desde el inicio nuestro derecho a la información, a la libertad de prensa y de expresión". Nos encontramos en "un total estado de sitio" y exigimos al presidente Salinas que informe "si en el estado de Chiapas han sido suspendidas las garantías individuales, ya que de hecho nos encontramos viviendo bajo constante zozobra e inseguridad, sin poder realizar nuestro trabajo con objetividad, limitándonos únicamente a lo que la parte oficial quiera informar".

Los periodistas entramos en la inactividad, recluidos en la sala de prensa, engordando por fin, alternando y comiéndonos las uñas. Los fotógrafos acaban hartos de hacer tomas de los tanques que ocupan la plaza central de la ciudad y el Ayuntamiento convertido en cuartel de cientos de soldados federales. Los militares observaban a los periodistas con sus credenciales amarillas recorrer infatigablemente las cuatro manzanas de los hoteles a la sala de prensa tras algo nuevo, algo que reportar:

"¿Ya sabes algo?¿Se puede salir?" Y la respuesta "No para nada, ni modos". Sólo había la versión de los boletines oficiales. Esto significó un férreo control y centralización de la información que hasta entonces no se había dado por la actitud intrépida de muchos reporteros.

En *Tiempo* se recibiría el primer comunicado del EZLN el día 10 de enero. Amado y Conchita, muy serios, convocaron a toda la prensa en su casa y le dieron lectura. La autenticidad del mismo no fue puesta en duda por los datos que daba de cómo unos reporteros habían sido extorsionados por los zapatistas y por las referencias a hechos y enfrentamientos reales que habían ocurrido hasta el día 6 de enero. Se repartieron fotocopias y se difundieron esas palabras del EZLN por todo el mundo. La familia Avendaño, asumiendo toda su responsabilidad y desafiando el riesgo, actuó como lo haría siempre: con total honestidad, pasara lo que pasara.

El comunicado del EZLN, firmado por el subcomandante Marcos, proponía cinco condiciones para el diálogo: reconocimiento como fuerza beligerante, alto el fuego, retiro de las tropas federales, cese al bombardeo y formación de una comisión de intermediación. También se deslindaban de la agresión a una ambulancia de la Cruz Roja y a la caravana de vehículos de la prensa ocurrido el 3 de enero. Se declaraban indígenas chiapanecos y afirmaban que el armamento lo consiguieron con recursos del propio pueblo y nunca mediante secuestros o asaltos. También se disculpaban por el impuesto de guerra "indebidamente" cobrado a un grupo de periodistas el día 2 y regresaban dicha cantidad a sus dueños, 700 nuevos pesos (24.000 pesetas).

EL OBISPO SAMUEL RUIZ

Samuel es el obispo de la diócesis de San Cristóbal de Las Casas desde hace 33 años. En la visita del Papa de Roma al Yucatán mexicano, en agosto de 1993, Samuel entregó un documento pastoral que irritó sobremanera al Gobierno de Carlos Salinas de Gortari y al secretario de Gobernación y ex gobernador de Chiapas Patrocinio González Garrido.

En dicha carta pastoral denunciaba que "la falta de credibilidad en los procesos electorales para la transición política de 1994, viciados por el control que sobre ellos ejerce el Estado y su partido, pueden conducir a enfrentamientos y tensiones entre los sectores políticos". En aquel entonces, desde el poder se tramó su traslado a través de la complicidad con el representante del Vaticano en México, el nuncio Girolamo Prigione. Se le acusó de "graves errores doctrinales y de gobierno". Y es que el obispo denunciaba al mundo todo el entramaje corrupto e, incluso, arremetía contra el modelo económico de México: "Frente a los retos de la modernidad, la crudeza del neoliberalismo constata y levanta a su vez pobreza. Para los pueblos es como tal un mal y algo totalmente contrario a la voluntad de Dios".

A mediados de septiembre de 1993, el jesuita Mardonio Morales dijo que el obispo Samuel era un ingenuo, ya que dejó que la Iglesia fuera minada por una política violenta. Se sucedieron las maniobras gubernamentales de forma similar a lo ocurrido con los obispos de Chihuahua en 1986 que denunciaron el fraude electoral o el traslado del obispo de Oaxaca, Bartolomé Carrasco, crítico con el gobierno.

Así fue como en octubre de 1993 unos 15 mil indios ocuparon las calles de San Cristóbal de las Casas para respaldar a Samuel, en lo que para muchos fue el primer ensayo de la capacidad de convocatoria de las organizaciones campesinas independientes, y quizás un preludio del EZLN.

Desde su fundación, la Diócesis de San Cristóbal ha mostrado fidelidad evangélica a Fray Bartolomé de Las Casas, firme defensor de los indígenas y crítico feroz del sistema expoliador de la colonia. Se trata de una pastoral indígena que pretende avanzar hacia el surgimiento de una Iglesia autóctona. Samuel manifestó "que a través del evangelio se enriquezcan sus valores, acojan sus sufrimientos, sus luchas, aspiraciones que se transformen y liberen su cultura".

Influido por el Concilio Vaticano II, en el que tomó parte, el obispo apostó por buscar la encarnación del mensaje de Dios en las culturas, ya que cada pueblo tiene una manifestación salvífica específica y "la unidad no es la uniformidad sino la convergencia unitaria de las divergencias". La Teología de la Liberación afirma que todas las religiones tienen una presencia de Dios, lo que agrega el cristianismo es un proceso de liberación, pero ese es un camino de transformación que cada pueblo ha de hacer por sí mismo, no por extraños.

En agosto de 1993 este obispo parecía hacer una última llamado a la paz, para evitar que el conflicto estallara, y expuso delante del Papa la ácida denuncia que se conoció en todo el mundo. Pero no consiguió provocar una reacción que solventara la situación y devolviera la confianza a los indios. Fue inútil. El uno de enero estalló igual. Pero tuvo el valor de decir en ese documento: "No es faltar a la objetividad sostener que en la sociedad chiapaneca la desigualdad atraviesa todas las relaciones humanas y sociales, las tiñe de una carga de opresión-dominación que forma parte de la conciencia colectiva".

Samuel no dudó en declarar que el racismo y la discriminación que vive el indio en el territorio de la diócesis convierte a estos legítimos pobladores en extranjeros en su propia casa, y que "los espacios donde mayormente se evidencia esta lacra son los que corresponden a la administración de justicia y el respeto a los derechos humanos".

A LOS CINCO DIAS DE GUERRA

Era el 5 de enero de 1994.

Empezó como cada día desde el alzamiento zapatista la conferencia de prensa del obispo de la diócesis de San Cristóbal de Las Casas, Samuel Ruiz, fiel heredero de Fray Bartolomé, quien hace casi 500 años luchó por el reconocimiento de que los indios tenían alma.

Samuel, que ya tiene más de siete décadas, viste siempre de traje campechano, tiene más aspecto de gánster que de religioso con su boina de fieltro de medio lado y sus gafas de culo de botella.

Siempre empezaba igual la sesión; todos los periodistas amontonados con sus cámaras y grabadoras y él de pie con un micrófono o sentado tras una mesa. Su voz está ronca, demasiados días de hablar. Como es habitual, Samuel rompió el silencio con la pregunta:

—¿Quién sabe algo de hoy?

—Han bombardeado el Cerro del Extranjero, en el barrio de María Auxiliadora, con unos 20 misiles, esta mañana, sobre las 10.

—Están bombardeando poblados.

—El Gobierno dice que en Ocosingo hay civiles retenidos como rehenes en sus casas.

—Bueno, el Gobierno también dice que son delincuentes y que aquí no pasa nada.

Los colegas que consiguieron pasar el cerco y llegar a Ocosingo contaron con sus ojos unos 38 muertos por las calles, 9 de ellos en el mercado central, claramente ajusticiados, con las manos atadas y un disparo en medio de la cara.

Samuel tomó la palabra:

—La iglesia y el convento de Ocosingo están bien. Pablo Iribarren (sacerdote dominico al cargo de la misma) nos contó que vio la entrada de los guerrilleros a la ciudad y que su comportamiento había sido normal con la población.

Lo interrumpieron:

—Cuando llegamos estaban saliendo el grueso de las tropas en camiones y llegaba la policía judicial en helicópteros.

Otro periodista informó:

—Había grupos de civiles que apresaban a gente y los acusaban de colaboracionistas y los entregaban a los soldados.

Se interrumpió el diálogo y Samuel habló:

—Vemos que en estos días puede haber una gran actividad para descubrir las violaciones a los derechos humanos que se han dado por una y otra parte. Ambos lados no están libres de una posibilidad de excesos en este momento y nosotros también entendemos que hay nerviosismo y miedo. Nos duele grandemente que cada minuto que pasa hay víctimas, y al decir víctimas no me refiero a los zapatistas, me refiero a la comunidad civil, a los pocos hermanos soldados, indígenas ellos mismos, que están temblando cuando hablan con los civiles porque saben que en cualquier momento tendrán que disparar contra sus propios hermanos. Ésta es la situación, cada momento que pasa es un momento angustioso".

Los indígenas de las zonas bombardeadas habían empezado a llegar a la ciudad, huyendo de sus parajes. Se comentó la desaparición de varias personas. Los proyectiles no alcanzaron la pequeña comunidad de San Antonio de los Baños, sino sus alrededores.

—Lo terrible del caso es que el miedo hizo a las gentes salir de sus casas y subirse a los cerros a esconderse. Allí fue donde hubo los bombardeos, seguramente confundidos con guerrilleros. Aún se desconoce si ha habido muertes.

El obispo insistió que en estos momentos se hacía imprescindible la presencia de organismos que velasen por los derechos humanos y observadores internacionales.

A Samuel le temblaba la voz en medio del silencio atento de los periodistas que llenaban la sala.

Y entonces se retomó la noticia del día: la iniciativa del Gobierno de proponer un diálogo con los insurrectos. El obispo parecía optimista:

—Vemos con gran alegría y esperanza el que la autoridad haya tomado la decisión de hablar de condiciones, aunque estas condiciones propuestas equivalen a una rendición absoluta y no ha surgido ninguna propuesta positiva como por ejemplo el ofrecimiento de una ley de amnistía. Piden una rendición incondicional. Pero ya es un primer avance a fin que pueda llegarse a una formulación que tenga un mínimo de aceptación de la dignidad humana y no la incondicionalidad que pueda acarrear simplemente la entrega absoluta y la destrucción de ellos.

Las cuatro condiciones que la Secretaría de Gobernación ponía para iniciar un diálogo inmediato con el grupo armado eran: el cese de hostilidades y agresiones a pueblos y personas, la deposición y entrega de las armas, incluyendo los 1.500 kilos de dinamita robados el último día del pasado año, la devolución de rehenes y secuestrados y la identificación de los interlocutores y dirigentes del grupo armado.

Samuel prosiguió diciendo que ya varios organismos internacionales estaban haciendo una valoración de ese ofrecimiento y ayudando a que se incluyeran algunas cláusulas que facilitasen una respuesta de la parte interpelada.

Cambiando de tema, Samuel mostró preocupación por los sacerdotes y religiosos que estaban en las zonas de combate y pidió protección para ellos. Sobre la violencia dijo:

—Siempre que existe injusticia y desesperación porque las búsquedas legítimas no son satisfechas, aquí y en cualquier parte del mundo surgen gérmenes de contraviolencia porque ya lo otro es una violencia. Anoto con tristeza una anécdota: una persona de la ciudad dijo en voz alta en un autobús "ahora más que nunca odio a estos indios". Ahí tenemos una reacción tremenda que puede ser alimentada por las expresiones taxativas de condenación, sin analizar cuáles son los motivos de angustia que esta gente tuvo para tomar este camino desesperado, que es realmente un sacrificio, una inmolación, porque saben que muchos de ellos van a morir y así está sucediendo.

Un periodista preguntó:

—¿Por qué el Gobierno llama "delincuentes" a los miembros del EZLN?

—Porque se comprende que estamos en un orden establecido y todos los que perturban el orden agreden la paz nacional y, por tanto, son rebeldes que violan las leyes del país y demás...

—¿Para usted son delincuentes?

—No, no. Ya expresé junto con los otros dos obispos de Chiapas nuestra posición: subjetivamente entendemos la angustia de estas personas y nos explicamos el porqué llegan a esta situación extrema y eso no merece condenación. Estas personas han llegado a un límite psicológico de angustia y piensan que ya han recorrido todos los mecanismos legales y acuden a esto no para matar gente, sino para hacer oír su voz. Éste es el punto de vista en que nos colocamos. Objetivamente creemos que éste no es el camino, que hay otros mecanismos, aunque lamentablemente los mecanismos pacíficos son a más largo plazo que la expectativa y el sufrimiento de la gente.

Samuel había recibido en los últimos días amenazas de muerte. No parecía preocuparle en especial, además de no ser algo nuevo para él:

—Entendemos que si nuestra vida desaparece en estas circunstancias, pues es una causa por la cual el Evangelio nos impulsa a estar en relación con nuestros hermanos. Algunas personas han hecho la interpretación de que soy yo el único responsable de esta situación y por tanto, van a preparar mi eliminación. Bueno, un riesgo lo tenemos, pero "perro que ladra no muerde": si se anuncia es que es un desahogo, como en el fútbol decimos "¡mátalo!" y evidentemente no lo estamos diciendo en serio.

Samuel no sabía qué hacer para detener los enfrentamientos bélicos, nos miró perplejo y dijo:

—Si fuera acaso posible solicitar que se lanzaran papeles con la propuesta de mediación de los tres obispos para que vieran esta citación los del EZLN... Estamos abiertos a cualquier "tip"...

La sesión concluyó como siempre con una lección de ética periodística, un pequeño y sincero sermón que no vino nada mal a los allí presentes, aún en su enmarañada construcción discursiva, tan propia del obispo:

—Creo que una colaboración de ustedes para hablar con justeza de las cosas que están sucediendo es la mejor contribución. No buscar chivos expiatorios, ni buscar externamente al fondo del problema, que es una citación de justicia y una interpelación a todos y cada uno de nosotros en nuestras propias actitudes, es una forma como se puede contribuir de manera constructiva a una puerta de salida para la paz más estable y una interpelación que en este momento recibimos todos para contribuir en cualquier latitud a que disminuya o se eliminen todas aquellas causas que vemos que terminan en situaciones desesperadas y conflictivas, negativas a fin de término. Cada palabra puede tener una derivación con consecuencias que no podemos prever ahora.

LAS CARAVANAS POR LA PAZ, ÚNICA FORMA DE ACCEDER A LAS ZONAS MÁS AFECTADAS

El día 8 de enero tuvo lugar la primera Marcha por la Paz convocada por las organizaciones no gubernamentales de San Cristóbal de las Casas. El objetivo era abrir una brecha en el campo de fuego y poder acceder a las zonas bombardeadas de las comunidades del sur para prestar ayuda a los necesitados. Fueron invitadas a participar tanto la Cruz Roja como la Comisión Nacional de Derechos Humanos (CNDH), pero no se presentaron. Unos 250 ciudadanos y una gran cantidad de miembros de la prensa ansiosos por llegar a esas zonas, que el ejército había mantenido cerradas, partieron sobre las diez de la mañana. El clima había impuesto una tregua a la guerra. Los retenes militares se habían retirado. Una espesa niebla y la lluvia intermitente mantuvieron alejados a aviones y helicópteros.

Tras andar varios kilómetros por una pista forestal, pertrechados de banderas blancas, llegamos a las primeras chozas de San Antonio de los Baños. Allí había dos hombres que contaron asustados que los militares los habían tenido cuatro días encerrados en el cuartel de Rancho Nuevo. No querían decir más, tenían miedo. Uno, que dijo llamarse Juan, explicó que le habían amarrado los pies y cubierto los ojos y lo habían golpeado "un poquito, patadas con el pie".

La aldea estaba totalmente desierta, los animales campaban por sus anchas, las puertas de las casitas rotas, y el maíz regado por el suelo. Por los alrededores se encontraron restos de metralla de las bombas, balas y cartuchos de perdigones. Una casa estaba totalmente quemada.

Unos kilómetros más lejos, en el Corralito, una señora mayor que no hablaba castellano, con la ayuda de un intérprete, contó no saber nada de lo que pasaba cuando los aviones llegaron y empezaron a tirar bombas. No quería irse del pueblo, confiaba en la suerte y la voluntad de Dios, no podía abandonar lo poco que poseía: sus gallinas y la milpa.

Un joven informó que a Corralito llegaron el martes 4 al mediodía más de 100 militares, hablaron con la gente y preguntaron "si no sabían dónde estaban los de liberación nacional que andan enmascarados". Luego los soldados se dirigieron al cerro, se escucharon disparos. Al cabo de una hora apareció la aviación y lanzó entre 10 y 15 bombas sobre la zona, hasta entrada la noche. Al día siguiente salieron de San Cristóbal en helicópteros los cadáveres de la treintena de militares que fallecieron por equivocación de sus compañeros.

El jueves 7 por la tarde, regresaron los soldados al Corralito, cuando ya quedaba poca gente, puesto que la mayoría había huido a la ciudad, y detuvieron a Rosendo Hernández Pérez de 45 años y a Roberto Sánchez Gómez, de 31.

Las esposas de los dos hombres vieron desde dentro de la vivienda cómo los soldados les amarraban las manos y les cubrían los ojos, a uno con un trapo rojo y al otro con un cinturón. Los interrogaron durante una hora sobre si sabían donde había zapatistas. Los indígenas dijeron no saber nada acerca de los soldados muertos.

Saquearon casas y la única tiendecita del lugar. Subieron a Roberto y a Rosendo a golpes a un camión, donde prosiguieron atizándoles, según testigos, tenían los ojos cerrados por la sangre que brotaba de sus rostros.

DE TRANSGRESORES DE LA LEY A EJERCITO RECONOCIDO, LA PRENSA Y EL ALTO AL FUEGO

El discurso oficial tuvo que cambiar. Los ojos del mundo estaban sobre Chiapas y México. Todo el hermoso escaparate, la imagen de modernidad que el presidente Salinas había logrado crear en el extranjero se derrumbaba. Los periódicos nacionales e internacionales difundían injusticias, pobreza, corruptelas, violaciones de derechos humanos, ilegitimidades democráticas y falta de libertad de expresión. El frustrado despertar de México al Tratado de Libre Comercio ponía al descubierto la máscara de injusticia de las políticas neoliberales.

El EZLN logró amplio apoyo social porque desde el primer momento siguió una estrategia de comunicación hábil, tuvo presente la importancia estratégica de la información abierta ya que su arma, según ellos, es ante todo la verdad. Está claro que las guerras actuales -y ésta ha sido calificada como primera revolución del siglo XXI- se libran en los medios de comunicación. Si por un lado, con la guerra del Golfo Pérsico tuvimos un ejemplo de cómo la mediación comunicativa iba en contra de la veracidad y la población civil, en el caso de los zapatistas encontramos que los medios escritos, la prensa básicamente, jugaron un papel importante para denunciar los hechos y detener la masacre.

Los insurrectos lograron rápidamente credibilidad con sus comunicados y entrevistas. En cambio, los medios oficiales, si poca tenían, la perdieron al negar evidencias. El consenso mayoritario en la justeza de las demandas del EZLN superó la reprobación de la vía violenta.

Pero *Televisa* se convirtió en vocera de la Secretaría de Defensa Nacional. El noticiario de la noche difundía infundios y testimonios apañados, cifras falsas. Evidentemente, la sociedad civil se dio cuenta de ello y reaccionó con encono y se sintió burlada. Los zapatistas desde principios de enero se dedicaron a injuriar y a blasfemar en contra de este medio cada vez que tuvieron a alguno de sus camarógrafos cerca. Incluso el Comité Clandestino le vetó la presencia durante el diálogo en la catedral de San Cristóbal, junto con *Televisión Azteca*.

Mientras, la prensa nacional e internacional se metía en el campo de fuego a la búsqueda de la noticia y revelaba lo que veía y escuchaba: la pobreza, los bombardeos, las violaciones de los derechos humanos...

Estos medios se erigieron en los ojos de la sociedad civil, que pasó de ser "opinión pública" pasiva a considerarse parte implicada, reclamar democracia y despertar de un letargo acrítico de muchos años. Y fue a partir de la información y sus efectos que se detuvo la guerra. El Gobierno se vio forzado a adoptar una estrategia diferente de la aniquilación. Millones de miradas estaban puestas en Chiapas, acechantes, vigilantes.

Algunos medios mexicanos (como los diarios *Tiempo*, *La Jornada*, *El Financiero* o la revista *Proceso* entre otros) ejercieron un periodismo encomiable. Sus reporteros y fotógrafos recibieron amenazas de muerte, o se encontraron bajo el fuego de las armas, pero siguieron adelante.

El presidente de la República Mexicana, Carlos Salinas, tuvo que cambiar el tono de su discurso. No hablar ya de grupúsculos de delincuentes —"transgresores de la ley", "malhechores", "grupos subversivos", "grupos armados que han alterado el orden"— y sí empezar a "abrir cauces eficaces de reconciliación y justicia en Chiapas". La destitución el día 10 de enero del Secretario de Gobernación, Patrocinio González Garrido, anterior gobernador del estado de Chiapas, era necesaria. Y en un ataque de lo que se llamó "comisionitis" se nombró a Manuel Camacho Solís como Comisionado para la Paz y la Reconciliación en Chiapas.

Respecto a esta cuestión, Salinas dijo: "El señor Camacho Solís me pidió desempeñar esta función sin sueldo y sin crear una estructura gubernamental nueva". El presidente, que también sustituyó al Procurador General de Justicia, anunció que "con estas orientaciones y decisiones políticas se conducirá el Gobierno de la República para fortalecer la ley, el respeto a los derechos humanos y abrir cauces de conciliación, sin dejar en ningún momento de garantizar la seguridad en Chiapas".

Pero eso no fue suficiente. La sociedad civil mexicana y la opinión pública internacional presionaron por un alto el fuego unilateral. Los gobiernos extranjeros se pronunciaron al respecto. El ejército, a diez días de iniciado el conflicto, seguía bombardeando a la población.

Así fue que el 12 de enero, una vez ya se había recuperado las principales poblaciones que el EZLN tomara a principios del año, el presidente Salinas, en su calidad de comandante supremo de las Fuerzas Armadas, decretó un cese al fuego unilateral y reiteró la oferta de "perdón" que ya había hecho días antes a "aquéllos que hayan participado por presión o desesperación y que ahora acepten la paz y la legalidad".

Pero este alto el fuego no impediría que el ejército se defendiera si era atacado por "el grupo agresor".

El mismo día 12, una manifestación de más de cien mil personas recorría el zócalo de la Ciudad de México exigiendo paz y justicia en Chiapas.

Como hecho curioso y que marcó la tónica oficial, el día 15 en un análisis publicado en el órgano informativo del Programa Nacional de Solidaridad se manifiesta que "se postula una relación simplista de causa-efecto entre pobreza, rebelión y violencia" y se arguye que la miseria de los indios de Chiapas "fue una consideración, un pretexto, una justificación y no es la raíz del movimiento armado". Se afirma, además, que no se trata de un movimiento indígena sino de "un proyecto político militar implantado exteriormente entre los indios pero sin representarlos".

Siguió al alto el fuego una fase de calma tensa. La Comisión Nacional de Derechos Humanos, acusada desde el principio de encubrir los desmanes de los militares y de actuar en connivencia con el Gobierno, puesto que es un organismo público que depende de éste, vio entorpecida su labor por los propios militares. Llegaron organismos no gubernamentales internacionales y nacionales y una comisión pluripartidista de legisladores con el fin de analizar la situación en Chiapas. Todos coincidieron en señalar al ejército mexicano como autor de graves agresiones contra la población civil.

La institución armada se defendió de las acusaciones que se le hacían. La Secretaría de Defensa Nacional se pronunció en un extenso comunicado: las denuncias "únicamente se basan en simples rumores, supuestos y actitud amarillista de quienes han propalado tales infundios, que lejos de contribuir en la solución del conflicto, producen confusión y desorientación en la opinión pública". Y añadía: "Quizás para ellos sí sean justificables los asesinatos de 24 elementos de seguridad pública y policía judicial, así como 31 heridos y más de 100 desaparecidos de la sociedad civil... además del encarcelamiento de policías; la destrucción de edificios públicos en San Cristóbal de Las Casas, Altamirano, Ocosingo, entre otras; la privación de libertad de tránsito y sometimiento mediante el terror de las poblaciones por ellos ocupadas; del ocultamiento de transgresores muertos y muy probablemente de su inhumación clandestina; los hostigamientos constantes a que son sujetas las poblaciones..."

Pero la Comisión Plural de Legisladores presentó el día 20 un informe sobre su visita a Chiapas donde manifestaba que no se respetaba totalmente el alto el fuego y que existían violaciones de los derechos humanos.

Al día siguiente, 21 de enero, el presidente Salinas anunció una iniciativa de ley de amnistía general "a todos los participantes en los hechos de violencia que afectaron varios municipios de Chiapas", lo que supuso un cambio de postura frente al anterior "perdón" a los arrepentidos que tanto había indignado a los insurrectos, como se desprende del comunicado de respuesta que difundieron:

Para el semanario nacional "PROCESO".
Para el periódico nacional "LA JORNADA".
Para el periódico nacional "EL FINANCIERO".
Para el periódico local "EL TIEMPO" de San Cristóbal de Las
Casas, Chiapas.

18 de Enero de 1994.

Señores:

Debo empezar por unas disculpas ("mal comienzo", decía mi
abuela). Por un error en nuestro Departamento de Prensa y
Propaganda, la carta anterior (de fecha de 13 de enero de
1994) omitió al semanario nacional "PROCESO" entre los
destinatarios. Espero que este error sea comprendido por
los de "PROCESO" y reciban esta misiva sin rencor, resquemor
y re-etcétera.

Bien, me dirijo a ustedes para solicitarles atentamente la
difusión de los comunicados adjuntos del CCRI-CG del EZLN.
En ellos se refieren a reiteradas violaciones al cese al
fuego por parte de las tropas federales, a la iniciativa de
ley de amnistía del ejecutivo federal y al desempeño del
señor Camacho Solís como comisionado para la paz y la
reconciliación en Chiapas.

Creo que ya deben haber llegado a sus manos los documentos
que enviamos el 13 de enero de los corrientes. Ignoro que
reacciones sucitarán estos documentos ni cual será la
respuesta del gobierno federal a nuestros planteamientos,
así que no me referiré a ellos. Hasta el día de hoy, 18 de
enero de 1994, sólo hemos tenido conocimiento de la
formalización del "perdón" que ofrece el gobierno federal a
nuestras fuerzas. ¿De qué tenemos que pedir perdón? ¿De qué
nos van a perdonar? ¿De no morirnos de hambre? ¿De no
callarnos en nuestra miseria? ¿De no haber aceptado
humildemente la gigantesca carga histórica de desprecio y
abandono? ¿De habernos levantado en armas cuando
encontramos todos los otros caminos cerrados? ¿De no
habernos atenido al Código Penal de Chiapas, el más absurdo
y represivo del que se tenga memoria? ¿De haber demostrado
al resto del país y al mundo entero que la dignidad humana
vive aún y está en sus habitantes más empobrecidos? ¿De
habernos preparado bien y a conciencia antes de iniciar? ¿De
haber llevado fusiles al combate, en lugar de arcos y
flechas? ¿De haber aprendido a pelear antes de hacerlo? ¿De
ser mexicanos todos? ¿De ser mayoritariamente indígenas? ¿De
llamar al pueblo mexicano todo a luchar, de todas las formas
posibles, por lo que les pertenece? ¿De luchar por libertad,
democracia y justicia? ¿De no seguir los patrones de las
guerrillas anteriores? ¿De no rendirnos? ¿De no vendernos?
¿De no traicionarnos?

¿Quién tiene que pedir perdón y quién puede otorgarlo?

¿Los que, durante años y años, se sentaron ante una mesa llena y se saciaron mientras con nosotros se sentaba la muerte, tan cotidiana, tan nuestra que acabamos por dejar de tenerle miedo? ¿Los que nos llenaron las bolsas y el alma de declaraciones y promesas? ¿Los muertos, nuestros muertos, tan mortalmente muertos de muerte "natural", es decir, de sarampión, tosferina, dengue, cólera, tifoidea, mononucleosis, sarampión, tétanos, pulmonía, paludismo y otras lindezas gastrointestinales y pulmonares? ¿Nuestros muertos, tan mayoritariamente muertos, tan democráticamente muertos de pena porque nadie hacía nada, porque todos los muertos, nuestros muertos, se iban así nomás sin que nadie llevara la cuenta, sin que nadie dijera, por fin, el "¡YA BASTA!" que devolviera a esas muertes su sentido, sin que nadie pidiera a los muertos de siempre, nuestros muertos, que regresaran a morir otra vez pero ahora para vivir? ¿Los que nos negaron el derecho y don de nuestras gentes de gobernar y gobernarnos? ¿Los que negaron el respeto a nuestra costumbre, a nuestro color, a nuestra lengua? ¿Los que nos tratan como extranjeros en nuestra propia tierra y nos piden papeles y obediencia a una ley cuya existencia y justeza ignoramos? ¿Los que nos torturaron, apresaron, asesinaron y desaparecieron por el grave "delito" de querer un pedazo de tierra, no un pedazo grande, no un pedazo chico, sólo un pedazo al que se le pudiera sacar algo para completar el estómago?

¿Quién tiene que pedir perdón y quién puede otorgarlo?

¿El presidente de la república? ¿Los secretarios de estado? ¿Los senadores? ¿Los diputados? ¿Los gobernadores? ¿Los presidentes municipales? ¿Los policías? ¿El ejército federal? ¿Los grandes señores de la banca, la industria, el comercio y la tierra? ¿Los partidos políticos? ¿Los intelectuales? ¿Galio y Nexos? ¿Los medios de comunicación? ¿Los estudiantes? ¿Los maestros? ¿Los colonos? ¿Los obreros? ¿Los campesinos? ¿Los indígenas? ¿Los muertos de muerte inútil?

¿Quién tiene que pedir perdón y quién puede otorgarlo?

Bueno, es todo por ahora.

Salud y un abrazo, y con este frío ambas cosas se agradecen (creo), aunque vengan de un "profesional de la violencia".

SubComandante Insurgente Marcos.

A la amnistía se sumó el reconocimiento que Camacho Solís otorgó al EZLN como fuerza beligerante. El día 18 el Comisionado por la Paz leyó en San Cristóbal un mensaje dirigido a los zapatistas: "Me he referido a ustedes como EZLN, respetando la denominación que les ha dado identidad".

El Ejército, a los pocos días del alto al fuego, sembró de nuevo la alarma cuando parecía que ya el camino del diálogo estaba abierto. Difundió la Secretaría de Defensa Nacional un comunicado en el que anunciaba que los zapatistas tenían previsto ocupar Yajalón, Sabanilla y Venustiano Carranza. Pero los cientos de informadores que nos desplazamos a estas localidades pudimos comprobar que era una falsa alarma. Su resultado: el pánico entre la población. Los bancos estaban cerrados al igual que las tiendas de abastos y la gente criticaba abiertamente el uso del rumor tras horas de tensión.

La agitación social en Chiapas se hizo patente en varias manifestaciones y marchas que tuvieron lugar en el estado. En todas ellas se exigía un juicio político a Patrocinio González Garrido y Elmar Setzer —anterior y actual gobernadores de Chiapas respectivamente—, así como al jefe de policía Ignacio Flores Montiel acusados de ser los culpables de la represión y corrupción que habían dado lugar al alzamiento zapatista —cabe señalar que Flores Montiel encarceló y asesinó con especial saña a los homosexuales de la capital Tuxtla—.

Cayó el día 18 el gobernador Elmar Setzer, su renuncia fue aceptada por unanimidad, y ocupó su lugar Javier López Moreno, miembro del PRI, indígena de Tenejapa que se comprometió a fungir como tal hasta las próximas elecciones. Javier López Moreno, secretario estatal de Educación durante el período de Absalón Castellanos —secuestrado por el EZLN— fue elegido por la cúpula de su partido, es decir, se cayó en los mismos vicios de siempre: el "dedazo". Se entregaron 16 papeletas en blanco en la que cada diputado escribió el nombre de su candidato. 15 veces cantaron el nombre de Javier López Moreno, pero la papeleta 16 provocó un ligero carraspeo en el vocero:

"un voto a favor del subcomandante Marcos". Y la prensa irrumpió en aplausos. El autor del voto, del Partido de la Revolución Democrática, se defendió: "es gente del pueblo que está luchando por el pueblo".

El descontento y crisis en el PRI llevó a algunos diputados locales a pedir una democratización del partido y a que dejara de funcionar como una agencia de colocación donde no es posible la crítica.

López Moreno se mostró en su discurso de toma de posesión dispuesto "al diálogo, la buena fe, mesura, pasión y honradez" y a respetar los derechos humanos, "sobre todo de nuestros hermanos indígenas".

LOS ANTERIORES GOBERNADORES

Al general Absalón Castellanos le sucedió en 1988 Patrocinio González Garrido como gobernador de Chiapas, hombre fuerte del salinismo. Durante su mandato "no hubo organización social que no fuera reprimida", dice la revista *Proceso* (897). Encarceló al padre Joel Padrón, asesinó a líderes campesinos e indígenas en conflictos agrarios, fomentó los desalojos de tierras y llenó las cárceles de campesinos. En 1993, Patrocinio, ya apodado "Latrocinio", abandonó la gubernatura del estado para pasar a ocupar la cartera de secretario de Gobernación Nacional (equivalente al Ministerio del Interior español).
Dejó a su hombre de confianza, Elmar Setzer Marseille, en su puesto.

Elmar Setzer, de quien se dice que responde a la media filiación que dio el gobierno del subcomandante Marcos —extranjero, ojos verdes, estatura mediana, habla 4 idiomas—, es el principal propietario de los terrenos que rodean la ciudad de San Cristóbal de las Casas, por lo que no ha extrañado a nadie que haya fomentado las políticas caciquiles de expulsiones de comunidades indígenas. Las víctimas no tienen más remedio que comprar a precios astronómicos un pedazo de tierra donde levantar su barraca en lo que se constituye como el cinturón de miseria de dicha ciudad.

Setzer ha permitido que los caciques mataran, torturaran, quemaran casas, expoliaran y desterraran a su libre albedrío, amparándose en razones religiosas y de protección de las tradiciones ancestrales. Los caciques, que se enriquecen con sus prácticas y monopolizan todas las actividades económicas en sus pueblos garantizan un ciento por ciento de los votos al PRI. Todo aquel miembro de la comunidad que no se pliega a sus designios es expulsado. El problema lleva más de dos décadas sin resolverse y ya son más de 25.000 las víctimas de la impunidad legal.

Setzer es además el primo político del presidente Salinas. Su hermano Carlos es el cacique de Sabanilla y tiene lazos de sangre con el banquero Antonio Ortiz Mena.

Cuando Camacho Solís habló con el Presidente Salinas quedó claro que uno de los obstaculos para el diálogo era Elmar Setzer. Y por eso fue destituido.

El día 20 hubo una reunión en Los Pinos, sede del Gobierno en Distrito Federal, entre Manuel Camacho el Comisionado por la Paz, el secretario de Gobernación, Jorge Carpizo, y el Secretario de la Defensa, el militar Antonio Riviello. Parece que el resultado del encuentro con Salinas fue que las tropas militares se retiraran de las ciudades y se constituyeran en guarnición de plaza, principalmente fuera de las poblaciones y que "las tareas de ayuda humanitaria de distribución de alimentos, de asistencia médica que venía desarrollando el ejército mexicano se irán transfiriendo a las autoridades municipales y organizaciones sociales no gubernamentales y la Cruz Roja".

En estos tiempos se barajaba la posibilidad de que Camacho Solís llegara a arrebatarle a Luis Donaldo Colosio la candidatura a la Presidencia de la República. En todos los periódicos mexicanos, la campaña electoral del candidato del PRI aparecía en breves crónicas en las páginas interiores mientras que el comisionado Camacho abría portadas y noticias a 8 columnas. Nadie podía prever cómo se desencadenaría la historia.

CONFLICTO DE BAJA INTENSIDAD

Tras la derrota en Vietnam, el Pentágono estadounidense elaboró un nuevo concepto de guerra que será ampliamente probado en Centroamérica con efectos debastadores: el denominado "conflicto de baja intensidad". Se trata de una guerra básicamente política, económica y psicológica, en la cual el enfrentamiento militar queda relegado al último lugar. Es la guerra total a nivel comunitario. No hay victoria por la vía de las armas, puesto que no se trata de derrotar al ejército enemigo sino a la población civil, su base de apoyo. Se diseñan formas de desestabilización en la zona insurgente para acabar con sus estructuras. Las técnicas de contrainsurgencia pretenden mostrar un modelo alternativo al propuesto por los revolucionarios, que comporte mayores y más inmediatos beneficios a la población. Se hacen necesarias grandes derramas económicas y proyectos de servicios para fomentar una base sólida favorable al sistema. "El conflicto de baja intensidad se basa en la delación y el rumor, no hay guerra aparente, pero la región no tiene paz". (de la revista *Ojarasca* n.º 30)

Ésta sería la nueva etapa del conflicto generado desde el primero de enero. A partir del alto al fuego, la población de la zona zapatista se vio aislada y sin posibilidades de intercambio con el exterior. Los rumores propalados por ganaderos y agentes de gobernación tendrían como consecuencia el éxodo masivo de poblados enteros hacia las cabeceras municipales. La alarma ante posibles bombardeos o la llegada de zapatistas para matar a todo el que no se incorporara a la lucha se difundió con efectividad. Así se concentraron hasta 20.000 exiliados en los precarios refugios. Estas gentes serían luego manipulados para engrosar manifestaciones y mítines de la reacción.

También el aislamiento a que se vieron sometidos los pobladores de las comunidades de la selva es una forma clara de guerra económica. No pueden salir a vender sus productos agrícolas ni comprar alimentos básicos, tales como la sal, el azúcar o el jabón. El cerco militar lo impide. Crece el terror a que si entra el ejército mexicano se verán sometidos a detenciones, torturas y muerte, acusados de connivencia con el zapatismo, aunque sean civiles independientes.

El delegado de la Unión Nacional de Productores declaraba a finales de enero que el campesino en Chiapas se encuentra en "una situación de total sobrevivencia", ya que el 80% del café que se cultiva en esta región, unas 30.000 toneladas, se perderá este año. Y si no se vende el café, los pueblos no tienen qué comer.

Pero esto no es nuevo, aunque se agrava. Las recetas neoliberales del Fondo Monetario Internacional y del Banco Mundial beneficiaron la agricultura dirigida a la exportación y se olvidaron del campesino que abandonó el cultivo de autosuficiencia. Para comer se ve sometido a los vaivenes del mercado transnacional. La desnutrición ha sido la contrapartida al enriquecimiento de unos pocos.

Empezó el desgaste de la población encerrada en un cerco militar, con la amenaza constante de que se reanuden los bombardeos indiscriminados, sin alimento ni medicinas. Mientras, las 280 organizaciones campesinas aunadas en un organismo, el Consejo Estatal de Organizaciones Indígenas y Campesinas (CEOIC) -impensable antes de enero-, recibieron propuestas del Gobierno; se les ofrecieron "mesas de concertación social" con las autoridades y se les obsequió con toda una flota de camionetas por parte del Estado. Su beligerancia pudo en cierta manera quedar atenuada por promesas y derramas de fondos públicos.

El CEOIC agrupa desde simples cooperativas hasta organizaciones regionales independientes e incluso tres abiertamente oficiales. El control corporativo del PRI a través de entregas de fondos de Pronasol puede llevar al movimiento campesino a caer en las redes de la "concertación" oficial. Por una parte, la mayoría de sus componentes han mostrado un apoyo incondicional al EZLN, pero por otra la convocatoria de movilizaciones y protestas se ha visto varias veces entorpecida o minimizada.

La estrategia del poder se dirige a utilizar las organizaciones oficiales de la región de la selva para provocar enfrentamientos y dividir. Así fue como el 26 de mayo, el secretario de Desarrollo Social, Carlos Rojas, entregó créditos por valor de 6 millones de nuevos pesos (240 millones de pesetas) a los campesinos de la Asociación Rural de Interés Colectivo (ARIC), Unión de Uniones Pajal Yac Kactic y Unión de Ejidos Lucha Campesina. Cientos de campesinos recibieron cheques de crédito a la palabra. El gobernador del estado, Javier López Moreno, allí presente, dijo que así se apoyaba a los que tienen "pobreza material pero no pobreza moral". Rojas, por su parte, felicitó a los dirigentes de la ARIC, la que ha sido más favorecida por el Gobierno y la que tenía mayor implantación en la zona en conflicto.

El líder de la ARIC, Lázaro Hernández, ha sido a su vez nombrado candidato a diputado del PRI por Ocosingo junto con Constantino Kanter, cabecilla de los ganaderos más retrógrados y beligerantes, quienes también han recibido una cantidad igual de dinero como "renta compensatoria" por sus terrenos en zona de conflicto.

Se crea, por tanto, un frente común entre organizaciones reformistas y ganaderos, provistos de guardias blancas, quienes, junto con el ejército, impedirán la entrada de ayuda humanitaria a territorio zapatista, sumido en la autosuficiencia más precaria. Forma parte del intento de aislar al EZLN, despojarlo de su base, hacerlo poco conveniente al campesino hundido en la miseria.

LA REACCION EN CHIAPAS: GANADEROS, GUARDIAS BLANCAS Y FRENTES CIVICOS

La revuelta de los zapatistas ha puesto en cuestión todo el orden de cosas imperante en Chiapas. Tierra de agravios, "desorejamientos", masacres de pueblos enteros, las sublevaciones indígenas se han repetido a través de los siglos en estos lares.

Desde el primero de enero, las viejas estructuras y las relaciones sociales están siendo cuestionadas por una revolución que amenaza, más que a los privilegiados, a los que tienen algo que perder. La radicalización de las posturas ha ido tomando cauces imprevisibles. Los ganaderos no aceptan neutralidades y recurren a la violencia para defender lo que por derecho propio consideran que es suyo.

El propio Manuel Camacho Solís reconoció que el problema de la tierra en este estado no podría resolverse simplemente quitándosela a los terratenientes, porque se provocaría una guerra civil.

Según el historiador Antonio García de León, en Chiapas no triunfó la Revolución de principios de siglo por la presencia de un grupo oligárquico terrateniente, ganadero y cafetalero que se benefició de las políticas postrevolucionarias. Los certificados de inafectabilidad ganadera impidieron la aplicación de la reforma agraria.

En los años 60, el café representaba el 40% del valor total de la producción agrícola y la ganadería se expandió. El 2,4% de los terratenientes poseían el 60% de la tierra. La inversión del Estado mediante créditos de asistencia técnica fue canalizada hacia la agricultura comercial y la exportación, beneficiando a las grandes propiedades y plantaciones extensivas, cosa que alteró el balance en la vida regional, e incrementó el coste de la vida.

El campesino quedó totalmente desamparado y sujeto a un régimen de semiesclavitud. No fue hasta 1974 cuando empezó a organizarse con motivo de la caída de los precios del café y la crisis. Pero el Gobierno respondió a las demandas agrarias con una represión sangrienta: desde 1977 a 1984 hubo 120 desalojos violentos por parte del ejército y la policía. En 1977, y a pesar de las resoluciones presidenciales, el ejército desalojó 16 ejidos, asesinando a mujeres y niños; dos campesinos fueron arrojados de un helicóptero de la policía. En 1980 se produce una matanza masiva en Golonchán. La violencia contra el campesino se hace cotidiana.

La lucha por la tierra en Chiapas data de tiempos inmemoriales. Fue durante la época de Lazaro Cárdenas cuando los solicitantes de tierra se liberaron de la servidumbre al recibir dotaciones ejidales, una forma de propiedad comunal típica de los indígenas que afectó a parte de los grandes latifundios. La válvula de escape durante esos años fue volver a aplicar parte de la reforma agraria, se amplían los ejidos, pero a base de tierras de baja calidad, pedregales incultivables en muchos casos.

En los ochenta, la situación se agrava con la llegada de 100.000 refugiados guatemaltecos y la erupción del volcán Chichonal. En esa época el área fue considerada por su problemática vulnerable a la insurrección. Se nombra entonces al general Absalón Castellanos, quien actuará sin medida imponiendo en Chiapas un estado de sitio.

En 1984 el Banco Mundial interviene con un plan de 300 millones de dólares para mejorar la región, pero la intención es dar cobertura económica para la construcción de una nueva carretera militar.

Actualmente encontramos que el latifundismo está encubierto, disfrazado con muchas pequeñas propiedades. Entre 1986 y 1990, los indígenas recuperaron más de mil hectáreas de los terratenientes.

Los propietarios, alarmados, fueron creado toda una red de aliados e infiltrados que desde ciertas organizaciones campesinas, manejadas por el Gobierno, siembran la división entre las gentes. Y también se han dotado de grupos de choque armados contra las invasiones para hacer prevaler su ley: las llamadas "guardias blancas".

La firma del Tratado de Libre Comercio implicó las reformas al artículo 27 de la Constitución, último vestigio de las conquistas campesinas de la Revolución Mexicana, que reconocía la propiedad social de la tierra. Ésta se convertía ahora en mercancía de compra y venta, significando el acta de defunción del campesino pobre.

LOS QUE TIENEN Y LOS QUE NO

En el municipio de Altamirano, unas ocho familias emparentadas entre sí detentan el poder político y el económico. Son los propietarios de ranchos, muchos en quiebra, que se sostienen por la ganadería extensiva y por la comercialización del maíz, la miel y el café que cultivan los indios mal pagados. La mayoría de los finqueros no viven en sus tierras, sino en las ciudades donde son funcionarios o regentan tiendas u hoteles. Mantienen vínculos con los terratenientes de Comitán y otros parajes, y están organizados dentro de la Asociación Estatal de Ganaderos, caracterizada por una xenofobia prepotente que los hace sentir por encima de leyes y éticas. El periodista Gaspar Morquecho dice de ellos: "Su mentalidad racista y pueblerina los hace sentir como los despojados por los indios, los dueños de los productos de la Cañada, del pueblo y del territorio...".

Los indios siguen de facto como peones acasillados en los ranchos y los que han pasado a ser ejidatarios tienen que trabajar para sobrevivir como asalariados mal pagados. La venta de sus pocos productos no la manejan ellos, sino los finqueros, quienes les pagan una miseria por la miel, el maíz y el café. No tienen otra alternativa de comercialización. A esto hay que añadir que conforme nos internamos en la Cañada hacia la selva, los caminos de terracería se hacen intransitables y, durante la temporada de lluvias, son un verdadero calvario; en esas comunidades ni siquiera llega la luz, ni hay agua corriente ni servicios de ningún tipo. Los ganaderos, conforme más nos alejamos de la cabecera municipal, menos pagan por el café. Varios investigadores chiapanecos coinciden en señalar que una vaca —de los más de tres millones de cabezas de ganado de Chiapas— recibe más atención, dinero y comida que las localidades de 50 habitantes.

Los solicitantes de tierras han sufrido las artimañas de la gubernamental Confederación Nacional Campesina (CNC), que se dedica a ocupar los predios que son gestionados para impedir así la transacción. Las hectáreas que se otorgan son siempre de la peor calidad, puro pedregal o montaña escarpada. Y por otra parte, muchos de los campesinos compradores se han encontrado con tremendos fraudes y deudas.

Para aliviar un poco su situación, los campesinos crearon organizaciones como la Unión de Uniones, con la finalidad de llevar adelante proyectos productivos. Pero los grupos de poder, alarmados, no se quedaron con los brazos cruzados, sino que buscaron, a partir de la CNC y organizaciones fantasma e infiltrados, dividir a los propios tzeltales, beneficiando a unos para reprimir a los más, comprando asesores, fomentando los privilegios internos y la corrupción.

El caldo de cultivo para el zapatismo estaba servido en el campo de Chiapas, dominado por un cacicazgo promovido por el centro y encarnado en los gobernadores del PRI.

Desde el inicio de la guerra se extendió una revuelta espontánea contra los alcaldes y ediles municipales bajo acusaciones reiteradas de prevaricación, malversación de fondos públicos, nepotismo, abuso de autoridad. Los maestros se han rebelado, los campesinos han ocupado ranchos, los empleados de servicios han realizado varias protestas. Todo este clima de desobediencia civil ha puesto al descubierto las concesiones facciosas de algunos funcionarios, el saqueo indiscriminado de las arcas públicas, empresas fantasmas, fraudes y la existencia de unos grupos armados promovidos y pertrechados por el Gobierno, que siembran la descomposición de todo proceso organizativo de los indios mediante la represión y la cárcel.

En un estudio de la Asesoría Antropológica para la Región Maya, A. C., que dirige el antropólogo e historiador Andrés Aubry se dice: "Después del despojo de sus tierras, el indígena —heredero de deudas y eterno sospechoso— guarda sellada, en la carne viva de su identidad, la estampa de dos fierros coloniales que no ha borrado todavía la sociedad mexicana: la finca y la cárcel".

No es casualidad que el 90% de los presos de Chiapas sean indígenas, cuando ellos representan sólo un tercio de la población total del estado. A la mayoría se les acusa de daños contra la salud y daños forestales. Las largas penas que se les imponen implican muchas veces la pérdida de la tierra ejidal (concedida en usufructo). El propio Andres Aubry afirma que: "tras la celda está siempre la milpa, porque la cárcel es un instrumento de la finca para conquistar superficies ejidales". El abuso de poder se sustenta también en la indefensión del indio pobre, que muchas veces no domina ni entiende el español, y el dinero, que manipula a los testigos y la defensa.

Desde 1992, y debido a las constantes invasiones de tierras, los ganaderos y finqueros crearon en Ocosingo la llamada "Unión de Defensa Ciudadana", armada y entrenada por el ejército federal. Un dirigente de la Organización Campesina Emiliano Zapata (OCEZ), Pablo Gómez, explicó a la revista *Proceso* (n.º 902) que grupos de choque, fuertemente armados se dedicaban desde hace años a asaltar ranchos para justificar una represión contra los campesinos que luchan por la posesión de la tierra. Estos atracos son presuntamente planeados por quienes no perdonan que los ejidatarios recuperaran las tierras que antes eran de su propiedad. Incluso, se habla de la creación, por parte de los ganaderos, del ejido "Primer Agrarista Tomás Munzer" para albergar a los pistoleros. Según la OCEZ, el gobierno "benefició" a 273 personas, que habían recibido entrenamiento militar, con 132 hectáreas. Los pobladores de las comunidades colindantes afirman que el ejército instruye a los indígenas de Tomás Munzer.

En relación con esto están los Cuerpos de Defensa Rurales, creados como cuerpos auxiliares del ejército federal, y que constituyen la red de espionaje de las Fuerzas Armadas en las zonas campesinas de México. Según las denuncias de la Coalición de Organizaciones Agrarias, integrada por las principales centrales idependientes del país, estos cuerpos operan junto con las guardias blancas de los caciques y terratenientes.

EL MUNICIPIO DE ALTAMIRANO, UNO DE LOS MÁS CONFLICTIVOS

Desde hace tres años se vive en Altamirano una sitación enardecida, tras detectarse en Morelia, Belisario Domínguez y Guadalupe Victoria la presencia de grupos armados.

El ganadero Constantino, líder de su gremio, afirma que él denunció los hechos al entonces gobernador del estado, Patrocinio González Garrido, pero jamás le hicieron caso: "Tenemos por lo menos tres años metidos en esta situación de inseguridad y de estar presentando denuncias de lo que aquí se estaba gestando". El año pasado, cuando en mayo se enfrentaron miembros del ejército federal con los zapatistas, se negó el hecho y Gobernación quiso manejar la versión de que se trataba de narcotraficantes. Kanter, amenazado de muerte, afirma que no imaginaban las dimensiones del movimiento y lo tomaban como "un suicidio".

Constantino explica que en 1992, cuatrocientos propietarios se reunieron para pedir apoyo porque sospechaban que el 12 de octubre, al cumplirse los 500 años del descubrimiento de América, se produciría un levantamiento armado en las comunidades con presencia de la ANCIEZ (Aliana Nacional Campesina e Indígena Emiliano Zapata). Pero pasó la fecha sin que nada ocurriera.

La división entre los campesinos, unos afines al PRI, la CNC y los ganaderos, otros, la mayoría, abiertos al trabajo común y organizados al margen de las instituciones, culminó en 1992 en

Altamirano cuando un ejidatario priísta de Morelia dio muerte a otro que pertencía a la ACIEZ (antecesora de la ANCIEZ). Posteriormente, arrepentido, el asesino se entregó a las autoridades. Una vez en la cárcel municipal, llegaron miembros de la ACIEZ, secuestraron al preso y lo llevaron rumbo a Morelia donde lo torturaron con saña (le arancaron los ojos y los testículos) y lo lincharon.

Tras estos hechos, el clima de guerra civil se apoderó de la zona y 25 familias fueron obligadas a salir del ejido de Morelia y refugiarse en Altamirano. Ellos son parte de la gente que luego los ganaderos utilizan a su favor, junto con los refugiados de la guerra, los azuzan contra las monjas del hospital San Carlos de la ciudad (a las que acusan de zapatistas por el hecho de atender a los indígenas más desposeidos), contra los estudiantes, los reporteros, los miembros de organizaciones por los derechos humanos.

Los rancheros aseguran que las hermanas del hospital San Carlos de Altamirano atendieron en los primeros días de enero sólo a zapatistas y dejaron morir a un judicial. Este policía ingresó el 1 de enero con un balazo en el cuello que le atravesaba la yugular y falleció en seguida. Durante los días siguientes, las monjas atendieron con éxito a tres policías judiciales y, efectivamente, a nueve zapatistas.

El 22 de febrero, unas 120 personas se concentraron ante el hospital para exigir que abandonasen el pueblo. Las monjas afirman que los ataques que sufren por parte de los distintos grupos que manejan el poder económico de la región vienen de lejos, desde hace años: "están siempre tratando de involucrarnos en los conflictos sociales de diferentes índoles". Dijeron que estas difamaciones entraban dentro del contexto de ataques a la misma diócesis. Reconocieron que sí que es cierto que su atención médica va dirigida en su mayoría a campesinos e indígenas, ya que "el hospital está enclavado en una zona con un 90% de población indígena pobre".

La intimidación y el hostigamiento no se detuvieron. El 24 de febrero, por la noche, una muchedumbre, encabezada por los ganaderos, amenazó con "romper la puerta del hospital para sacarlas". Los elementos de seguridad pública no intervinieron.

Tampoco lo hicieron cuando fueron detenidos y amenazados los estudiantes de la UNAM, que transportaban un camión de ayuda humanitaria con destino al ejido de Morelia. Azuzados por el presidente municipal de Altamirano y los ganaderos, los refugiados se enfrentaron a los jóvenes y los retuvieron durante horas después de obligarlos a dejar toda su carga en el Ayuntamiento de esta ciudad.

Los periodistas fueron fotografiados, registrados, se les incautó material y algunos recibieron amenazas de muerte.

También en este municipio, el jueves 7 de abril de 1994, fue asesinado un miembro del Comité Clandestino Revolucionario Indígena. En un comunicado posterior el EZLN acusa del crimen a tres finqueros que cuentan con la complicidad de las autoridades.

El subcomandante Marcos habló de las guardias blancas como una sombra que amenaza el proceso de paz: "Esto es el poder militar alterno, de las guardias blancas de los ganaderos que se opone al poder policiaco. Nosotros siempre lo conocimos y sabemos cómo atenernos a ese problema en tiempos de guerra. Pero para la paz habrá que tomar en cuenta esta sombra. Finalmente, si el poder civil no puede controlar a esa tercera fuerza que son los ganaderos, no va a haber paz. ¿Cómo le vas a pedir al EZ que se desarme si no se desarma a una guardia blanca que quiere aniquilar a los zapatistas, a todos, no sólo los zapatistas?". Marcos añadió: "Las de los ganaderos son las mentes más anacrónicas que puedan imaginarse, y es lo que campea por estos rumbos. Y Altamirano es un botón de muestra, pero además están Ocosingo, Las Margaritas, San Cristóbal. Lo que antes eran los Comités de Defensa Ciudadana son las sombras que se van a tender sobre el proceso de paz y su concreción". (*La Jornada*, 1 de marzo 1994).

LOS GANADEROS Y FRENTES CÍVICOS RESPONDEN AL CONFLICTO

Los ganaderos y grandes comerciantes llaman a que "cada ciudadano chiapaneco sea un soldado defendiendo su casa, su familia y su honor".

La segunda semana de marzo de 1994 se constituyó el Frente Regional de los Altos y la Selva por la Paz, integrado por propietarios y ganaderos para defender sus intereses. El domingo 20 de ese mes, medio millar de ellos marcharon en San Cristóbal -según el periódico *Tiempo*, en camiones de redilas trajeron refugiados de los albergues de Altamirano y las Margaritas acarreados- y manifestaron que si el Gobierno compra sus tierras y las vende a los campesinos, la producción se vendrá a pique: "si nosotros fuéramos ejidatarios güevones, como son todos, aquí sólo se producirían chamacos (niños)".

Además, dijeron que no iban a tolerar que dos personas ajenas al estado, "uno con sotana y otro que está buscando aspiraciones políticas vengan a decidir nuestro futuro".

El odio hacia el obispo de la diócesis de San Cristóbal y sus diáconos es una constante que se ha exacerbado con la guerra: "El comandante Samuel creó el EZLN y lo protegió cuando nuestro glorioso ejército mexicano lo estaba acabando", gritaban en la citada marcha.

Alberto Martín, dirigente de los ganaderos de la zona norte del estado dijo ante el asombro de los periodistas: "Nosotros somos un ejército, quizás más grande, quizás más grande que éste que tiene en jaque al gobierno". Después añadió para rectificar: "Estamos armados, bien armados de implementos agrícolas".

Pero ellos niegan la existencia de guardias blancas. El líder de los ganaderos de Altamirano, Jorge Constantino, de la Unión Regional de Propietarios Rurales, declaraba al respecto a un periodista de *La Jornada*: "¿Crees que tenemos dinero para pagarlas? ¿Cuánto vale tener un solo guardia armado? Los únicos armados son los zapatistas, que ahí siguen en sus casas. El día que los zapatistas dejaron la cabecera municipal después de ocuparla a partir del Año Nuevo y entró el ejército mexicano (6 de enero), muchos ni siquiera se fueron, nada más se sacaron el pasamontañas y escondieron sus armas".

A lo largo de estos meses de 1994 la reacción ha seguido la estratregia de utilizar a las organizaciones como la ARIC-Unión de Uniones para provocar enfrentamientos, propiciar el abandono de los pueblos cercanos al territorio zapatista y el aumento de refugiados, y articular así la propaganda oficial, ahora con tintes indigenistas, contra los insurgentes.

El jueves 17 de febrero, salió publicado en el diario *Tiempo* de San Cristóbal de Las Casas que personas armadas y vestidas como los guerrilleros "intimidan y roban en diversas comunidades" del municipio de Las Margaritas. Indígenas del ejido El Saltillo informaron que a sus comunidades llegaban los agresores con el rostro tapado con paliacates, por lo que no los podían identificar. Según los campesinos, no se trata de zapatistas sino personas "patrocinadas o afines a propietarios y ganaderos de la región para confundir a la población y restarle simpatía al movimiento armado". A su vez dijeron que varios ganaderos se han organizado para recorrer los parajes con el propósito de espantar a la gente diciéndole que "ya van a llegar los zapatistas a matarlos; y cuando ven que los pobladores preparan el viaje les ofrecen 50 ó 100 pesos por cabeza de ganado y un peso por cada guajolote".

El jueves 10 de marzo se supo que los ganaderos y pequeños propietarios de Ocosingo, Altamirano, Tuxtla Gutiérrez, Teopisca, Venustiano Carranza, Chilón y otros municipios, así como el Grupo de Defensa Cívico de San Cristóbal —que se autodenominan "auténticos coletos"— estudiaron la creación de un "Frente de Defensa Ciudadana" para proteger sus bienes. La propuesta fue hecha por el líder ganadero de Altamirano, Jorge Constantino Kanter, quien siente un gran odio por el obispo (dijo en Altamirano: "si hace 10 años nos hubieran dejado eliminar a Samuel Ruiz, no hubiera pasado esto").

El día 8 de marzo, por la noche, una piedra rompió el cristal de una ventana de la diócesis de San Cristóbal de Las Casas. Llevaba un anónimo: "Coletos vs. Samuel", se titulaba. "Nos duele a los hombres de verdad, todas tus fechorías, basta de burlas y barbaridad, ten en cuenta que están contados tus días". Con la consigna de "Coletos unidos, unidos venceremos", el panfleto agrega que las organizaciones de derechos humanos están compradas por el obispo y concluye diciendo que "todas deben abandonar San Cristóbal o metemos las manos".

El 7 de marzo se habían concentrado unas 2.000 persosas en el Centro de Convenciones de San Cristobal, encabezadas por el presidente municipal, Jorge Lescieur Talavera. El comentarista Álvaro Cepeda Neri describe el acto en *La Jornada*: "Pidieron a gritos los más estúpidos privilegios; decretaron el renacimiento de la inquisición, el destierro de un obispo y la expulsión de los indígenas".

Entre otras cosas, los allí reunidos manifestaron: "Los indígenas han tomado nuestra ciudad como centro de operaciones. Están manchando la dignidad de los sancristobalenses". Y también: "Los que compran *La Jornada* o *Tiempo* están engrosando los bolsillos de los voceros zapatistas".

Los pudientes de San Cristóbal exigían además que el diálogo por la paz no volviera a ser en su ciudad, que se desalojaran los terrenos colindantes que han sido ocupados por campesinos, que se expulsara a los extranjeros izquierdistas y perniciosos. Sus intenciones se sintetizaban en la frase: "Si Jesús sacó a los mercaderes, por qué nosotros no vamos a sacar a los 15 zapatistas y al obispo".

Nació así un "Frente Cívico Coleto contra los Desestabilizadores" que llamó a una "cruzada" contra el obispo y los sacerdotes que profesan la Teología de la Liberación. La mañana del 9 de marzo en las puertas de las iglesias aparecieron pasquines que rezaban lo siguiente: "Hermanos católicos: Esta iglesia y todas las de la ciudad permanecerán cerradas a partir de hoy mientras no salga de la ciudad Samuel Ruiz García, de Chiapas y de México; culpable de los conflictos de invasión y de guerra en la región. Reza y ora con tu familia en tu casa, que Dios sabe que estás con Él y Dios está en todo lugar".

MORELIA, TIERRA DE NADIE

El martes 18 de enero, un convoy de alimentos de CONPAZ llegó a Altamirano. Las hijas de la caridad de San Vicente de Paúl se habían quedado solas en el Hospital de San Carlos, donde sólo permanecía uno de los seis médicos en plantilla. Les preocupaba a las religiosas que "los enfermos no pueden llegar, el Ejército no los deja pasar".

La hermana Mercedes nos contó: "Aquí murieron dos zapatistas, porque no sabían usar las armas... También atendimos a un judicial con un tiro en el cuello". Ahora la ciudad está invadida de militares, se ha convertido en su feudo, entran en las casas a patadas, siguen haciendo registros domiciliarios indiscriminados. Son los amos y señores del lugar ante la ausencia de autoridad civil. Dicen buscar cinco catequistas escondidos y que no pararán hasta dar con ellos.

Una parte del convoy de ayuda humanitaria siguió el camino hacia Morelia, ejido situado al otro lado del cerco militar. Consiguió pasar el último retén de soldados y adentrarse en tierra de nadie. En la pedregosa senda apareció una procesión de humildes con banderitas blancas. Un hombre mayor abría la marcha, su cara estaba surcada por unos lagrimones estremecedores. Huyen de un rancho Yaalxolon, de Alfredo Albores. Desde el día 2 de enero, en que los zapatistas arrasaron la propiedad, el capataz y su familia no se han atrevido a asomar la cabeza hasta hoy. No saben nada del amo, debe de estar en la ciudad y los ha abandonado a su suerte. Se les acabó la comida y les creció el miedo. Buscan refugio, sus pasos se dirigen a Altamirano. Siguen andando y llorando, con sus hatillos a la espalda. La hija va en una mula, embarazada, mira a su alrededor con ojos de no entender.

Llegamos a Morelia. Desde el 7 de enero aquí nadie sale de su casa, abandonados están los cafetales y las milpas, el terror a las bombas les impide moverse. En la plaza sólo hay hombres, ni rastro de niños. Aparecerán después, cuando nos tomen cierta confianza. Las últimas en dejarse ver serán las mujeres. La congoja de la gente es enorme, como un grito de dolor que sale de la tierra. Nos rodean, y poco a poco, se recoge el siguiente testimonio.

El 6 de enero, por la tarde, el ejército bombardeó la población. Pero lo peor ocurrió al día siguiente: "Los soldados llegaron por la mañana, sobre las ocho, eran unos 400, con tanques; ni sabemos nosotros qué son esos, tanques, les dicen".

Rodearon el pueblo y fueron estrechando el cerco. "Entraron a patadas en nuestras casitas y nos jalaron por el pelo a todos los hombres, nos arrastraron a la cancha de básquet".

Allí, a culatazos los obligaron a tumbarse boca abajo y fueron entrándolos en la sacristía de la pequeña iglesia para tomarles declaración, hincados de rodillas y a golpes. Eran más de 100 hombres los que sufrieron semejante trato, incluso algún niño de 15 años. La tremenda historia de sufrimiento y represión seguía escribiéndose en este ejido de campesinos tzeltales, antiguos peones acasillados. Nada nuevo. Además, el militar al mando llevaba una lista en la mano, las delaciones de siempre.

Señalaron a tres en concreto y fueron torturados con especial saña: "A Severiano, dueño de la tienda, le rompieron su camisa, lo batieron con sus pies, le metieron la cabeza en el agua y le dieron la luz (electricidad), gritaba mucho". La gente de Morelia habla a la vez, se interrumpe: "Lo de la cubeta lo vimos varios, lo chingaron al Severiano, gritaba".

Era Severiano Santiz Gómez, de unos 65 años de edad. También a Sebastian Santiz López, de 68 años, lo torturaron. Su esposa dijo que lo habían golpeado brutalmente en su presencia mientras le preguntaban: "¿Dónde están las armas, hijo de tu chingada madre?" Y a un tercero, Hermelindo Santiz Gomez, de unos 50 años. Los gritos de dolor los oían desde fuera, tendidos en la cancha de básquet. "Cuando llegó el procurador a las cuatro de la tarde, en helicóptero, entonces los soldados limpiaron la sangre con agua y lejía". Durante toda la mañana los hombres estuvieron boca abajo a pleno sol. Mientras, los militares se dedicaron a revisar, casa por casa, sustrayendo todo lo que les vino en gana. "En la escuela, lo mismo, todo lo malearon, chingaron y se llevaron las cosas".

"Tomaron la tienda y se bebieron los refrescos, las sardinas, las galletas... ellos comiendo y nosotros embrocados en el suelo". Saquearon y destrozaron también la clínica, los medicamentos estaban esparcidos por el suelo, los muebles rotos. La parroquia se convirtió en sala de tortura. También quemaron los papeles del ejido, pero no sabían que del dolor de estas gentes renacería la unión y nuevos papeles, más propios.

Cuando llegó el procurador y vio sangrando a Severiano le preguntó. "¿Qué tiene en la frente?" Y él contestó: "Sus compañeros que me chingaron". El funcionario replicó que no, que se lo había hecho jugando a básquet, él solo.

"Incluso patearon a chamaquitos de 13 años. Hasta la ropita de nuestras señoras quedó hecha una cochinada, decían: ¿adónde están las armas? ¿adónde está el guerrillero?"

Las mujeres lloran, los hombres reprimen sus lágrimas en silencio. Uno de ellos, el comisariado suplente —según dicen, por suerte no estaba el cura ni el comisariado en el pueblo, porque seguro que los matan— explica: "Somos seres humanos, somos campesinos, somos ignorantes, estamos bien jodidos y vienen a acabar con nosotros".

Traían una lista de nombres y fueron directamente a algunas casas, "alguien lo mostró". "Eran gente encabronada con nosotros, de los que salieron del pueblo al principio y se refugiaron en Altamirano, les dieron su arma y su uniforme y vienen como soldados a entregar a su hermano". Alguno señala que los delatores iban con las caras pintadas o con máscaras y ataviados como federales.

Se llevaron a 33 hombres, ocho en helicóptero, directos al penal de Cerro Hueco, con las manos y los pies atados y los ojos vendados. Los demás, a Tuxtla, en camiones, donde tuvieron que ir estirados unos sobre otros, boca abajo, cubiertos con una lona. Todos "bien golpeados, los que más participaban en la comunidad".

Se escucha una súplica constante: "Por favor, que no venga el ejército, que reconozca su error, queremos saber de los que están en la cárcel". El pueblo hizo una colecta y entregó a los miembros de CONPAZ dinero por si encontraban a su gente en Cerro Hueco. También las credenciales para identificación de los detenidos.

Algunos estuvieron tres días y tres noches sin comer y sin agua y los torturaron hasta que les arrancaron la confesión de que eran zapatistas.

"Llegando vi que los soldados le quemaban las manos y la barba a uno con un encendedor y le decían que dijera lo que sabía. Luego no vi nada porque nos encapucharon". A otros les hicieron una hoguera al lado y les dijeron que los iban a quemar vivos.

En Cerro Hueco, cuenta uno, "oí que dijeron que éramos 121, éramos tantos que no nos dieron de comer, nos tenían sin cobijas y sin zapatos. Luego me dieron diez pesos y me dijeron que ya me fuera".

Poco a poco, fueron liberados todos. ¿Todos? No. Hubo tres que no aparecían, justamente los que fueron más brutalmente torturados. Según la mujer de Severiano, los que de tan destrozados que estaban separaron del grupo y subieron en una ambulancia del ejército. Fue la última vez que los vieron.

El jueves 10 de febrero, unos campesinos descubrieron restos de esqueletos humanos, mezclados con otros de animales y ropa en el camino entre Altamirano y Morelia. La comunidad decidió dar parte a la Comisión Nacional de Derechos Humanos y a organismos no gubernamentales. En las filmaciones que realizaron se ve al hijo de uno de los desaparecidos reconocer a su padre por la placa dental y la ropa. El ejército mexicano, nervioso, ordenó que se consignaran los restos en Altamirano, pero al cabo de dos días, el subprocurador de Justicia del Estado levantó acta de esta ilegalidad y devolvió los restos a la comunidad de Morelia.

El 25 de febrero, en la pequeña iglesia del ejido, los doctores Clyde Snow y Thomas Crane de Physicians for Human Rights reconstruyeron los cráneos de los occisos. Para acabar las investigaciones, la Comisión Nacional de Derechos Humanos se comprometió a trasladar los huesos a Ocosingo. La gente de Morelia se opuso a que se llevaran sus muertos, querían darles cristiano sepelio. Al final llegaron al acuerdo de devolverlos en un plazo de 72 horas como máximo. Pero al regresar de Ocosingo, la comitiva de Derechos Humanos fue detenida en el retén federal y obligada a dejar su carga en el Palacio Municipal de Altamirano, ocupado por los militares, que hicieron un examen dudoso y empacaron los huesos de nuevo con tal descuido que se dejaron un par de ellos regados en el patio.

La Secretaría de Defensa Nacional, contraviniendo todas las evidencias, se empeñó en declarar que el ejército era inocente de estas muertes "porque el día 7 de enero no había presencia militar en el ejido". Y añadió que el 6 de enero "fueron detenidos 32 transgresores que la población denunció como integrantes de los grupos armados".

Cuando Jorge Madrazo, de la Comisión Nacional de Derechos Humanos (instancia dependiente del gobierno) reclamó los restos a los militares en Altamirano, fue rodeado por gente que gritaba acusaciones como "CNDH violadora de tumbas, defensora de los zapatistas e instigadora contra el ejército mexicano".

Una señora dirigía la multitud, no hablaba de los restos mortales, sino de que los ganaderos no son ricos ni latifundistas, acusó a las monjas del hospital y dijo que con tal de que permanezca el ejército en la población "incluso voy a matarme con quien sea, porque a mí me vale madres". Y añadió: "Nosotras venimos por los huesos porque dicen que cuando se los lleven se va el ejército y van a venir a acabar con nosotros, eso dicen los zapatistas que están aquí disfrazados de civil".

Tuvieron que hacer toda una treta, sacar por la puerta trasera de la Presidencia los restos mortales, mientras Jorge Madrazo salía por la puerta principal con una caja vacía.

Por fin pudieron en Morelia enterrar a sus muertos el domingo 27.

Según el informe de CONPAZ: "Bajo una fría llovizna, entre un murmullo de plegarias tzeltales que recorrían las montañas, fueron sepultados los restos y las ropas de Sebastián, Severiano y Hermelindo, semillas que cayeron para dar fruto en abundancia, dijo el catequista al final de la oración fúnebre".

MORELIA, AVE FÉNIX

Quizás sea el cúmulo de desventuras lo que ha hecho que este pueblo se uniera tanto y llegara en el mes de mayo de 1994 a elaborar sus propias leyes, basadas en sus tradiciones, al margen de autoridades e instancias oficiales, de forma autónoma, sin esperar reformas constitucionales ni permisos.

La historia de este ejido data de unos 60 años, pero la memoria colectiva abarca un siglo, cuando los indios eran peones acasillados en la finca de Amado Castellanos, predecesor del general Absalón Castellanos (secuestrado por los zapatistas el 2 de enero). Jacinto Pérez Santiz, de 93 años de edad, y Domingo Santiz Gómez, de 82, cuentan que "al principio toda la tierra que había, todo lo que se podía ver era del propietario... el propietario ordenaba el trabajo de todos, hombres, mujeres y niños, pero sólo a los hombres se les daba paga".

Lo poco que cobraban por trabajar de 4 de la mañana a 7 de la noche, toda la semana, servía, a su vez, para saldar la deuda con el patrón, a quien se veían obligados a comprar todo lo que necesitaban: "todo lo apuntaba en la cuenta, la cuenta nunca se acababa de pagar, cuando ya no podía el padre lo pagaba el hijo". La finca la heredó Ramiro Castellanos, pero entre los años veinte y treinta un tal Enrique Caballero corrió la voz de que las tierras eran para los campesinos. Tuvo que huir a las montañas, perseguido por los propietarios; no obstante, la idea se extendió por toda la región. El patrón accedió a dar parte de la tierra, la peor, la de los cerros. Fueron unos hermanos, Pedro y Rafael López, quienes organizaron a la gente de tres comunidades para que se juntaran y formaran un ejido. Su anhelo era dejar de estar sometidos, salir de la esclavitud. Los tzeltales de los tres pequeños poblados empezaron a integrar las primeras formas de organización e hicieron una marcha a pie hasta la capital del estado Tuxtla Gutiérrez, con el objetivo de pedir las tierras y ver si podían formar su ejido y no estar bajo el yugo del propietario. Les dijeron que sí.

En 1933 empezó la lucha. Y en la ladera de un cerro de tierras improductivas, un centenar de indios acasillados fundaron Morelia. Los propietarios de un rancho vecino, para que no invadieran su territorio, regalaron a los tzeltales un pedazo de unas 43 hectáreas. Allí instalaron el poblado, en un terreno lleno de ocotales, rodeado de manantiales de agua.

Pero Ramiro Castellanos vendió en 1945, el rancho, que por entonces se llamaba Buenavista, a un terrateniente que no pondría sus pies en él y que lo dejó al cuidado de Augusto Kanter, el finquero de San Martín, antepasado del actual líder ganadero Constantino Kanter. Este capataz exigía dinero a los indios por sus tierras. La comunidad decidió pagar con panela (caña de azúcar). Pero cuando ya habían conseguido saldar la mitad de la deuda, el finquero empezó a dividir a la gente y la comunidad se desorganizó.

Según los dos ancianos de Morelia, "Kanter dice: ¿por qué quieren comprar tierra si no son ricos, no son señores?". Y empieza a hacer "brujería" como medio para desunirlos, la gente se enferma y abandona el lugar. Aprovecha Kanter y compra el rancho Buenavista.

"Los agentes municipales eran casi siempre los maestros y dominaban a la comunidad junto con los propietarios", afirman. El PRI imponía sus presidentes municipales. Cuando se nombra en el cargo a Elmar Pinto, sobre 1980, se inicia una protesta en todo el municipio. Queman su coche en Altamirano y a raíz de ello se envía al ejército federal y a la seguridad pública a Morelia. Allí reciben a los soldados con barricadas y retenes. Se acusa a este ejido de organizar las protestas. La represión trajo como consecuencia que la gente se organizara y exigiera que Morelia se conviertiera en municipio. Al cabo de un mes, con Carlos Frei como líder campesino, toman la Presidencia Municipal en Altamirano y consiguen imponerlo como alcalde. No duró mucho. Los ganaderos y finqueros crearon la Unión J. Manuel Altamirano, primera estructura de guardia blanca. Para mitigar el problema, el Gobierno nombró un Consejo Indígena regente.

Es entonces cuando la gente de Morelia consolida sus propias formas de organización y prospera, diversifica su producción. De la milpa y el frijol se pasa a la miel, café, hortalizas y fruta. Morelia solicita tierras para ampliar el ejido y la respuesta es la represión brutal. El PRI y los ganaderos atacan a la ARIC y sus miembros. En 1986 entraron las guardias blancas junto con ganaderos y seguridad pública. En 1990 lo hizo el ejército, en un operativo "contra el narcotráfico" y acusó a los ejidatarios de estar comunicados por el sistema de radiocomunicación con los guerrilleros guatemaltecos.

En 1992, "como 600 judiciales entran en el pueblo y buscan a los líderes que huyen a la montaña". La historia se repite. Luego, en mayo de 1993, cuando hubo el primer choque entre el EZLN y los federales, el ejército mantuvo incomunicado el ejido mientras buscaba campamentos guerrilleros.

En 1994 el presidente municipal de Altamirano es Arnulfo Cruz, casado con la hija de la actual dueña del rancho Buenavista (del cual Morelia solicita tierras) y yerno de Alfredo Kanter, casado con la hija del ex presidente municipal Elmar Pinto. Todo queda entre familia.

Como resultado de siete décadas de organización y resistencia, en el mes de abril de 1994, en pleno cerco militar, mediante plebiscito general, este ejido dictó sus propias leyes, atendendiendo a sus costumbres. Así crearon un autogobierno sin precedentes en materia agraria, religiosa, laboral, política, justicia, educación, salud, costumbres, servicios, etc.

Semanas antes del levantamiento zapatista, los habitantes de Morelia emitieron la primera versión de la "Ley Reglamentaria Interna del ejido Morelia", y el día 10 de abril de 1994, durante la celebración del 75 aniversario de la muerte de Emiliano Zapata, se aprobó definitivamente la redacción de los 74 artículos de su Estatuto, elaborado por los propios campesinos, "rescatando de las mismas tradiciones, costumbres y otras formas de vida de nuestros antepasados...", dice la introducción.

La máxima autoridad en Morelia es ahora el Consejo de Ancianos; ellos deben hacer dictados para garantizar el cumplimiento de sus leyes. Pero en este ejido la base de todo poder es la Asamblea General de todos los habitantes del lugar: "Cabe señalarse que todos los acuerdos que son o sean tomados en esta asamblea será la misma asamblea quien los determine, los cumpla y los haga cumplir".

Se aclara que "ninguna persona ajena, autoridades, gobiernos fuera de esta realidad, tendrá derecho a quitar o agregar artículos o palabras algunas que no sean analizadas y aprobadas por el Consejo de Ancianos y menos a imponer cosas que no tengan carácter de unidad, de vida a la propia comunidad".

El Consejo de Ancianos, como instancia máxima, está a su vez en coordinación con otras siete autoridades: el comisariado ejidal, el consejo de vigilancia, el agente municipal, el comité de educación, los catequistas, el agente de salud y la Coordinación General.

La Coordinación General es el órgano supremo después de la Asamblea General y es la encargada de registrar las decisiones mayoritarias, nombrar o destituir autoridades y garantizar la participación de las mujeres.

En el Estatuto se dice que todos tienen derecho a ser escuchados y a participar en la asamblea, a tener cargos, a cumplir los acuerdos, respetar los domingos como día de descanso, etc.

Nadie podrá poseer más cantidad de tierra que otro, se regula el consumo del alcohol, se castigan los malos tratos a las mujeres. La cárcel sólo se aplica en casos de delitos mayores como la violación, lesiones o asesinato y el castigo será acompañado de multas y trabajo colectivo. Por otra parte, se prohibe la bigamia y todo joven que pretenda casarse tiene la obligación de avisar a los padres de la mujer, no se permitirá el "robársela".

La CONPAZ, escribió en el mes de abril al respecto de este proceso de autonomía: "nos conmovió el grado de organización de esta comunidad y el hecho singular de la participación de las mujeres en la conducción de los asuntos comunitarios reglamentada ahora por la asamblea".

El ejemplo ha sido seguido por otros ejidos vecinos que al poco tiempo iniciaron las consultas para elaborar su propia Constitución ejidal a partir de su experiencia organizativa y rescatando rasgos culturales ancestrales de los pueblos indígenas.

Las organizaciones no gubernamentales exigen al Gobierno de México que se declare a Morelia como zona franca para garantizar una cierta estabilidad en esta zona, donde la tensión y la violencia ha sido una constante desde el inicio de la guerra y aún antes.

EN EL CORAZÓN DE LA LACANDONA

Era mediados de enero, nuestro jeep avanzaba por pistas de tierra. Llegamos a los lagos de Montebello, en el municipio de las Margaritas, cuyas aguas son de colores indescifrables, estamos en una de las puertas de la selva, siempre recubierta de una capa de niebla blanca, refulgente con el sol: el manto de la Lacandona. Un paisaje fantasmagórico nos engulle, las formas de los árboles y los montes se diluyen en el espesor blanco y la llovizna. La vegetación se hace exuberante, de un verde intenso. El jeep patina, circulamos por una senda que es un barrizal. Pasamos varias colonias de casitas de madera con techumbre de aluminio, Cárdenas, Emiliano Zapata. Estamos atentos: toda nuestra obsesión es encontrar guerrilleros, hablar con ellos. En Chiapas ya se habla del subcomandante Marcos como de un mito: muchas lo hacen alto y apuesto, casi un sex-symbol. La mística de estas tierras permite que circulen historias tan fantásticas como la niña que preguntó: "¿Es verdad que a Marcos lo agarraron los ejércitos, pero se hizo humo y se escapó?".

Después de horas de traqueteo llegamos a San Andrés Buenavista, un poblado donde la pobreza y el café se entremezclan. Estamos en la tierra caliente, como dicen en los Altos. Las gentes, al vernos llegar con nuestra descomunal bandera blanca como mascarón de proa, se quedan sorprendidos y asustados. "Por aquí todo está tranquilo", dicen con un espanto que les delata. Nos hemos cruzado con camiones llenos de gente, de niños. Incluso hemos visto un éxodo de familias a pie. Seguramente acuden a las Margaritas, a refugiarse del miedo y a encontrar mayor precariedad.

Por fin llegamos a Río Blanco, donde se acaba el camino y nos saluda la jungla. Hay una grúa averiada desde hace una año, nos cuenta el hombre que la vigila. Hace tiempo ya que debería haber llegado la pista hasta San Agustín, "pero ya sabe, el Gobierno no tiene prisa, total por los que van a reclamar".

Unos niños se ofrecen a guiarnos hasta San Agustín. Entonces empieza la aventura. Cargando la cámara de Telemundo, las bolsas de víveres y ropa, descendemos una ladera de casi 90 grados de inclinación sobre piedras mojadas y barro. Desde abajo, a un kilómetro, oímos las risas de la población que se ha reunido para ver el espectáculo. No hay camino ni hay nada. Por aquí han de subir a sus enfermos en volandas y los costales de café, ya que ni las mulas pueden con esta intrincada pared. Caemos 20 veces. Revueltos en barro accedemos al pueblo. Reina un silencio absoluto. Nadie habla. El miedo está presente en todos los rostros. Los miembros varones del ejido se reúnen en asamblea. Por fin aparece el comisario municipal, un hombre bajito y temeroso que nos cuenta lo único que están dispuestos a decir :"Vinieron siete zapatistas y se llevaron el radio" (como los siete apóstoles). Con dicho aparato de radiotransmisión se mantenía el contacto del pueblo con el resto del mundo, tan lejano. "Aquí no se muere nadie porque no hay médico, sino por no llegar al médico". Miramos la pared de 90 grados, no podemos dar crédito a nuestra hazaña. Los zapatistas entrenaban desde hace un año en una comunidad a tres horas de San Agustín, caminando a través de la selva, la Revancha, se llama. Ramón H. nos cuenta que hacían prácticas en la pradera al lado del río. Cuando lo zapatistas lo visitaron, "me dijeron que tenemos que bajar al Gobierno y a los ricos, para emparejar la nación; no nos hicieron nada".

Este pueblo, en asamblea, temblando de miedo, ha acordado no decir nada a nadie, no delatar a los hombres que faltan, ser mudos. Es gente extremadamente sencilla, campesinos cafetaleros. "Lo que hacemos es unirnos porque en cualquier momento puede entrar el ejército y hacer algún desastre en la comunidad", cuenta Ramón, "nosotros somos al ciento por ciento priístas, aquí no aceptamos ningún otro partido". Cuando los zapatistas les incautaron la antena y el aparato de radio, se marcharon por donde vinieron, es decir, hacia la Revancha, donde, dicen, todos son del EZLN.

Caía la noche, nos dieron alojamiento en la única aula de la escuela, con goteras, nos trajeron café y dos camas. La amabilidad y hospitalidad de esas gentes tan humildes nos reconfortó y alivió nuestras magulladuras de montañeros inexpertos. Al día siguiente, con la salida del sol y entre la niebla, descendimos a la Revancha. Fueron cuatro horas de barrizal, piedras, ramas, selva. Era sorprendente observar la facilidad con que los lugareños, sobre todo los niños, corrían por tamaño monte intransitable sin caer mil veces ni hundirse en el lodo hasta la cintura. Nos cruzamos con mulas cargadas de café, aunque a raíz del conflicto se ha perdido la segunda cosecha de este año, quedó en las matas, sin cortar. El precio de este producto ha descendido vertiginosamente en los últimos años.

Salimos del espesor de la vegetación y vemos a nuestros pies, en un valle, la Revancha. Unos caballos pacen tranquilos a la orilla del río; en las casitas, mujeres y niños nos observan en silencio. El presidente de San Agustín nos había dado el nombre de un amigo suyo para que habláramos. Es un hombre mayor, sus 50 años de selva lo convierten en anciano. El Gobierno les engaña siempre, me dice: "Llevamos 20 años pidiendo un camino y nada". El presidente de la República aterrizó con su helicóptero la anterior campaña presidencial y prometió una vaca a cada mujer. "Yo le dije que no nos mintiera, y tenía razón, siempre nos engañan".

Aquí hay más de 160 niños y el maestro viene dos ó tres veces al año y se va "porque dice que tiene junta en las Margaritas". Los chiquillos corretean por una hermosa pradera llana, libres, salvajes. Aquí es donde entrenaban. Los niños me preguntan si yo he visto zapatistas, les digo que no. Ellos dicen que tampoco, pero me describen como son: "camisa color café, pantalón verde, paliacate rojo y botas de goma". La poca gente que queda en el pueblo nos vigila y no nos dejan solos. La mujer de Pablo se hecha a llorar tras ofrecernos café: "Somos como pajaritos, cuando venga el ejército nos mata y ya está, estamos indefensos". La mujer llora cada día, nos cuenta su marido desesperado. Faltan los hijos en casa.

Al otro lado del río, un hombre se atreve a decirnos que hace cuatro días bajaron los zapatistas a recoger comida. Los alimentos escasean en estas zonas, suerte de los plátanos, tan abundantes, del poco ganado y del maíz, aunque algunas milpas quedaron sin cosechar.

La semana pasada tuvieron miedo, las bombas caían cerca y al otro lado de la montaña hacia el norte, en Guadalupe Tepeyac. Muchos abandonaron sus casas y se refugiaron en Guatemala. Aún ahora vemos pasar aviones, la gente sale de sus casas y escudriña entre las nubes. Algunos han huido, otros no: "¿Adónde vamos a ir si no tenemos nada?", preguntan. No se pueden cargar bebés por semejantes sendas, ni andar kilómetros y kilómetros hasta encontrar transporte y llegar a los albergues de las Margaritas, de los que se comenta que son peores que campos de concentración.

Emprendemos el regreso, la mujer sigue llorando. Su marido me confiesa, tras horas de confidencias, que "yo estoy con ellos, son gentes que luchan por todos nosotros, salió el sapo de debajo de la piedra, hemos levantado la cabeza por fin, ojalá sea para bien".

Soplan los aviones a pesar de la tregua. Emprendemos la retirada, vencidos y cansados y sin haber dado con ellos. Casi se nos saltan las lágrimas cuando nos fotografiamos ante este pueblo, cuna de zapatistas como todo el corazón de la selva rebelde. Tenemos que pagar a dos hombres para que nos ayuden con los trastos, otra vez explotando al indígena, pensamos, pero no podemos con nuestra alma. No hablamos, estamos destrozados, molidos. No hay comida, ni bares ni taxis. Logramos llegar al jeep.

Cae la noche y el manto de niebla blanca protege el sueño de los guerrilleros, invisibles y presentes, dueños de la montaña. Aquí no hay ejército que se adentre, concluimos. Nos perdemos con el jeep por las pistas de montaña. Nos cruzamos con hombres borrachos, es domingo por la noche, cuando más "posh" (aguardiente capaz de tumbar mulas) se bebe. También pasan algunos serenos y con machetes. Pero ya ni fuerzas tenemos para preguntarles nada. Horas después, salimos al asfalto, abandonamos la bruma y nos encontramos a los retenes militares, no sin cierto terror. Nos miran. Traemos barro hasta en las orejas y no podemos mover nuestros miembros. Los zapatistas nos ganaron la batalla a nosotros, ilusas flores del asfalto. La selva es un universo.

GUADALUPE TEPEYAC,
EN ALGUN LUGAR DE LA SELVA

A finales de enero, el Comisionado por la Paz, Camacho Solís, anunció la creación de zonas francas en Guadalupe Tepeyac y San Miguel, dos poblaciones en territorio controlado por el EZLN que sufre un acusado aislamiento. A dichas comunidades debería poder acceder abasto y ayuda humanitaria de la Cruz Roja Internacional. Pero el primero de febrero, cuando entramos en Guadalupe Tepeyac, nadie había visto ni rastro de los anunciados convoyes de doctores y alimentos.

En la cancha de básquet de esta población se concentraron los representantes de diversas comunidades de la zona dispuestos a exponer a varios miembros de la prensa la situación desesperante de incertidumbre y confusión a que se ven sometidos. Muchos de los allí presentes habían andado durante horas por veredas y cañadas, cargando sus enfermos, pensando que por fin podrían recibir atención médica.

Todo el pueblo estaba en la cancha de básquet, las mujeres y los niños a la izquierda, y los hombres a la derecha, según su tradición, en total unos 400. Detrás, como un marciano blanco en medio de las chozas y la selva, el hospital del IMSS-Solidaridad, ultramoderno, inmenso, excesivo, un hospital de lujo en un paraje donde apenas tienen qué comer y donde no hay agua potable, donde los suelos de las casa son de piso y el hambre y los parásitos diezman a las gentes. Un hombre en su discurso llamó a la reflexión diciendo al respecto: "Salud es la vida completa, que uno se sienta tranquilo con la familia; salud no es algo que nos conforme, como hace el Gobierno, un ciruja-no que arregle el mal ya hecho".

A través de un sistema de megafonía hablaron al modo indígena, uno por uno, todos los que tuvieron algo que decir.

Sin identificarse, se fueron sucediendo discursos, los mismos que hacen los mandos del EZLN cuando son entrevistados, el mismo lenguaje desesperado. Hay que pisar la selva para darse cuenta de que los guerrilleros recogen un sentir de la población civil, su indignación. Para entender el zapatismo no basta con escuchar a los brazos armados. La verdad de este levantamiento se encuentra en las voces de rabia de civiles, mujeres y niños, la retaguardia de una guerra que se evidencia a todas luces popular y de un asamblearismo radical.

El primero en hablar en Guadalupe Tepeyac, confiado, seguro, expuso que estaba indignado: "Nos dijeron que llegaría la Cruz Roja Internacional hace dos semanas y aún estamos esperando". Denunció que "el Gobierno nos ha mandado amenazas, los rumores asustan a las gentes, hablaban de 15.000 militares que venían a destruir a este pueblo, han estado ametrallando a la gente en el camino, acusándonos de guerrilleros, esperamos a Camacho para que vea el sufrimiento de aquí".

Y la indignación afloraba en las palabras del segundo en intervenir: "Esto es manipulación, son gente mentirosa, hipócrita, asesina y corrupta... El país es nuestro, no de él", dijo refiriéndose al presidente Salinas de Gortari. "Pensamos que esto es injusto, estamos en el primer lugar de extrema pobreza en Chiapas", agregó.

El siguiente procedía de una comunidad vecina y su conclusión era que "Salinas no está dispuesto, sigue mintiendo y desconfiamos de él, durante 70 años nos han mentido así, es la injusticia la que hace que se tenga que luchar".

Respecto a los cambios del artículo 27 de la Constitución sobre el derecho de vender y rentar tierras, se dijo que "los que van a salir beneficiados van a ser los ricos, ellos comprarán terrenos y los campesinos serán asalariados, de nada va a servir al pueblo". También arremetieron contra el Tratado de Libre Comercio con EEUU y Canadá: "¿Quién va a ser competencia, nosotros que manejamos machete o el que maneja un tractor? México está entregando su riqueza natural, se están vendiendo nuestra patria, tienen razón los zapatistas. No se levantarían si no tuvieran problemas".

Sin ambages y con firmeza se habló de "un hospital lujoso, vacío, sin doctores ni especialistas, los tratamientos que nos dan son incompletos, de nada sirve, ahí se entiende la amplia razón de los zapatistas, no sólo en Chiapas, sino a nivel nacional".

El escepticismo ante las negociaciones del EZLN y el Gobierno se mostraba abiertamente: "Los zapatistas no van a entregar las armas. Han sido muchísimos años sin resolver los asuntos de los pobres, pobres a los que encima el Gobierno manda reprimirlos, el ejército ha matado y torturado. Los zapatistas, en cambio, no nos están haciendo daño ni nos amenazan. Respetan. Nos hacen confiar en que van a cumplir lo que dicen".

No dudaron en afirmar: "El Gobierno debe resolver el problema si no le va a tocar su parte, va a ser tumbado de allí; la justicia y libertad que quieren los zapatistas es para México, no sólo Chiapas, eso es muy claro (...) Al Gobierno le zapatea eso, no va a haber ricos porque va a haber que repartir. El EZLN le da a tragar sus babosadas, sus mentiras y engaños, al decirle lo que es la verdad".

Entre otras injusticias se habló de la libertad: "Ninguno de nosotros conocemos otros países, no tenemos libertad de expresión ni de tránsito, sin educación, sin pasaporte ni dinero para hacerlo", cuando alguien intenta salir es detenido por carecer de papeles o acusado de ser un ilegal guatemalteco.

"Y ahora piden que suelten las armas para hacer la paz, para que todo quede igual que está ahora". El sentir de la población, dijeron, es que "estamos entendiendo ahora mejor que nunca lo que nos dicen los zapatistas, ¿Cómo es posible que haya paz y los niños muriéndose de hambre?"

Respecto a Camacho dijeron que "es un embajador mentiroso, nos duele, estamos cansados de eso, estamos en guerra y todavía más mentiras; los que han querido decir la verdad lo han pagado con la cárcel y la muerte, ahorita exigimos que cumpla el Gobierno con lo que nos promete".

Las mujeres que intervinieron hicieron hincapié en el miedo: "los aviones vienen a espantarnos en vez de ayudarnos, lo que hace el Gobierno es acabarnos de fregar, nos tira bombas sin delito". Una mujer mayor, cabello blanco, descalza, habla solemne, parca en palabras: "No somos animales, somos cristianos. Queremos que vean con sus propios ojos. Por aquí pasaron los zapatistas, no lo negamos, los atendimos, si nos piden agua y comida les damos".

Otra mujer, más joven, directa y concisa, dijo: "llevamos 500 años de estar explotados, de vivir en una injusticia, ahora no queremos que siga". Ha andado seis horas para llegar a Guadalupe con su padre enfermo, su comunidad la mandó por medicinas. Cuenta que los aviones bombardearon detrás de su casa, una bala atravesó la pared y rompió un cántaro. Ella reclama que son civiles y el ejército les ataca por el aire. Concluye, "es justo lo que los zapatistas dicen: nos comen los parásitos, las enfermedades, la pobreza". Señaló los enfermos que desde entonces se han ido congregando en el pueblo, la dureza del medio, los caminos. Y dijo del hospital que durante los pocos meses que funcionó "ni siquiera nos atendieron, a los enfermos graves los envían a Tuxtla o Comitán". También informó que les obligaron a construir dicho edificio con sus manos, "cargando las piedras al lomo", picando en la cantera sin maquinaria, muchos sufrieron heridas irreversibles. "Vean la situación real", instaba a los periodistas, "es justo lo que pedimos". "El Gobierno cobarde y corrupto ha engañado a nuestro pueblo mexicano, por eso les pedimos señores de la prensa que sean los medios nuestros para comunicar al exterior de la República lo que ven. Pues claro que pasaron por aquí el Ejército de Liberación Nacional y les dimos comida, ellos no disparan contra nosotros ni nos engañaron".

UN ENCUENTRO FUGAZ CON LA CAPITAN MARIBEL

Treinta soldados frente a la capitán Maribel, en un pequeño claro del bosque tropical, cerca de Guadalupe Tepeyac. Ella, mujer joven de 24 años y de apenas más de un metro y medio de estatura, grita a la tropa:

—¿Quién vive?
—¡La patria! —contestan a coro.
—¿Qué somos? —interroga, enérgica.
—¡Insurgentes!
—¿Cuál es nuestra consigna?
—Morir por la patria, vivir por la libertad.

Siguen otros lemas: "El pueblo unido, jamás será vencido... el pueblo armado jamás será explotado", "El pueblo y los insurgentes, vanguardia combatiente".

Instrucción militar en algún lugar de la selva Lacandona. Maribel esconde su rostro tras el paliacate rojo. Lleva el pelo suelto, media melena, y como rasgo de su coquetería dos pendientes plateados que contrastan con el uniforme zapatista. Ella está al cargo del general secuestrado, Absalón Castellanos. En unos días, junto al mayor Moisés, entregará a su prisionero, que tras haber sido condenado a cadena perpetua haciendo trabajos manuales en comunidades indígenas, ha sido indultado por los zapatistas "para que viva en la verguenza de haber sido perdonado por aquellos a los que tanto daño hizo".

Maribel prosigue: "Ese saludo insurgente va para todo el pueblo de México, va para Chiapas, para el pueblo que queremos que sea libre, que sea democrático. Queremos un pueblo que tenga su independencia, que tenga su libertad. Agradecemos la lucha de otros pueblos, de todos los compañeros que están en otras partes. Y también a otros indígenas y organizaciones que están a favor de nuestra lucha. Necesitamos la participación de todo el pueblo de México para que algún día sea el México que todos queremos".

La capitán dice a la tropa que van a cantar para los periodistas una canción: "El Insurgente". Las voces jóvenes irrumpen con cierta timidez en el silencio del paisaje, apagando el rumor del río cercano:

"Me dicen el insurgente por ahí,
dicen que me anda buscando la ley
porque con otros yo quiero acabar
con el Estado burgués.

Por nueve cosas vamos a luchar
ahorita se las voy a platicar,
cuando termine van a decidir
si me quieren apoyar.

Tierras para cultivar,
un techo donde poder habitar,
educación para todos igual
vamos a solicitar.

Necesitamos de buena salud,
para eso necesitamos comer,
trabajo para poder producir
también vamos a exigir.

A todo eso les voy a sumar
independencia total para que
ningún gringuito nos venga a joder
y a nuestro pueblo explotar.

Por todo esto juramos vencer,
por eso estoy decidido a luchar
y de esta forma llegar
para ganar la paz y la libertad.

La capitán es abierta y decidida. Cuenta cómo sus familiares y su pueblo, antes de optar por la lucha armada, hicieron manifestaciones, huelgas y se iban a gritarle al presidente que les diera solución a las tierras o a los precios de los productos:

"Como respuesta nos mandaba el ejército, capturaba a los dirigentes y a la cárcel. Así no se puede estar luchando de esa manera. Al rato ya no tenemos dirigente o al rato ya se desapareció a un compañero. Por eso el pueblo se dio cuenta de que el rico tiene soldados y que el pobre tiene que tener soldados para defenderse. Ya se hizo la prueba en lo pacífico y legal y jamás pudo ser".

La capitán Maribel tenía sólo 15 años cuando decidió integrarse en el EZLN, apenas una niña: "Yo me sentía triste ante la situación de la gente, me di cuenta de que los jóvenes de las comunidades no tenemos libertad de nada y que nuestras casas y nuestra comida eran siempre lo mismo. Y nunca había un tiempo para superarnos, para ser maestros, ser doctores, nunca lo íbamos a lograr. Entonces decidimos yo y mi hermano que era mejor tomar el camino de la lucha, para que los jóvenes de hoy no sean como los de mañana. Tenemos que ser hoy los jóvenes soldados para que mañana puedan ser maestros y doctores".

Maribel instruye a un grupo de 30 zapatistas, entre los que hay alguna otra mujer. También cumple la labor de formación política de la tropa: "Lo que les enseño a los compañeros son las bases de nuestra lucha, el porqué luchamos, contra quién, con qué y cómo; en lo militar, lo que es el combate en la montaña y un poco en la ciudad".

No puede decirse que se sientan desgraciadas estas mujeres sacrificadas: "Yo siempre me he divertido y me siento bien, feliz con los compañeros; aquí hay un trato parejo entre hombres y mujeres. Nosotras también tenemos cargos. Somos varias las que vemos justo luchar al lado de los compañeros y lo hacemos por una necesidad. Hemos llegado a donde ellos. Para tener grado aquí se requiere que sepamos leer y escribir, tengamos así conocimientos avanzados".

La teniente Matilde, a las órdenes de Maribel, tiene 17 años, la mirada franca, es regordeta y bajita, pero enérgica. Lleva, como muchos insurgentes, el cepillo de dientes colgado del cuello. El apretón de manos de Matilde es impresionante. Coge impulso desde la distancia y lanza su manita con una fuerza y un ímpetu sorprendentes, luego la estrecha con resolución. "Yo entré en el EZLN porque vi que era necesario prepararse para que haya un ejército del pueblo que defienda al pueblo. Vi que en mi pueblo se necesita luchar para sacar a la gente de la explotación y verla libre. El otro ejército defiende a la burguesía y al pueblo lo maltrata y lo golpea. En mi pueblo hubo acusaciones y llegaron militares a agarrar a gente, los mandó el Gobierno. Han golpeado, agarrado y encarcelado gentes".

EL CLAMOR DE LA SELVA CHIAPANECA

Tras 47 días en cautiverio, secuestrado por el EZLN desde el 2 de enero, el ex gobernador de Chiapas, general Absalón Castellanos Domínguez fue liberado el 16 de febrero.

A Guadalupe Tepeyac llegó una caravana de vehículos. Delante iban el Comisionado por la Paz y la Reconciliación en Chiapas, Manuel Camacho Solís, y el obispo de la diócesis de San Cristóbal de las Casas, Samuel Ruiz. Detrás seguíamos unos dos centenares de periodistas en microbuses. Desembarcamos en la comunidad doloridos por los baches, ocho horas de camino desde San Cristóbal, cansados. En fila india, un capitán, de civil, nos registró las credenciales. Y por fin pudimos avanzar, pasamos por delante del hospital mastodóntico y seguimos por la senda que lleva a La Realidad, a pocos metros de la pista de aterrizaje de avionetas, cubierta con piedras para hacerla inaccesible.

Nos encontramos que el pueblo en pleno nos esperaba. Las mujeres y los niños, a un lado, los hombres apostados en un tractor inutilizado, perfecto escenario de colores y contrastes con la suave luz dorada del atardecer en la selva. Serían las seis de la tarde. Los periodistas están ansiosos y excitados. Nos subimos a los bordes del camino, nos encaramamos a los plataneros.

Apareció el auto de Camacho Solís y Samuel Ruiz y detrás la Cruz Roja Internacional. Por fin, Absalón Castellanos Domínguez, el viejo general al que en un juicio sumario los zapatistas habían condenado a "cadena perpetua haciendo trabajos manuales en comunidades indígenas".

Custodiado por tres zapatistas, a la cabeza iba el mayor insurgente Moisés, la capitán Maribel a su lado, escondida tras su paliacate rojo. Moisés frente a Absalón, Camacho y el obispo, en presencia de los periodistas empezó su discurso: "El ejército del pueblo ha cumplido. Como entre guerreros y rivales, vale el honor militar como único puente posible. Los hombres verdaderos son los que con honor pelean y hablan con honor".

Ante todos los allí congregados y rompiendo el silencio del atardecer, Moisés inició un juicio público a Absalón Castellanos: "Clamor popular de la Selva Chiapaneca", lo tituló. Y habló de "los sentimientos reales de nuestro pueblo, la inconformidad en las acciones corruptas del ex gobernador Absalón Castellanos Domínguez, lo que en su período de gobierno y antes hizo en contra de los campesinos y dirigentes campesinos del magisterio". Así empezó la enumeración de bienes y abusos de la familia Castellanos, "verdaderos depredadores, aves de rapiña que necesitan en cuerpo y alma atesorar riquezas". El memorial de agravios fue una larga lista de ilegalidades, asesinatos, corrupción, desvío de fondos públicos. Se habló de 13 ranchos, de infinidad de hectáreas y cabezas de ganado, de apropiación de tierras pertenecientes a ejidos, de construcción de kilómetros de carreteras sólo para acceder a sus propiedades, olvidando las comunidades campesinas que necesitan vías para poder llevar sus productos al mercado; luz eléctrica instalada con presupuesto del Estado mientras las poblaciones siguen en la sombra; programas agrarios que le reservaban las mejores tierras...

Y allí no quedó todo. Se acusó a la familia de contrabando de joyas arqueológicas mayas y de tráfico de armas. Durante su gobierno, el general "robó todo el dinero de los maestros" y además asesinó, desalojó y quemó casas de campesinos, reprimió con saña y violó los derechos humanos más fundamentales.

El mayor Moisés, con pasamontañas negro, rodeado de su tropa, concluyó la arenga: "Absalón Castellanos Domínguez y toda su raza es el que más ha explotado los recursos naturales como la tala de árboles de toda la Selva Lacandona. Por todo esto se ve claramente qué tipo de gobierno viene manipulando este Estado y toda la República Mexicana".

Vítores al EZLN como nunca habíamos oído: "¡Viva Chiapas! ¡Viva el obispo! ¡Viva México! ¡Viva el Ejército de Liberación Nacional!"

Los zapatistas se retiraron y los periodistas retrocedimos hacia la plaza del pueblo. Allí el ex gobernador hizo un escueto discurso en que agradeció al obispo y al Comisionado por la Paz su actuación y añadió: "Acabo de escuchar un documento que está totalmente fuera de la verdad, lo lamento. Por otra parte expreso que fui tratado bien, que me encuentro perfectamente bien. La Cruz Roja Internacional acaba de hacerme un amplio examen al respecto".

El obispo Samuel Ruiz dijo irónicamente que "lo encontramos con mayor salud que nosotros mismos" y que debíamos entender "el acto de sencillez y de verdad con que procede en este instante a reconocer los buenos tratos y también su parquedad en decir simple y sencillamente sus sentimientos".

Camacho Solís destacó que "el EZLN cumplió la parte a que se comprometió. Estamos confirmando que la política con principios es el mejor camino para resolver los conflictos", en detrimento de la violencia. Los campesinos de Guadalupe Tepeyac leyeron al final, cuando ya caía la noche, un documento en el que recogen sus demandas y denuncian su miseria.

Camacho, medio molesto y despectivo, con ganas de irse a casa dijo: "sí, sí, eso ya lo sabemos".

Se escucharon vítores enconados contra *Televisa* "por vendida, por mentir".

Nos retiramos a nuestros vehículos. Guadalupe quedó en paz. Nosotros, detrás del obispo, Camacho y el liberado, en el infierno de las ocho horas de camino de vuelta, la mitad de las cuales por sendas de terracería.

En la selva, un mes más tarde, escucharía el corrido que dedicaron a Absalón y que cantan con gran regocijo en los pueblos:

"La guerra en año nuevo
del año 94
se formó una historia
una cosa muy chistosa
cuando pides una cosa
te parecía muy costosa
pa que vean los priístas
prisionero el Albsalón.

Absalón, Absalón
lo bajaron su calzón
tan pelón, tan pelón
sus pelos como ratón.

Cuando pasó en el gobierno
en el estado de Chiapas
mucha gente le rogaba
en pedirle soluciones
y hasta nos tratan de ladrones
cuando pedimos la tierra.

Cuando está de gobierno
no te metas a calsones
si tú pides soluciones
lo que daba es municiones
pero ahora come mierda
ya entró en las razones.

Absalón, Absalón
le partí su corazón,
veinte mil kilos va a dar
por pendejo el gran ratón,
Zapatista da la orden
Absalón a su rincón".

VOCES OLVIDADAS TOMAN LA PALABRA EN LA SELVA

Era febrero, los días se sucedían en San Cristóbal de las Casas con cierta monotonía. Se esperaba que Samuel Ruiz y Manuel Camacho Solís anunciaran por fin el inicio del diálogo con el EZLN.

En todo el estado de Chiapas se sucedían las manifestaciones contra presidentes municipales corruptos y las tomas de tierras. En Chanal, los indígenas, retomando "sus tradiciones autóctonas de organización comunitaria y democrática", nombraron un consejo municipal indígena y popular. En Chilón, los campesinos tomaron 14.000 hectáreas. El portavoz de unos 10.000 comuneros, Manuel Jiménez, informó que de acuerdo con el título primordial de 1744 los verdaderos dueños de la tierra eran ellos.

Se ocuparon alcaldías y se bloquearon los accesos a los bancos exigiendo condonación de intereses abusivos. Por todas partes se pedía la derogación de las reformas del artículo 27 de la Constitución mexicana sobre tenencia de la tierra.

En San Cristóbal de las Casas se esperaba el anuncio inminente de la fecha en que llegarían los delegados zapatistas. Casi a diario, el Comisionado para la Paz, Camacho Solís, ofrecía conferencias de prensa, pedía paciencia, ya faltaba poco...

La mañana del día 10 decidimos ir al lugar del que menos se sabía en los últimos tiempos: a la selva. El aeródromo de Ocosingo estaba plagado de militares. Mientras esperábamos, llegó una avioneta con enfermos, proviniente de lugares inaccesibles por tierra, parajes a donde se accede tras días y días de caminar. Traían una mujer a punto de morir de anemia y desnutrición. Se me revolvieron las tripas y el corazón. Un hombre con un agujero en la cara. No quise mirar más.

Sobre las cinco de la tarde, salimos. El avioncito era increíble, tan ligero, parecía de cartón. Desde las alturas vemos la selva. El negocio de la madera la ha deforestado. Las clapas de calvicie del bosque tropical son enormes. Conforme nos adentramos en la Lacandona se hace más patente la ausencia de vías de comunicación, no se ven ni caminos de tierra.

Llegamos a San Quintín, población grande, de unos mil habitantes. Aterrizamos en medio del pueblo, frente a la iglesia y la tienda, en el pasto. Fue impresionante porque inmediatamente estábamos rodeados de gente, cientos de chiquillos y hombres, parecía que nos estuvieran esperando, con sus pies descalzos, sus miradas indígenas. Nos sentimos un poco intimidados, hemos caído de las nubes, intrusos, en medio de las vidas de estas gentes. Como siempre que se llega a una comunidad hay que pedir permiso para moverse. Hablamos con la autoridad y explicamos nuestros planes. Luego nos llevan a una casita construida por el Gobierno, la única de cemento en todo el pueblo, es la casa ejidal. Allí podemos pasar la noche. Los jóvenes que se quedan hasta bien entrada la noche con nosotros aseguran que de los zapatistas no saben nada; pero hablan de injusticias, de pobreza, de que no hay maestros, de la caída del precio del café, de la dificultad de hacer llegar la sal, jabón, etc.

Mientras, la comunidad se ha reunido, ha sonado una campana y han hablado en tzeltal por un altavoz. Quizás van a decidir qué hacen con nosotros. Cuando acaba viene el comisariado y nos pregunta qué comunidades vamos a visitar al día siguiente. Le decimos algunas ideas, le pedimos sugerencias. Contesta que no vayamos hacia X, que no hay nada y no hay paso, está muy mal el camino. Nosotros nos miramos: vamos a ir a X. Pero se niegan a alquilarnos caballos, no quieren que tomemos esa dirección, aunque tampoco nos lo prohíben. A la mañana siguiente, sobre las seis, salimos a pie hacia allí.

Caminamos horas por potreros e intrincadas montañas, por sendas apenas visibles inundadas de barro. Nos acompaña un muchacho con una mula que nos guía. Llegamos al primer pueblo al mediodía. Pedimos en una casita que nos den algo de comer, las mujeres no entienden castilla, se ríen, son delgadas y pobres, llenas de niños, visten trajes típicos tzeltales, de colores fuertes festonados con cintas. Nos dan frijoles, tortillas y café.

Seguimos. Para llegar a donde queremos hay varias horas más por un camino aún peor que el de antes. El chaval de la mula no nos quiere acompañar, dice que hay un cartel que dice "no hay paso". No nos arredramos. Emprendemos de nuevo la marcha. Los árboles son enormes, preciosos, se ven pájaros extraños, oímos algún mono. La vegetación tropical nos engulle. El calor es pegajoso y húmedo, cae una neblina continua. Subir y bajar montañas, meterse en el barro hasta la cadera. Tenemos sed. Como decía el subcomandante Marcos, en la selva cada gramo de carga se multiplica por dos y por cuatro conforme pasan las horas. Vamos sacando el resuello, tenemos que ser rápidos y no perdernos. De repente, ya tarde, al doblar una loma oímos un "¡Alto!". No podemos contener un grito de alegría y una sonrisa cuando nos vemos rodeados de milicianos apuntándonos con sus fusiles: "Por fin hemos dado con ustedes, los íbamos buscando, somos de la prensa".

Casi no hablan español. Nos cogen las credenciales y nos hacen esperar. Repartimos cigarros. Nos cobran impuesto revolucionario para dejarnos entrar en la comunidad, pero luego nos lo devuelven y dicen que era una confusión, que han comprobado que sí somos periodistas.

Llegamos con ellos al pueblo, un lugar maravillosamente bello, con las montañas azules al fondo, rodeado de verde, el cielo azul intenso. Nos instalan en la escuela, una choza de madera rectangular con bancas y algún alacrán. No deja de sorprender que en todas las comunidades de Chiapas, por pobres y alejadas de la civilización que sean, hay siempre una cancha de básquet. Los hombres están jugando, los más jóvenes en una pista y los mayores en otra. Nos sacamos las botas, los calcetines los podemos tirar a la basura, mis pies parecen los de cerdo hervidos. Estoy toda comida de mostacilla un insecto que pica mil veces por segundo y por todo el cuerpo y garrapatas.

La hospitalidad es, como siempre en las comunidades indígenas, una maravilla: nos traen café y comida, esta gente que nada tiene pero que sabe dar y compartir. Por la noche llegan a visitarnos los hombres del Comité Clandestino Revolucionario Indígena, vienen a hablar con nosotros, a darnos la anhelada entrevista.

Para llegar a este pueblo, si no se utiliza la avioneta como hicimos nosotros, se tarda una semana de camino por montañas y veredas. Sus moradores, indígenas tzeltales encuadrados en el EZLN, nos contaron en ese "castilla" tan especial su historia: "Llegamos aquí hace 30 años, nuestros padres abandonaron una finca allá por San Miguel, donde estaban como esclavos. Aquí les dieron un ejido, pero el Estado no entregó todos los papeles". Por eso en 1970, cuando el Gobierno mexicano declaró la selva reserva natural, los querían expulsar sin más.

Juan proseguiría: "El Gobierno es el responsable de que nos organicemos; nos quería sacar de aquí, desde 1970 cuando lo decretó zona ecológica. No quisimos salir porque no queremos que nos pase como a nuestros padres, no queremos repetir su historia. Y es que nuestros padres fueron esclavos de las fincas".

Antonio, de unos 35 años, explicó: "Decidimos organizarnos, fue una decisión colectiva, obligados por la necesidad ya que nos querían sacar de nuestras tierras. El Gobierno pretendía concentrarnos en un centro de población en la zona fronteriza con Guatemala. La mayoría de ejidos no aceptamos, pero en Flor de Cacao y Chamizá los obligaron los militares, quemaron sus casas y los golpearon. Con nosotros no pudieron hacer lo mismo porque nos organizamos, así a lo loco al principio. No conocíamos nada de lo militar y de plano iban a acabar con nosotros; pero, gracias a la ARIC, nos defendimos".

"Así fue que empezamos a conocer la forma de hacernos fuertes, primero en lo político e ideológico. Aprendimos a analizar lo que está haciendo el gobierno y a ver nuestro derecho a tener tierras, buena salud y educación. Pero esto tampoco bastaba. Nos dimos cuenta de que sólo con una organización militar podíamos reivindicar lo nuestro. Así pues entramos en el EZLN, porque nos iban a atacar y no nos quedaba otra que defendernos. De aquí sólo nos van a sacar muertos".

Hablan de su pobreza de una manera sobrecogedora, abiertamente, sin agachar la cabeza. Parecen transmitir el orgullo de quienes decidieron asumir la realidad y transformarla, con la conciencia de haber tomado tras siglos de explotación las riendas de su destino. Son dignos, miran a los ojos del interlocutor con total sinceridad y afirman: "Aquí no tenemos nada, sólo enfermedades y miseria; no hay educación, salud ni medicinas; estamos aislados, para llegar a la cabecera municipal hay que caminar una semana. En avioneta nos cobran 150 nuevos pesos por persona y 70 por bulto. Así no podemos vender ni maíz ni nada y tampoco comprar".

Antonio añade: "Como estamos aislados, nos ayudamos entre todos; si en una comunidad escasea la comida, les ayudamos con tortillas y frijoles. Montamos una cooperativa para juntar dinero para el avión si alguien se pone muy grave, pero mueren muchos niños y ancianos; y en los partos, las mujeres".

Juan explica la gestación del levantamiento armado: "Nuestra organización política tiene 18 años, pero no entramos de pleno al EZLN hasta hace ocho años. Se dice que el Ejército Zapatista es político y militar. A nosotros lo que nos corresponde más es la política, así lo decidieron las comunidades. Somos cuadros políticos tzeltales del EZLN. A nivel militar, nuestro entrenamiento ha consistido en aprender a usar las armas, a cómo defendernos y cómo atacar a un ejército".

"Aunque en un inicio nos organizamos para defender nuestras tierras, también lo hicimos para que el Gobierno nos dé lo que debemos tener, porque nosotros no tenemos oportunidad para elegir nuestros presidentes municipales o al presidente. Aquí no llega la votación nunca. No conocemos lo que es votar. Sólo vinieron a entregar las credenciales electorales pero jamás nos han dicho dónde ni cómo hay que votar".

Según todos los indicios, esta es una guerra eminentemente popular:

"La decisión de levantarnos en armas fue de todos. Cada comunidad y cada pueblo aprobó por asamblea que ya era el momento de decir basta a lo que está haciendo el Gobierno. Llegó la hora y, ni modo, no nos dejamos más. Nos fuimos reuniendo por zonas para recoger todas las opiniones. Acordamos empezar".

Los zapatistas de este pueblo participaron en la toma de Ocosingo el primero de enero, tras concentrarse en San Miguel y andar durante cuatro días sin descansar. Respecto al éxito militar y estratégico del EZLN, Antonio cuenta: "Este movimiento está bien organizado, planeado y preparado. Nos organizamos clandestinamente, de manera muy secreta, porque si se enteraba el Gobierno nos iba a acabar rápido. Así empezamos a prepararnos. Nos estructuramos en células de cinco a ocho compañeros, comenzamos a platicar cómo es una nación capitalista, estudiamos lo que hace el Gobierno y lo que hacemos los campesinos, también qué es lo que hacen los burgueses y los monopolios, cómo se hacen ricos. También estudiamos nuestros derechos. Nombramos un responsable de cada grupo y empezamos a estudiar los folletos que la organización misma sacaba. Nos dedicamos a analizar la historia de México. Nos juntábamos cada cuatro días, según el trabajo, porque en marzo empieza el momento duro de la cosecha y llegábamos muy cansados. Pero siempre nos reuníamos una o dos horas para estudiar, y así empezamos a saber cómo lo podemos hacer para obtener lo que no tenemos".

En este pueblo nos explican que las mujeres tuvieron un papel importante para decidirse por la vía armada. Juan dice: "No somos sólo hombres. Las mujeres son una gran fuerza para nosotros pues tienen mucha idea y capacidad para luchar, pueden pelear, algunas no con las armas pero sí con la toma de decisiones, porque ellas están mucho más aplastadas aún que los hombres. Desde que empezamos, ellas entendieron que también podían luchar. Sobre todo tenemos presente el recuerdo de las de más edad, las que sufrieron mucho con el patrón en la finca. Tenían que levantarse a las tres de la mañana para preparar los alimentos del marido. Mientras sus esposos trabajaban en el campo, ellas tenían que moler sal para el ganado pero no con molino sino con una piedra. Ellas empezaron a recordar y a contar sus historias de sufrimiento, las pobres mujeres y los ancianitos. Eso nos hizo más fuertes en esta lucha, el sufrimiento de ellas, no se puede volver a eso".

"Luego a los más jóvenes, en las fincas, no les permitían trabajar con los mayores; se pasaban el día dándoles de comer a los becerros, todo el día cargaban la leña y tenían que hacer fogatas para iluminar la casa del patrón hasta más tarde las 11 de la noche. Casi no descansaban los niños. Ahora los jóvenes trabajan con nosotros en la lucha. Estudiaron en la organización y trabajamos en colectivo. Gracias al EZLN muchos han aprendido a leer y escribir".

Los orígenes del descontento son ancestrales, pero se agravaron en los últimos tiempos, según Juan: "El problema estalló con las reformas del artículo 27 porque si de por sí teníamos problemas con la ley de la tierra, ahí lo sentimos muy duro. Hasta las mujeres temían al recordar sus propias historias que les pasara lo mismo a sus hijos. Ahora ya se pueden vender los terrenos. ¿Quién los va a vender? Van a ser los campesinos por necesidad o por ignorancia. ¿Quién va a comprar? Los finqueros que tienen el dinero. Empezamos a estudiar que aún íbamos a estar peor este año, por eso no aguantamos más y nos alzamos, porque están vendiendo muchos campesinos sus tierras y ya no les queda nada, y jamás podrán volver a comprarla, no van a tener a dónde irse más que a la finca otra vez".

"Y luego está el TLC (Tratado de Libre Comercio). No nos interesa porque nosotros nunca íbamos a poder comprar nada. El enfrentamiento comenzó el primero de enero porque sentimos que el futuro iba a ser aún más duro, por eso el pueblo no aguantó y usó la fuerza". Juan concluye amenazador: "El Ejército Zapatista no sólo está en esta zona sino en todo México, aunque aquí es donde está más fuerte; en otros lados están también, esperando. Si el Gobierno no cumple, ni modos".

Dormimos hasta las cinco de la mañana y emprendimos el regreso. Juan y Antonio nos trajeron café y se despidieron agradeciéndonos el esfuerzo de haber llegado a ellos. Nos dijeron que miráramos bien el pueblo, los niños, las mujeres, las casitas, la miseria; que contáramos la verdad, el trabajo que nos había costado andar horas y horas por lodazales y riscos sin siquiera un camino, apenas una brecha: "Es bueno que ustedes lo vieran, ahora sean honestos en lo que escriben". Nos pidieron que lleváramos a México y al mundo su voz, esas voces olvidadas que decidieron tomar la palabra con las armas.

LA GUERRA
DE LAS PALABRAS

A la vez que con el alto el fuego se entra en la fase de guerra latente, en el caso del zapatismo se da un peculiar fenómeno: la guerra semántica o guerra llevada a nivel de medios y comunicados.

Las palabras son armas y las armas son palabras. El Comité Clandestino Revolucionario Indígena ya había dicho a primeros de enero que se constituyeron en ejército para hacerse escuchar: "Por eso, pensamos, es mejor levantarse en armas, para que nos oigan, pues esto ya no se puede aguantar".

Según el filósofo Enrique Dussel en un artículo para la revista (*Proceso* 905):

"En el mundo nahuatl-maya, la definición de la persona es flor y canto. La flor es lo perecedero, el canto es la palabra. La palabra es el ser humano que se expresa, su realidad misma. Ese ser pasa del interior al exterior para comunicarse con el público. Esta palabra tiene una peculiaridad: es palabra de verdad. Nezahualcoyotl se preguntó si era posible vivir precisamente en la verdad. Verdadero es lo que está apoyado sobre los fundamentos del universo, lo que tiene fundamento. Palabra de verdad entonces quiere decir: expresemos el ser humano en aquello que tiene de eterno. Por eso afirman que la palabra de verdad viene desde lo más hondo de su dolor, su historia y sus muertos". Un fragmento de un comunicado del CCRI del 20 de febrero dice así: "La palabra de verdad que viene desde lo más hondo de nuestra historia, de nuestro dolor, de los muertos que con nosotros viven".

Las palabras de los políticos son ambiguas, las de estos hombres mayas son de otra naturaleza, ellos mismos dicen que son palabras de verdad, son las palabras de los hombres pequeños

—expresión maya de los humildes— y de sus muertos —en los que reside la memoria de los pueblos—. Y los muertos no mueren, sólo si se les olvida. El olvido es pues la muerte, el despojo, la negación de la identidad y la miseria. Por eso reclaman despertar a México y hacerse oír, para ser, para salir de la muerte-olvido-injusticia. Y eso no sólo se hace con armas, éstas más bien son el lenguaje ajeno que les permite entrar en comunicación con ese mundo ajeno, la única vía de lanzar su palabra.

Marcos con sus comunicados no se dirige a los suyos, es decir a los indígenas de Chiapas, los insurgentes no los suelen leer. Las palabras son para los que no recuerdan, apelan a la fibra más sensible de los otros, de la denominada sociedad civil, los que participan del México moderno. Interpela a todos y cada uno de los ciudadanos de forma única y consiguiendo simular una exclusividad demoledora que pone en cuestión la amable cotidianidad de la propia vida. A la gente se la conquista no con las armas, sino con sentimientos -estamos en el país de las telenovelas-. Marcos apela a los mexicanos y al mundo mostrando la fortaleza y dignidad de los últimos, los más chiquitos, los que están dispuestos a dar lo único que tienen, la vida, por los demás. Se articula aquí el sentimiento de protección del más débil y el de vergüenza por dejar que sea el más pequeño el que luche por todos: "Para nosotros nada, para todos todo". Los comunicados y cartas tienen en cuenta lo que conmueve a esa masa que es el resto de la población del país; pero a diferencia de los mass media, los trata no como público pasivo sino como personas individuales, conmociona y exige una respuesta, la emocional. No obstante su discurso funciona porque es políticamente racional.

El comunicado citado anteriormente continua: "En nuestra voz irá la voz de los demás, de los que nada tienen, de los condenados al silencio, de los arrojados de su tierra y de su historia por la soberanía de los poderosos, de todos los hombres y mujeres buenos, que caminan en este mundo de dolor y rabia, de los niños y los ancianos muertos de soledad y abandono, de las mujeres humilladas, de los hombres pequeños. Por nuestra voz hablarán los muertos, tan solos y olvidados, tan muertos y sin embargo tan vivos en nuestra voz y en nuestros pasos".

El EZLN llegó a emocionar o encabronar hasta el espíritu más inamovible. La guerra semántica la ganó el EZLN. El Gobierno, la Procuraduría General de la República, la Secretaría de Defensa Nacional no pudieron nada contra este constante embate de frases y declaraciones, de verdad hecha poesía y de denuncias casi en verso. Con trabajo de hormiga, estas verdades de los más débiles han ido haciendo mella en las conciencias.

El EZLN se hace a través de su discurso invencible, escapa a los delirios de la modernidad, no están pidiendo ser incluidos en la masa abstracta de la sociedad sino ser ellos mismos, recuperar su dignidad negada de antemano. Su realidad es distinta, su cultura también. Son ese México profundo. Hacen la guerra al olvido y lo desafían incluso desde su atraso y su diferencia. Revalorizan lo propio, invierten los mundos. Todo es al revés y ante tanta fuerza creativa y espiritual, nada puede el lenguaje gris de la política ni la tecnología ciega que les ha estado negada: "No nos amedrentan sus tanques, aviones, helicópteros, sus miles de soldados. La misma injusticia que nos tiene sin carreteras, caminos y servicios elementales se vuelve ahora contra ellos. No necesitamos carreteras, siempre nos hemos movido por brechas, caminos reales y picadas. Ni con todos los soldados federales alcanzarían a tapar todos los caminos que siguió antes nuestra miseria y ahora sigue nuestra rebeldía. Tampoco nos afectan las mentiras de la prensa y la TV. ¿Acaso olvidan el porcentaje de analfabetismo REAL en el Estado de Chiapas? ¿Cuántas viviendas no tienen luz eléctrica y por tanto televisión en estas tierras? Si la nación se deja engañar nuevamente por estas mentiras, siempre quedará al menos uno de nosotros dispuesto a despertarla de nuevo".

Según el filósofo Dussel (*Proceso* 905), la sociedad civil siente ante los zapatistas "una especie de compasión comprendida", porque ella misma está siendo negada. Se identifica en muchos casos con los indios; pero, a diferencia de ellos no posee una lengua distinta ni una cultura poderosa a la que recurrir. Marcos, ladino vuelto indio, permite hacer comunicables estos dos mundos y se convierte en el gran traductor y comunicador de estos dos universos diferentes y distantes. Él pone por escrito las palabras que los mayas tienen que decir; permite que la sociedad escuche, entienda y atienda; hace permeables dos culturas.

Un fragmento del Comunicado al Consejo Guerrerense 500 años de Resistencia Indígena traduce la forma y el habla mayas: "Tan grande era el dolor y la pena que no cabía ya en el corazón de unos cuantos y se fue desbordando, y se fueron llenando otros corazones de dolor y de pena, y se llenaron los corazones de los más viejos y sabios de nuestros pueblos, y se llenaron los corazones de los hombres y mujeres jóvenes, valientes todos ellos, y se llenaron los corazones de los niños, hasta los más pequeños, y se llenaron de pena y dolor los corazones de animales y plantas, se llenó el corazón de las piedras, y todo nuestro mundo se llenó de pena y dolor y tenían pena y dolor el viento y el sol, y la tierra tenía pena y dolor. Todo era pena y dolor, todo era silencio. (...). Nos quitamos la piel para vestirnos de guerra y muerte, para vivir morimos."

Y así, pese a los empeños de los medios oficiales, el EZLN se ganó credibilidad y simpatía.

EL DIÁLOGO ENTRE EL GOBIERNO Y EL EZLN, LA CATEDRAL DE LOS PRESAGIOS

El 19 de febrero, tras una larga espera, por fin daba comienzo el diálogo entre los delegados zapatistas y el Comisionado por la Paz, Camacho Solís. Un autocar lleno de periodistas fue a esperar a uno de los tres convoyes de delegados al cruce de la carretera de San Juan Chamula a Zinacantán. Allí llegaron los autos de la Cruz Roja y una furgoneta con Samuel Ruiz, Camacho y algunos encapuchados, entre ellos el subcomandante Marcos; pero no se detuvieron. La euforia de los reporteros se exacerbó. Instaban al conductor del autocar a volar para alcanzar el grupo que seguía su marcha hacia San Cristóbal. La gente en la calle aplaudía el convoy que trasladaba a los insurrectos. Algunos fotógrafos se salían por las ventanas y el techo del autocar, mientras otros los agarraban de los pies para que no los llevara el viento o la chingada, como dicen aquí. Llegando a San Cristóbal nos tiramos todos por las ventanillas, nadie bajó por la puerta. Aún así nosotros no pudimos lograr tomar la foto de la entrada en la catedral, el cinturón de seguridad de las ONGs que nos revisaban lo impidió. Nos fue de pelos. Los colegas nos contaron que Marcos se había rascado la pantorrilla, gesto cínico de vedette que se presenta al público. En total llegaron 19 representantes del EZLN, los del segundo convoy venían de San Miguel y el último en llegar de las Margaritas.

San Cristóbal de las Casas, ciudad de contrastes, volvió a acoger a los zapatistas y los recibió con vítores. El primero de enero estuvieron en la Presidencia Municipal. Ahora han cambiado de escenario y se han metido en la catedral, componiendo una alucinante escena de realismo mágico, esa característica trágica de la guerra de Chiapas, digna de cualquier novela de ficción. Al fondo y lados del templo toda la imaginería de santos y cristos dolientes, los velorios, los jarros de flores de colores escandalosos, a la mexicana. En el altar se ha instalado un escenario de madera, una mesa larga y un montón de sillas.

Detrás, la bandera de México. Atardecía en San Cristóbal, la luz se volvía cálida, el cielo es de un azul que clama a otros dioses que nada tienen que ver con los occidentales.

La tarde del día 20 accedieron al templo unos 300 periodistas, los que habían logrado acreditarse en la Diócesis. Y de repente la conciencia del extraordinario sincretismo de ideas, conceptos e imágenes del momento y del lugar: un obispo sin mitra, vestido de obrero de Chicago, sonriente; un político demacrado y enjuto tras sus gafas de burócrata; 19 encapuchados; un montón de ávidos reporteros contenidos por un cordón de bancos de los de rezar. Y blanco de flashes y preguntas, el subcomandante Marcos. Escena surrealista donde todo parece levitar, quedar pendido en el aire, irreal. Quizás la corporeidad de ellos venía dada por las cananas cruzadas de Marcos o alguna pistola al cinto. A los zapatistas se les ve majestuosos, etéreos. Son indígenas, visten como tales y parece que han conseguido provocar en este país un inusitado destape de rostros con su presencia encapuchada.

En el templo fundado hace cuatro siglos y medio en este enclave español, en tierras ajenas, por Fray Bartolomé de las Casas se acoge una vez más a los pobres, pero esta vez no han venido a llorar sus miserias ni a buscar consuelo. Según contó Marcos, "los compañeros fueron claros al explicarle al señor Comisionado que no venían a pedir perdón, que no estaban arrepentidos de luchar por sus derechos; pero que veían que tal vez era un buen momento para que, en lugar de que hablara el fuego del fusil, hablara la palabra del corazón de los hombres verdaderos que forman nuestro ejército".

Vestían sus mejores galas de indígenas y campesinos, se presentaron a la prensa en sus lenguas, el tzeltal, tzotzil, el chol y el tojolabal, además del español. Algunos dieron sus nombres: "Oscar, Javier, Eduardo, Ramona y Daniel. Todos dijeron pertenecer al Comité Clandestino Revolucionario Indígena o a las fuerzas combatientes y ser "cien por cien chiapaneco, cien por cien mexicano".

El clímax llegó a su punto álgido cuando el subcomandante desplegó una bandera de los Estados Unidos Mexicanos que le entregó Ramona y la extendió con sus manos; Camacho Solís, pálido, la agarró del otro extremo. Se hizo el silencio. Todos se levantaron, los flashes de las cámaras empezaron un estruendo de grillos enloquecidos. Marcos informó con voz suave y solemne la evolución de las Jornadas por la Paz: "Los compañeros del Comité Clandestino y los que vienen representando a la fuerza combatiente regular del EZLN dijeron su palabra al señor Comisionado para la Paz, explicándole en qué calidad venían, cómo fueron nombrados por los distintos comités por las regiones, por los poblados, por las comunidades y por los parajes".

Camacho Solís, mediocre orador, opaco en contraste con la dialéctica de los extraordinarios artífices del discurso, el obispo Samuel y el subcomandante Marcos, se lució y logró impresionar: "Estamos todos aquí sentados bajo la única bandera que tenemos los aquí presentes y también nos pusimos de pie frente a esta bandera que nos unifica", y añadió: "El EZLN es una organización de chiapanecos, mexicanos, predominantemente indígenas".

Veinte minutos duró el show. Salimos embelesados, idos, ajenos a la vida cotidiana, tocados de un halo de indescriptible fascinación, miedo e incertidumbre. En el exterior, cruzamos las líneas de seguridad de las organizaciones no gubernamentales, con sus palomas de "paz" en el pecho. Luego la del Comité Internacional de la Cruz Roja, cuyas siglas coinciden casi con las del Comité Clandestino Revolucionario Indígena. Y, por último la policía militar desarmada. Pero pocos se apercibían de un cuarto cordón protector: montones de campesinos, invisibles pero evidentes, en grupos de cuatro o cinco que pululaban continuamente, con sus bolsas colgadas del hombro, sus sombreros de rancho por San Cristóbal.

En las esquinas, algunos indígenas venden muñequitas de trapo chamulas, ahora con pasamontañas y fusilitos de palo.

También ha crecido la industria artesanal de los bolígrafos enfundados en bordados que rezan "Viva el EZLN" o "EZLN-Chiapas". Alguna camiseta estampada con la imagen del subcomandante Marcos y, ya el colmo: condones "Alzados" con la foto de Marcos en la caja.

La población coleta mira hacia la iglesia con los ojos perdidos en quién sabe qué presagios.

LAS CONVERSACIONES VAN POR BUEN CAMINO

Al día siguiente, el subcomandante Marcos leyó solemnemente en la catedral un comunicado del Comité Clandestino Revolucionario Indígena en el que se afirmaba: "El diálogo va por buen camino. Hemos encontrado oídos que nos escuchan y ánimo verdadero de buscar una solución". Marcos añadió: "En este segundo día y expuestas nuestras demandas principales, que han sido sopesadas y analizadas por el Comisionado, avanzamos ya en buscar los caminos de resolución y en llegar a acuerdos concretos, si es que estos son posibles".

Camacho Solís, que habló al final de la rueda de prensa, declaró que "la salida estará en un nuevo trato para las comunidades indígenas de todo el país" y en un compromiso con la democracia. La vía, afirmó, "es el fortalecimiento de las instituciones republicanas". El Comisionado, solo en el atrio de la catedral, dijo que había que romper con la tradición de la historia de Chiapas "en donde a cada acción viene una reacción" y mirar hacia adelante para construir una paz digna. Reconoció que el país pide democracia y cambios, pero "lo complejo y lo difícil es construir eso a partir de nuestras realidades y del conjunto nacional e internacional".

El templo de la ciudad, convertido en fortaleza por la paz, estaba de nuevo abarrotado de periodistas. Sobre las siete de la tarde el obispo Samuel Ruiz apareció en escena e informó que esa mañana el EZLN había presentado su pliego de peticiones sobre cuestiones nacionales, aspectos relacionados con las étnias y asuntos referentes a las regiones de Chiapas. El prelado, desde el escenario dispuesto sobre el altar de su catedral, con la imagen de San Cristóbal al fondo, auguró resultados positivos y dijo como mediador que "el trabajo avanza con gran responsabilidad de ambas partes". A continuación se retiró, los periodistas se inquietaron temiendo no obtener más información. Pero aparecieron por un lateral las borlas danzantes de los pasamontañas zapatistas.

El subcomandante Marcos tomó asiento en la mesa junto a Ramona, una mujer de una pequeñez indescriptible, encerrada en su pasamontañas. La gran mayoría de los delegados se colocaron detrás de ellos, de pie. Y la voz de Marcos llenó el recinto con las palabras del CCRI: "Cuando bajamos de las montañas cargando nuestras mochilas, a nuestros muertos y nuestra historia, venimos a la ciudad a buscar la patria, la patria que nos había olvidado en el último rincón del país, el rincón más solitario, el más pobre, el más sucio, el peor". Pausadamente y con vehemencia Marcos habló del primero de enero: "Vinimos a la ciudad armados de verdad y fuego, para hablar con la violencia el día primero de este año", y añadió: "hoy volvemos a la ciudad para hablar otra vez pero no con fuego; quedaron en silencio nuestras armas de fuego y muerte y se abrió el camino para que la palabra volviera a reinar en el lugar donde nunca debió irse: nuestro suelo".

Y esa voz segura pero quebrada por el sentimiento preguntó al mundo: "¿Por qué es necesario matar y morir para que ustedes, y a través de ustedes todo el mundo, escuchen a Ramona —sentada a su lado— decir cosas tan terribles como que las mujeres indígenas quieren vivir, quieren estudiar, quieren hospitales, quieren medicinas, quieren escuelas, quieren alimentos, quieren respeto, quieren justicia, quieren dignidad?".

El subcomandante , más quedito, acariciando la bandera de México plegada sobre la mesa, y en un tono trágico, dijo: "Bajo esta bandera vive y muere una parte del país cuya existencia era ignorada y despreciada por los poderosos; muertes y muertes se iban sumando bajo el cielo de esta bandera sin que otros mexicanos voltearan: Ustedes". Y llenando la catedral con su arenga, Marcos afirmó que "la patria que queremos todos tiene que nacer otra vez, de nuestros despojos, de nuestros cuerpos rotos, de nuestros muertos y en nuestra esperanza tendrá que levantarse otra vez esta bandera".

A primera hora de la mañana los delegados del CCRI se habían entrevistado con representantes de los partidos políticos mexicanos, a excepción del PRI y del Partido de Acción Nacional (PAN). A ellos les dijeron la frase que repitió Marcos horas más tarde en la catedral frente a los periodistas: "No nos dejen solos" y "les pedimos un lugar en el corazón de ustedes para nuestro pensamiento". Agradecieron el trabajo de la prensa: "con ustedes, todo somos; sin ustedes, somos otra vez ese rincón sucio y olvidado de la patria".

El clímax poético de su discurso se produjo cuando el subcomandante habló del amor y del dolor: "Somos soldados que quieren dejar de ser soldados, porque los muertos de antes y de mañana, los vivos de hoy y de siempre, los que todos llamamos pueblo y patria, los sin nada, los perdedores de siempre antes de mañana, nosotros, los sin nombre, los sin rostro, podamos cultivar el poderoso árbol del amor que es viento que limpia y sana; no el amor pequeño, egoísta...".

Marcos dijo no entender porqué los medios se preocupan tanto por sus rostros si antes del primero de enero no existían para nadie ni Ramona, ni Felipe, ni David, ni Eduardo, ni Ana María. Y añadió: "pero si quieren saber qué rostro hay detrás del pasamontañas, es muy sencillo: tomen un espejo y véanlo". El discurso zapatista emocionó.

También explicaron que, en la mesa del diálogo con el mediador Samuel Ruiz y el Comisionado Camacho Solís, los delegados insurgentes no portan armas y que se habla sin ningún tipo de amenazas ni presiones.

Aunque no faltó la advertencia de que en caso de que se vuelvan a cerrar todas las puertas, "¿quién nos impedirá entonces vestirnos otra vez de guerra y muerte para caminar la historia?"

Ya en la calle, San Cristóbal vive un ambiente de feria. No todos los colegios imparten clases. Alrededor del cinturón de seguridad formado por las organizaciones no gubernamentales, la Cruz Roja Internacional y la policía militar se concentran los curiosos y es prácticamente intransitable. Algunos mestizos comentan con encono la situación: "Ellos ofendieron la ciudad, se enfrentaron a la policía, saquearon y quemaron las oficinas; el ejército vino a echarlos y a cuidar que no volvieran, y ahora tuvimos que irlos a traer con escolta y la gente los recibió con vivas y aplausos". Un guardia militar del cordón de seguridad, aferrado a su porra pero sin arma de fuego comentó: "Tengo prohibido portar mi arma, que sin presumir es la mejor de mi grupo; en cambio, ellos sí vienen armados y debemos cuidarlos con nuestra gente desarmada".

Según el informe del presidente de la Comisión Nacional de Derechos Humanos, Jorge Madrazo Cuéllar, a los 52 días de iniciado el conflicto en Chiapas, la CNDH "ha recibido o iniciado de oficio 218 quejas que involucran a 727 agraviados". Se refieren a 20 demandas contra actos realizados por el EZLN, 76 contra elementos del ejército mexicano, cuatro contra servidores públicos de la Procuraduría General de la República, tres contra empleados y agentes judiciales del Gobierno, una contra los presidentes municipales de Altamirano, las Margaritas y Tenejapa, dos contra el de San Juan Chamula y tres contra el de Oxchuc.

Entre las vejaciones denunciadas se registraron 427 desapariciones forzosas o involuntarias, 427 abusos de autoridad, 80 de tortura, 56 de homicidio, 42 detenciones ilegales. El número de fallecimientos reportados a la CNDH es de 145, entre los que se encuentran 14 elementos del ejército mexicano y 38 de la seguridad pública, sin especificar el resto.

Según un análisis de la Secretaría de Gobernación realizado en el marco de la búsqueda de la procuración de justicia en Chiapas, de 1989 a 1993 fueron privados de libertad en México más de 26.000 indígenas, de los cuales sólo 6.848 han obtenido la libertad. El informe estima que continúan en la cárcel unos 20.000 indios, la mayoría de los cuales no hablan español y son analfabetos.

LAS RESPUESTAS DEL GOBIERNO AL EZLN

Concluyó el primero de marzo la primera fase de las Jornadas por la Paz en Chiapas entre el EZLN, el Comisionado por la Paz y el obispo mediador Samuel Ruiz. Los zapatistas dijeron haber encontrado "oidos atentos y dispuestos a escuchar la verdad de nuestros labios". En su última mañana en San Cristóbal leyeron su pliego petitorio de 34 puntos. Después Camacho Solís hizo lo mismo con las respuestas del Gobierno a cada demanda. ¿A todas? No. Las dos referentes a democracia en el país no entraban en negociación, aunque el Comisionado aseguró que "con el consenso de los partidos habrá un período extraordinario del Congreso de la Unión para reformas que garanticen la imparcialidad de los órganos electorales y la participación de los ciudadanos".

Camacho, optimista a todas luces, manifestó: "No hay vencedores ni vencidos, sino patriotismo, respeto y dignidad". Pero tampoco escapó a su entusiasmo la realidad: "La tarea de la construcción de la paz en los pueblos, ejidos y comunidades de Chiapas será muy difícil", pero se irá construyendo en la medida en que "se vayan cumpliendo los acuerdos, se superen rencores" y se avance en la participación democrática de la sociedad.

El pliego petitorio del EZLN recoge toda una serie de demandas sociales. En primer y segundo lugar, piden la destitución del Gobierno ilegítimo de Carlos Salinas y la garantía de elecciones libres, supervisadas por grupos de ciudadanos no vinculados a ningún partido político, para acceder a un Gobierno de transición, lo que exigían con la Declaración de la Selva Lacandona. Pero, ¿cómo iba a permitir el Gobierno negociar su propia autodestrucción? Pasaron el tema por alto.

Tampoco se reconoció al EZLN como fuerza beligerante. Respecto a la revisión del TLC se dio una respuesta general que no implica un debate sobre el tratado mismo sino sólo sobre su impacto en Chiapas.

En cuanto a la autonomía para los pueblos indígenas, el Comisionado garantizó la promulgación de una Ley General de los Derechos de las Comunidades Indígenas, durante el período extraordinario de sesiones de abril, que reconocería como válidas a las intituciones, autoridades y organizaciones tradicionales de las comunidades, así como el derecho al uso de su propia lengua en todos los ámbitos. En abril ni se oyó hablar del tema.

Respecto a la democratización del estado de Chiapas se procedería a preparar una nueva Ley Electoral y una reforma de la Constitución para crear una nueva "distritación" que garantizara la representación equitativa de las etnias en el Congreso de Chiapas.

El polémico punto 8 de los zapatistas, que reza: "El artículo 27 de la Carta Magna debe respetar el espíritu original de Emiliano Zapata: la tierra para los indígenas y campesinos que la trabajan, no para los latifundistas", fue contestado con la promesa de promulgar una Ley General de los Derechos de las Comunidades Indígenas que establecería la forma de conceder tierras, de fraccionar latifundios y de proteger la integridad de los ejidos y propiedades comunales indígenas. Para ello también se prepararía la iniciativa de Ley de Justicia Agraria del estado de Chiapas.

Se prometieron nuevos hospitales, respetar la medicina tradicional, realizar campañas para combatir el paludismo, el cólera y las enfermedades contagiosas y en 60 días presentar un programa completo de salud por tres años.

A la demanda de una radiodifusora indígena independiente, se dieron evasivas como que "se apoyaría a las comunidades para la compra de una estación" y en 60 días "se resolverá la decisión de concesión".

Respecto a la educación bilingüe y oficial se respondió con consideraciones generales, poco concretas, aunque se incluiría en la Ley General de los Derechos de las Comunidades Indígenas.

El punto decimoséptimo, donde se exige que la justicia sea administrada por los propios pueblos indígenas, "según sus costumbres y tradiciones, sin intervencion de gobiernos ilegítimos y corruptos", sería tratado con reformas a la constitución política de Chiapas y las leyes respectivas.

En vigesimotercer lugar, el EZLN pide la "libertad inmediata e incondiconal de todos los presos políticos y de los pobres presos injustamente en todas las cárceles de Chiapas y de México". La respuesta del Gobierno concernió sólo a la Ley deAmnistía para los participantes en el conflicto, aunque se prometió hacer una revisión de todos los expedientes de indígenas y dirigentes campesinos. Tampoco hubo una respuesta completa a la demanda de que "el ejército federal, las policías de seguridad pública y judiciales ya no entren en las zonas rurales porque solamente van a intimidar, desalojar, robar, reprimir y a bombardear a los campesinos..." Pero sí se derogaría el actual Código Penal del Estado de Chiapas y en él se tipificará como delito la práctica de la expulsión de los pueblos, habitual de los caciques.

A las demandas de las mujeres se dio una respuesta general y poco específica de apoyo a la salud, los partos, creación de guarderías, ayuda para la construcción de cocinas y comedores, impulso a programas de capacitación técnica de la mujer, etc.

En cuanto a la exigencia de un juicio político a los ex gobernadores del estado, Absalón Castellanos, Patrocinio González y Elmar Setzer, por parte del EZLN, el Comisionado no se pronunció. El gobierno apoyaría la propuesta zapatista de formar una Comisión Nacional de Paz con Justicia y Dignidad, integrada por gente que no pertenezca al Gobierno ni a ningún partido, que vigile el cumplimiento de los acuerdos.

El obispo Samuel Ruiz, mediador en estas Jornadas por la Paz, dijo al final del evento: "Nuestros hermanos (los indígenas) están exigiendo el derecho a contribuir al banquete de la civilización con el vino añejo de sus valores ancestrales". Y añadió: "Para ser anunciadores de la Paz, tenemos que ser constructores de la Paz".

Pero pasaron los meses y vencieron los plazos que se mencionaron en algunos puntos sin que nada cambiara ni ningún proyecto cobrara cuerpo o siquiera se iniciara.

COMUNICADO DEL CCRI
COMITÉ CLANDESTINO REVOLUCIONARIO INDÍGENA- COMANDANCIA GENERAL DEL EJÉRCITO ZAPATISTA DE LIBERACIÓN NACIONAL, MÉXICO.

26 de Febrero de 1994
Al pueblo de México:
A los pueblos y gobiernos del mundo:
A la prensa nacional e internacional:

Hermanos:

El Comité Clandestino Revolucionario Indígena- Comandancia General del EZLN se dirige con respeto y honor a todos ustedes para decir su palabra, lo que hay en su corazón y en su pensamiento.

Cuando el EZLN era tan solo una sombra arrastrándose entre la niebla y la oscuridad de la montaña, cuando las palabras "justicia", "libertad" y "democracia" eran sólo eso: palabras. Apenas un sueño que los ancianos de nuestras comunidades, guardianes verdaderos de la palabra de nuestros muertos, nos habían entregado en el tiempo justo en que el día cede su paso a la noche. Cuando el odio y la muerte empezaban a crecer en nuestros pechos. Cuando nada había más que desesperanza. Cuando los tiempos se repetían sobre sí mismos, sin salida, sin puerta alguna, sin mañana. Cuando todo era como injusto era, hablaron los hombres verdaderos, los sin rostro, los que en la noche andan, los que son montaña y así dijeron:

"Es razón y voluntad de los hombres y mujeres buenos buscar y encontrar la mejor manera de gobernar y gobernarse. Lo que es bueno para los más, para todos es bueno. Pero que no se acallen las voces de los menos si no que sigan en su lugar, esperando que el pensamiento y el corazón se hagan común en lo que es voluntad de los más y parecer de los menos. Así los pueblos de los hombres y mujeres verdaderos crecen hacia dentro y se hacen grandes y no hay fuerza de fuera que los rompa o lleve sus pasos a otros caminos".

"Fue nuestro camino siempre que la voluntad de los más se hiciera común en el corazón de hombres y mujeres de mando. Era esa voluntad mayoritaria el camino en el que debía andar el paso del que mandaba. Si se apartaba su andar de lo que era razón de la gente, el corazón que mandaba debía cambiar por otro que obedeciera. Así nació nuestra fuerza en la montaña, el que manda obedece si es verdadero, el que obedece manda por el corazón común de los hombres y mujeres verdaderos. Otra palabra vino de lejos para que este gobierno se nombrara, y esa palabra nombró "democracia" este camino nuestro que andaba desde antes que caminaran las palabras".

Los que en la noche andan hablaron:

"Y vemos que este camino de gobierno que nombramos no es ya camino para los más. Vemos que son los menos los que ahora mandan, y mandan sin obedecer, mandan mandando. Y entre los menos se pasan el poder del mando, sin escuchar a los más. Mandan mandando los menos. La palabra que viene de lejos dice que mandan sin democracia, sin mando del pueblo. Y vemos que esta sinrazón de los que mandan mandando es la que conduce el andar de nuestro dolor y la que alimenta la pena de nuestros muertos. Y vemos que los que mandan mandando deben irse lejos para que haya otra vez razón y verdad en nuestro suelo. Y vemos que hay que cambiar y que manden los que mandan obedeciendo. Y vemos que esa palabra que viene de lejos para nombrar la razón de gobierno, "democracia", es buena para los más y para los menos".

Los hombres sin rostro siguieron hablando:

"Es el mundo otro mundo. No gobierna ya la razón y voluntad de los hombres verdaderos. Pocos somos y olvidados. Encima nuestro caminan la muerte y el desprecio. Somos pequeños, nuestra palabra se apaga. El silencio lleva mucho tiempo habitando nuestra casa. Llega ya la hora de hablar para nuestro corazón y para otros corazones. De la noche y la tierra deben venir nuestros muertos, los sin rostro, los que son montaña, que se vistan de guerra para que su voz se escuche, que calle después su palabra y vuelvan otra vez a la noche y a la tierra, que

204

hablen a otros hombres y mujeres que caminan otras tierras, que lleve verdad su palabra, que no se pierda en la mentira".

"Que busquen a los hombres y mujeres que mandan obedeciendo, los que tienen fuerza en la palabra y no en el fuego. Que encontrándolos les hablen y les entreguen el bastón de mando. Que vuelvan otra vez a la tierra y a la noche los sin rostro, los que son montaña. Que si vuelve la razón a estas tierras se calle la furia del fuego, que los que son montaña, los sin rostro, los que en la noche andan, descansen por fin junto a la tierra".

Hablaron así los hombres sin rostro, no había fuego en sus manos y era su palabra clara y sin dobleces. Antes que el día venciera otra vez a la noche se fueron y en la tierra quedó su palabra sola: "¡YA BASTA!"

Los hombres y mujeres del EZLN, los sin rostro, los que en la noche andan, los que son montaña, buscaron palabra que otros hombres entendieran y así dicen:

Primero.- Demandamos que se convoque a una elección verdaderamente libre y democrática, con igualdad de derechos y obligaciones para las organizaciones políticas que luchan por el poder, con libertad auténtica para elegir una u otra propuesta y con el respeto a la voluntad mayoritaria. La democracia es el derecho fundamental de todos los pueblos indígenas y no indígenas. Sin democracia no puede haber ni libertad, ni justicia, ni dignidad. Y sin dignidad nada hay.

Segundo.- Para que haya elecciones libres y democráticas verdaderas, es necesario que renuncie el titular del ejecutivo federal y los titulares de los ejecutivos estatales que llegaron al poder mediante fraudes electorales. No viene su legitimidad del respeto a la voluntad de las mayorías sino de su usurpación. En consecuencia es necesario que se forme un gobierno de transición para que haya igualdad y respeto a todas las corrientes políticas. Los poderes legislativos federales y estatales, elegidos libre y democráticamente, deben asumir su verdadera función para dar leyes justas para todos y vigilar su cumplimiento.

Tercero.- Otro camino para garantizar la realización de elcciones libres y democráticas verdaderas es que se haga realidad, en las grandes leyes de la nación y en las locales, la legitimidad de la existencia y trabajo de ciudadanos y grupos de ciudadanos que, sin militancia partidaria, vigilen todo el proceso electoral, sancionen su legalidad y resultados, y den garantía, como autoridad real máxima, de la legitimidad de todo el proceso electoral.

Esta es la palabra del EZLN. Con democracia son posibles la libertad y la justicia. En el engaño nada florece, en la verdad todo es posible.

¡LIBERTAD!
¡JUSTICIA!
¡DEMOCRACIA!

Respetuosamente
Desde las montañas del Sureste Mexicano
Comité Clandestino Revolucionario Indígena-Comandancia
General del Ejército Zapatista de Liberación Nacional
México, febrero de 1994.

UN LLAMADO A LA SOCIEDAD CIVIL

Durante el diálogo entre Camacho y el EZLN, 150 organismos no gubernamentales de todo el país, encarnados en 679 personas, realizaron durante casi dos semanas un cinturón de seguridad alrededor de la catedral de San Cristóbal de Las Casas. Se organizó la coordinadora ESPAZ (Espacio Civil por la Paz) que no sólo llevó el control de participantes y turnos, sino que también abrió en su seno el debate sobre los puntos del pliego petitorio del EZLN tratados con el gobierno.

Han sido múltiples las intervenciones de la ciudadanía en este conflicto. De ser una masa amorfa y sin participación real en los acontecimientos del país, la sociedad mexicana pasó a retomar una iniciativa perdida en el discurrir de los tiempos y el presidencialismo feroz de Salinas. Se organizaron actos, debates, manifestaciones, ocupaciones de edificios públicos, declaraciones conjuntas y marchas de decenas de miles de personas.

En Chiapas, catorce organizaciones que llevaban años de trabajo en la región, aunaron esfuerzos y constituyeron la Coordinadora de Organismos No Gubernamentales por la Paz, CONPAZ. Eran los primeros días del año y de la guerra. Se dedicaron a ayudar a la población civil, promover la neutralidad de la atención para la salud, restablecer el suministro de alimentos y medicinas a las zonas en conflicto. Uno de sus miembros dirá: "La lección de dignidad que dieron los indígenas con su levantamiento obligó a la sociedad civil a reaccionar". Las caravanas por la paz fueron los primeros avisos de un movimiento de solidaridad y un clamor por el cese de las hostilidades que recorrió todo México.

Emergió como tras el terremoto de 1985 la "sociedad civil", en contraposición al término de "opinión pública" pasiva y espectadora. La gente asume la responsabilidad de los hechos históricos y pasa de nuevo a ser actora de la vida social. En Ciudad de México una encuesta multitudinaria da la razón y el apego popular al EZLN y sus demandas justas.

La CONPAZ elaboró junto con ESPAZ un documento, "¿Hacia una nueva vereda de desarrollo?", donde se recogen opiniones y comentarios respecto al futuro de México y se analiza lo tratado en las Jornadas por la Paz entre el gobierno y el EZLN. En la portada aparece el poema escrito el 4 de enero por la Sociedad Cooperativa Tzeltal-Tzotzil:

> La decisión de nuestros
> hermanos campesinos
> de sacrificar su vida
> por el cambio
> ha removido las entrañas
> de nuestra tierra que nos aloja,
> nos soporta y nos alimenta.
> Volvemos a ver correr sangre
> de matanzas entre hermanos.
> Todos queremos ver detenerse
> esta forma de lucha
> nacida de la desesperanza
> de no encontrar camino
> para sembrar un mejor destino
> para nuestros hijos.
> ¿Qué responsabilidad toca
> a cada persona?
> ¿Qué responsabilidad toca
> a cada nivel?

En este documento se afirma que: "es responsabilidad común de todas las personas y organizaciones ciudadanas aportar elementos de análisis y sugerencias para que los acuerdos que se logren sean parte orgánica de la construcción social de una nueva realidad ambientalmente sustentable y socialmente digna y justa".

ESPAZ analiza que los Compromisos para la Paz están "necesariamente enmarcados, y por tanto delimitados, aunque sea de manera velada, dentro de una concepción determinada de desarrollo económico", basado en el capitalismo feroz que prima las ganancias sobre la calidad de vida de la gente. Para construir una sociedad democrática basada en la justicia social y el desarrollo ecológico, la pobreza tiene que ser enfrentada con cambios significativos en los modelos de desarrollo, en las relaciones internacionales y en las estructuras políticas locales.

Proponen "economías locales diversificadas que asignen prioritariamente los recursos disponibles para responder a las necesidades humanas básicas de los miembros de la comunidad", tender a la autosuficiencia, a la autogestión en materia de servicios básicos y calidad de vida y a la autodeterminación de las propias formas de desarrollo local. Un modelo que a través de "la coordinación de esas autodeterminaciones locales puede ser una vereda de desarrollo nacional democrático".

En cuanto a la revocabilidad de las autoridades, manifiestan: "La soberanía reside en el pueblo. La autoridad es concedida por el pueblo y por tanto puede ser retirada por él".

En resumen, se propone una forma de desarrollo centrado en la gente que responde al modelo de "desarrollo sustentable", reconocido por todos los paises de la ONU como el más adecuado para superar la crisis ambiental y social. Y añaden: "La pobreza es responsabilidad común de todos los países".

En el mes de mayo, miembros de la CONPAZ declararon en San Cristóbal de las Casas que, ante la posiblidad de reinicio de las hostilidades, la población tenía previsto movilizarse en una marcha multitudinaria para interponerse entre los dos ejércitos.

En Chiapas, más de 20 organizaciones sociales y campesinas demandaron la creación de una Asamblea Constituyente para el estado. Las leyes actuales impiden un funcionamiento democrático, los partidos han sido rebasados por el movimiento popular. Por tanto, se propuso un gobierno chiapaneco de transición para la elaboració de una nueva Carta Magna y posteriormente la convocatoria de elecciones limpias. Y buscaron un candidato. Le tocó a Amado Avendaño, director del diario *Tiempo*, que no tuvo más remedio que aceptar su aclamación, por su honradez, independencia y compromiso con los más desfavorecidos. Ante la imposibilidad de modificar la ley electoral para que permitiera el registro de candidatos independientes, Amado, postulado por la sociedad civil, fue registrado oficialmente por el Partido de la Revolución Democrática a mediados de mayo.

MUJERES:
LA LUCHA
DENTRO DE LA LUCHA

LAS ZAPATISTAS

A la catedral de San Cristóbal llegaron los 19 representantes del Ejército Zapatista de Liberación Nacional. Entre ellos había dos mujeres: la comandante Ramona, que representa a los grupos de mujeres de las comunidades indígenas y que forma parte del Comité Clandestino Revolucionario Indígena y la mayor Ana María, que trae la voz de las mujeres combatientes.

Ambas pertenecen a la etnia tzotzil, caracterizada por su extrema polarización en materia de sexos. A las hembras se las considera seres inferiores, no tienen acceso alguno a la vida pública ni a la educación. Son las doblemente explotadas.

Ramona, pequeñita, de 36 años, dijo sentirse satisfecha de poder participar en el diálogo; aunque no puede hablar español, está dispuesta a seguir tomando parte en todo.

Javier, un delegado del EZLN, tradujo las palabras de Ramona, quien relató cómo rompió con las tradiciones de su comunidad y empezó a organizarse dentro del ámbito político y militar del EZLN. Se unieron las mujeres para defender sus derechos inexistentes, hasta entonces para ellas todo eran deberes: el trabajo, la casa, los hijos...

¿Cómo surgió esta revolución dentro de su revolución? La historia es larga, tanto como este movimiento que nos sorprendió al arrancarle a México su máscara de modernidad.

Ramona dijo que el hecho de que la mujer se arme es muy importante porque demuestra que todos estamos por lo mismo y que las mujeres llegaron a entender también su situación y a querer cambiarla, aunque muchas no directamente en la lucha armada, pero sí con la disposición a participar en sus comunidades.

La mayor Ana María dedica desde hace una década todo su tiempo a la lucha, vive en las montañas, entre los insurgentes. Se la ve joven y fuerte, a sus 26 años, protegida del frío por un poncho de lana gris. Por su parte, Ramona vive en su comunidad, es un cuadro político del Comité Clandestino. Su labor es organizativa e ideológica: "Yo llegué a particiar en la lucha armada como estoy participando ahora tras varias experiencias. Tuve que salir de mi pueblo a buscar trabajo, por la misma necesidad, pues no había de qué vivir. Cuando llegué a la ciudad empecé a ver que la situación de la mujer allí no es la misma que en el campo. Me di cuenta que no está bien cómo nos tratan, empecé a entender y tomar conciencia de la necesidad de que las mujeres nos organicemos. En la ciudad no nos respetan a las indígenas. No nos toman en cuenta cuando llegamos a vender nuestros productos, no nos pagan bien, casi regalamos la mercancia, no podemos andar solas, como indígenas somos despreciadas, olvidadas".

Ana María, de tez clara, con sus ojos enormes de corte oriental asomando tras el pasamontañas, nos cuenta en perfecto castellano su historia: "Llegué al EZLN de muy jovencita, con unos 14 años. Cuando salí de mi casa y me enteré de que existía una organización armada me decidí. Uno de mis hermanos ya estaba, pero mis papás, la mayoría de mi familia no sabía nada. Pasé muchos años participando y aprendiendo sin que mi familia se diera cuenta. Unos compas que tenían un poco más de preparación nos fueron enseñando las primeras letras, a leer y a escribir, después empezamos a aprender tácticas de combate, política para poder hablar con el pueblo y poder explicarle la causa de nuestra lucha. Así fui aprendiendo poco a poco. Es una historia muy larga. Yo desde muy niña participaba en luchas pacíficas. Mi familia es gente que siempre ha estado organizándose y luchando para tener una vida digna, pero nunca lo logramos. Con ellos íbamos también los hijos y desde los ocho años empecé a participar en marchas y así fuimos agarrando conciencia y experiencia de que con luchas pacíficas no se podía lograr nada. Llegó un momento en que el pueblo se dio cuenta, se había pasado años luchando por lo mismo y el gobierno no respondía a las demandas. Sólo quedaba organizarse en la lucha armada. Si el gobierno no va a la buena, pues a la mala. Y así empezó todo esto".

"Al principio eramos dos mujeres en el EZ, era chiquito, lo formamos de ocho o diez personas, hace como diez años. Poco a poco fueron entrando más, el pueblo fue agarrando conciencia y entendieron que era necesario tomar las armas y solitos fueron integrándose a las filas del ejército hasta que llegamos a formar una compañia, luego un batallón, luego un regimiento. Y así fue creciendo hasta que llegó un momento en que vimos que ya teníamos bastante fuerza y el mismo pueblo decidió empezar a pelear. La mujer fue entrando por el hecho de que veía la presencia de otras mujeres dentro del EZ, nos veía a nosotras. Entonces las mujeres de los pueblos empezaron a instruir a sus hijas, hermanas o nietas, y les decían: es mejor agarrar un arma e irse a pelear".

Ramona y Ana María representan cada una un ámbito de la lucha de liberación zapatista: el de los cuadros políticos y el del ejército regular respectivamente. Ana María cuenta: "Yo tengo el grado de mayor dentro del EZLN. Hay un poco de diferencia en el trabajo que hacemos Ramona y yo, aunque estamos en la misma lucha: yo soy insurgente, yo dedico todo mi tiempo, toda mi vida a la lucha, a la causa. Ellos, en cambio está en la Comandancia, vive en su pueblo, respresenta a varios grupos de mujeres, su trabajo abarca toda la zona donde vive, esas comunidades de su misma lengua. Yo vivo con todos los demás, en las montañas, con los insurgentes y mi trabajo es dedicar todo mi tiempo a la revolución. Pero aunque nosotros tengamos un grado militar eso no quiere decir que nosotros los mandemos a ellos, al Comité Clandestino Revolucionario Indígena, sino al contrario. Ellos son los que nos dicen a nosotros lo que tenemos que hacer. Por ejemplo, ellos tienen que decidir si nosotros vamos a pelear. Se consulta al pueblo qué quieren que se haga y luego vienen ellos y nos dicen el pueblo quiere que se haga esto, y eso hacemos nosotros".

"En el EZLN lo que hacen los hombres, lo hacemos también las mujeres. Lo mismo; aprender tácticas de combate, hacer trabajo político en las poblaciones... Pero también lo que hacemos algunas en las comunidades es formar grupos de mujeres, organizarlas en trabajos colectivos. Las que ya estamos un poco más preparadas alfabetizamos a las compañeras de los pueblos para que aprendan un poco a leer y escribir. Ese es el trabajo que venimos haciendo desde hace años".

A la pregunta de si había mujeres que vieran mal que ellas participaran en la lucha, contestaron: "No, al contrario, lo veían bien. Y muchas mujeres, muchas, querían entrar a la lucha pero no pudieron porque estaban casadas y con hijos y no los podían dejar. Pero aquí no sólo es con el arma que se lucha: las mujeres en los pueblos se organizan con grupos de mujeres, hacen trabajos colectivos, montan sus reuniones para estudiar, aprender algo de los libros. Y ayudan al Ejército Zapatista, porque el mismo ejército lo forman sus hijos, sus hermanos, sus cuñados... Y se preocupan de que tengan alimento en la montaña. Y ese es el trabajo de las mujeres pues, hacer tostadas, pinole, hacer el pozol, mandar verduras a los campamentos. Se divide el trabajo: las jóvenes luchamos y las ancianas cuidan a los niños".

El subcomandante Marcos explica que en algunas zonas "nuestras mujeres son muy bravas, son las que obligan a los hombres a pelear, las que los presionan a cambiar los pantalones por las naguas". Son ellas las que les dicen a sus hijos e hijas que entren en la lucha: "son el sustento material y espiritual del ejército, si podemos sobrevivir en grandes contingentes es por ellas".

Las insurgentes empuñan las armas sin miedo, convencidas, y no se registran deserciones entre el sexo femenino, quizás porque la expectativa de volver a vivir en los pueblos bajo el yugo de un hombre no les es muy atractivo. Cuando un combatiente no soporta la vida en la montaña como soldado puede regresar a su comunidad sin ser penalizado. Pero las mujeres aguantan, son sacrificadas y constantes.¿No les da miedo la muerte? ¿Qué sienten?

Ramona contestó: "Entiendo que es mejor morir luchando que morir de hambre. Si es necesario, si la causa es justa, si es por el bien de mi pueblo, estoy dispuesta a morir, porque no hemos encontrado otra forma de buscar la justicia".

Ana María se quedó más perpleja y dijo: "No sé como responderles pero no sentimos nada la muerte. O sea, ya desde antes nos sentíamos como desaparecidas, nunca nos tomaron en cuenta. Ha habido muchas muertes de hambre y enfermedades en los pueblos, nosotros decimos que es como si siempre estuviéramos en la guerra. Ahorita nos morimos si nos matan. Los que han muerto... pués sí, nos duele, pero era necesario que alguien se muriera, que alguien diera su vida para lograr la libertad y la justicia que no existen en este país. Nosotras las mujeres estamos convencidas de nuestra lucha y no nos da miedo morir. Es más doloroso ver a los niños morirse de enfermedades curables, cólera, sarampión, tosferina, tétanos, enfermedades que el gobierno dice que ya no existen. Yo no tengo hijos, pero sí he visto morir a dos niñas en mis brazos. No podíamos hacer nada, se les murió la mamá antes y no había comida, pues para estas niñas. Y como ellas se han muerto miles, miles de niños, y no es justo. Durante todo ese tiempo que estuvimos luchando pacíficamente sin obtener nunca nada se nos murieron muchos pero muchos niños, cada vez que pasaba una enfermedad arrasaba, cada año se hacían más grandes los panteones (cementerios) de las comunidades. Y esto es muy doloroso, y por eso nos decidimos a esto".

¿Cuál es el principal motivo que lleva a las mujeres a decidirse a salir de su encierro y entrar en el Ejército Zapatista? Ana María no dudó en constestar: "Muchas mujeres se deciden a esto porque ven que no tienen ningún derecho dentro de su propia comunidad, no tienen derecho a la educación, ni a prepararse; las tienen así como con una venda en los ojos sin poder conocer nada, las maltratan, son explotadas, o sea, la explotación que sufre el hombre la sufre la mujer mucho más porque está mucho más marginada. Aparte de los trabajos que hace en su hogar, aparte de lo que sufre de ver morirse a sus niños, sufre porque a sus niños no les puede dar de nada, no les puede dar buena alimentación. Y además no tiene, ningún derecho, no son tomadas en cuenta, nos tienen así, a un lado. Hablo de las compañeras de los pueblos y de la mujer en general en nuestro país que sufre las mismas injusticias. Pero en realidad sí tenemos capacidad, podemos hacer otras cosas que no sea el trabajo dentro de la casa y criar niños. Podemos aprender".

"Las que estamos dentro de esta lucha llegamos sin saber leer y escribir y aprendimos; ahora representamos algo. Y sí podemos hacer muchas cosas, lo que pasa es que no nos han dado la oportunidad, siempre nos han tratado como un objeto, como algo que no vale. Por eso estamos también en esta lucha. En nuestra organización existe el respeto, sobre todo entre los combatientes. Todavía en las comunidades existe esa ideología y se da el maltrato, pero en nuestras filas existe la igualdad. El trabajo que hace el hombre puede hacerlo la mujer, el estudio que reciben es igual, el grado o responsabilidad que pueda alcanzar también. Por ejemplo yo tengo el grado de mayor Insurgente de Infanteria. Mando un batallón de combatientes, los dirijo en la lucha, en los combates y sé que puedo mover a esa gente. Así lo hice para la toma de San Cristóbal".

A Ramona le costó mucho trabajo que dentro de su comunidad se la reconociera y obtuviera un cargo, una responsabilidad. Los hombres no están acostumbrados a ver que las mujeres participen en la vida pública. Pero Ramona, por su trabajo organizando y defendiendo los derechos de las mujeres artesanas, fue nombrada miembro del Comité Clandestino Revolucionario Indígena. Votaron por ella, su trabajo político fue reconocido.

Ana María explicó cómo intentan que cambie esa mentalidad discriminatoria tan arraigada en las comunidades indígenas y campesinas: "Les exigimos a los compañeros de los pueblos que las mujeres también tenían que organizarse, representar algo, hacer algo, no sólo los hombres. Porque siempre que llegábamos a las comunidades había sólo puros hombres en la reunión, en los círculos de estudio que hacíamos. Trabajamos mucho para que la mujer se levantara y tuviera oportunidad de algo, ellas mismas lo pedían: si los hombres van a estudiar o a aprender cosas ¿por qué nosotras no? También queremos entrenarnos, queremos aprender algo... Además tenemos compañeras que son insurgentes y están demostrando que sí pueden, que las mujeres sí podemos; dénnos la oportunidad. Así fueron entrando muchas milicianas".

¿Cuál es la diferencia entre las milicianas y las insurgentes?

"Son también combatientes, sólo que las milicianas viven en sus pueblos y nomás cuando les toca combatir van a combatir, entonces les toca recibir entrenamiento, van y se entrenan. Y nuestro trabajo como insurgentes es estar todo el tiempo trabajando por el pueblo, nos distribuimos para ir a las comunidades a enseñar tácticas de combate, un poco de política, un poco de educación escolar para que la gente aprenda a defenderse y a hablar, cosas que antes no existían para las mujeres. Por ejemplo, la compañera Ramona ahora está hablando, habla en su dialecto porque le cuesta mucho trabajo hablar español, pero el hecho es que aquí está, representando a las compañeras de los pueblos".

¿Cuáles son las principales demandas específicas de las mujeres, sus necesidades más urgentes?

"Luchamos por las mismas causas que los hombres, es la lucha de todos, pero entre las demandas del EZLN hay un apartado especial de las mujeres que antes no existía. Piden derecho a la educación porque en los pueblos y comunidades indígenas para la mujer no hay nada, yo aprendí a hablar un poco dentro de la misma lucha, en el EZLN, pero cuando llegué estaba igual que ella (Ramona), sólo hablaba el tzotzil. Se pide una escuela especial de mujeres, donde puedan superarse, estudiar, aunque ya sean mayores, aprender a leer y a escribir. También hospitales de partos, porque hasta ahora el parto se alivia en la casa, echan al niño en la tierra, en el polvo, y le cortan el cordón con un machete, el mismo machete que usa el hombre para el trabajo en el campo. No hay condiciones para que no se enferme el niño ni para atender bien a la mujer. Se piden ginecólogos, allá no conocen qué es un ginecólogo; también se piden talleres, máquinas para facilitar los trabajos de artesanía —los bordados los hacen a pura mano— y establecer un mercado donde vender".

Ramona explicó que el trabajo artesanal de las mujeres está sumamente desvalorizado. En las ciudades, contó, las dueñas de las tiendas les arrebatan las piezas de la mano y les dan por ellas una miseria o incluso no les pagan. Los maltratos que sufren son algo habitual, la discriminación y el racismo están a la orden del día, sobre todo en San Cristóbal. Por eso quieren que se abra un mercado para ellas. Y no sólo eso...

"También pedimos guarderías y escuelas preescolares para los niños; no hay eso en las comunidades, los niños van directamente a la primaria ya un poco grandecitos y sería una ayuda para la mujer dejar a los niños de chiquitos para que puedan desarrollarse bien. También pedimos alimentación para ellos, ya que es lo que más nos hace sufrir a las mujeres pues se mueren desnutridos, queremos comedores, desayunos especiales".

Uno de los pilares de resistencia cultural dentro de la tradición indígena de los Altos y la Selva chiapaneca es la organización comunal basada en una estructura familiar cerrada, donde la mujer es marginada de todos los asuntos públicos y queda relegada al trabajo y la entrega total a la familia, sin que se le reconozca capacidad de decisión sobre su vida.

Ana María explicó una jornada habitual de las mujeres indígenas, su trabajo: "No paran en todo el día. La mujer campesina se levanta a las tres de la mañana a hacer el pozol y la comida, el desayuno para los hombres. Si necesita leña, va y trae su leña, si necesita maíz va a la milpa a cargar su maíz o a traer verduras o lo que tenga. Va y regresa, lleva a su niño cargado en la espalda o en el pecho, prepara la comida. Y así se la pasa todo el día hasta que entra la noche de lunes a domingo. Todavía los hombres en las comunidades los domingos tienen chance de ir a divertirse, a jugar básquet, o barajas, pero la mujer no, se dedica a todo todos los días, no tiene descanso".

Y ¿cuáles son sus diversiones?

"Nada. No hay. Desde niñas empezamos a cargar los hermanitos y a ayudar a moler el maíz y a hacer la tortilla y a barrer la casa o a lavar. No hay chance, pues, para ir a la escuela, aunque haya una en el poblado, tenemos que ayudar a la mamá. La misma mamá se ve obligada a dejar la niña en casa para que cuide del bebito mientras va a traer algo o a trabajar en la milpa. Deja a su niño encargado a la niña más grandecita, y la niña deja de ir a la escuela porque tiene que cuidar a su hermanito, tiene que ayudarle a su mamá y así me pasó a mí, pues, esa fue mi vida".

¿Y después, cuándo se casan?

"Muy jovencitas se casan, a los trece, catorce años, muchas veces a la fuerza. Por eso en la Ley Revolucionaria de Mujeres del EZLN aparece el derecho a elegir libremente la pareja, que no sea obligada. Esa ley la sacaron ellas, Ramona, y la aprobamos todos. En muchas comunidades si a un muchacho le gusta una muchacha no le pregunta a la muchacha si le gusta, sino que va directamente con el papá y la pide. Lleva su litro de aguardiente y dice quiero a tu hija. Cuando se entera la muchacha es que ya está vendida (el promedio de la dote nupcial en esta región es de 2.000 nuevos pesos, 80.000 pts). El papá recibe a cambio aguardiente o comida. Las obligan por la fuerza. Muchas mujeres van llorando a casa del novio o al altar, porque no quieren, porque no les gusta. No existe eso de tener novio o estar de novios como en la ciudad, es un pecado hacer eso, es la costumbre".

Pero en el EZLN, entre los insurgentes, ¿Cómo es el amor?

"Pues allí practicamos la igualdad, allí existe un respeto. Si alguien quiere casarse, si a una mujer le gusta un compañero pues va y le pide permiso al mando a ver si lo puede enamorar y si a un hombre le gusta una compañera pues igual, pide autorizacion y ya el mando responde si sí o no, primero tiene que ver si no está pedida la compañera o el compañero, si no está apartada o apartado".

¿Tú estás casada?

"Pues no sé".

¿Estás apartada?

"Sí".

¿Y tú, Ramona, estás casada?

"Estoy apartada también", dijo riéndose.

Ana María explicó mejor cómo se forman las parejas entre los zapatistas: "En el EZ si es que nos gusta un compañero nos dan permiso de conocernos por un tiempo, estar de novios y después, si alguien decide casarse, pues se casa. Entre los insurgentes existe una ceremonia de casamiento, se juntan todos los compañeros, el mando informa a todos que se van a casar y hay dos ceremonias: una si quieren firmar un papel, eso quiere decir casarse. Escribe el mando una acta de matrimonio y firman los dos novios. Si nomás piden permiso de juntarse, le llamamos unión, sin firmar nada. Pero si un compañero y una compañera tienen creencias religiosas sí hay posibilidad de ir frente al altar a casarse".

En los campamentos de las montañas no se practica la religión, no hay misas ni capellanes. La ceremonia de unión es como sigue: se forman dos columnas guerrilleras y cruzan sus armas con las bayonetas alzadas. Por debajo pasa la nueva pareja, la fila los encamina hacia el techo o lugar donde vayan a dormir.

El subcomandante Marcos contaba que "en las montañas está autorizado que cada hombre y mujer hagan lo que quieran hacer, cuando tienen ganas y hay modo".

Sólo hay que cuidarse de no quedar encinta, dijo Ana María: "Las insurgentes no podemos tener hijos porque estamos todo el tiempo haciendo trabajos, moviéndonos de un lugar para otro y porque lo nuestro es pelear por el pueblo, no podemos tener niños, sería muy difícil criar un bebé en las montañas. Por lo tanto, hay planificación familiar. Pero si una compañera quiere tener un niño, se va a vivir con su familia y lo tiene. Si después quiere regresar, deja encargado el niño con su mamá o con su suegra. Ha habido muchos casos, porque también muchas de las compañeras accidentalmente se han embarazado, han tenido su niño y lo han dejado con la familia por querer estar siempre en la lucha".

Pero mientras en el EZLN el uso de anticonceptivos es habitual, en las comunidades indígenas es diferente, según Ramona y Ana María: "No existen, no se conocen en las comunidades. Los papás cuidan mucho que sus hijas no se vayan a embarazar, o por el mismo miedo que tienen las muchachas a los padres no pueden ni siquiera hablarle a un hombre. Pero muchas se quedan preñadas y llegan a tener a su niño, es muy difícil practicar un aborto y si alguien lo hace no lo dice. El aborto es un tema que no discutimos ni se menciona para nada. Hay una creencia de que no debe haber aborto. Sería tocar una tradición".

Un dato a tener en cuenta es que una de cada cinco mujeres en edad fértil de las zonas rurales de México ha tenido un aborto, por tanto se hace. ¿Sería bueno regular esa práctica y tener así condiciones sanitarias para hacerlo?

"Tener una tradición o una creencia no quiere decir seguir siempre en lo mismo. Pero ahora no se permite por tradición, en las comunidades se sanciona, le aplican un castigo a la que lo hace. Porque muchas veces pasa eso, que la misma muchacha va con una partera o curandera y pide que se le practique un aborto por miedo a su familia y a que la vayan a maltratar. En las comunidades que yo conozco se les cobra una multa a los que lo hacen o agarran al hombre, el que embarazó a la muchacha, y lo encarcelan por unos días y le cobran o le dicen que pague la atención médica a la mujer".

La mayor Ana María confesó que incluso en el EZ a los hombres les cuesta acatar órdenes del otro sexo y asumir que la mujer tenga un papel importante: "Sí. Todavía existe eso y es lo que estamos tratando de acabar. A los compañeros nuevos, los que vienen llegando apenas, les cuesta trabajo obedecer a una mujer, lo ven mal, no están acostumbrados. Pero se acostumbran. Los compañeros que llevan tiempo ya lo ven todo igual, ven que es necesaria la participación de la mujer en todo esto. A mí y a otra compañera que llegó conmigo, las dos primeras mujeres que llegamos a formar parte de las filas del ejército, nos decían que si no hubiéramos estado nosotras no hubieran entrado más mujeres. Por nuestra participación vieron que sí podíamos y por eso entraron más compañeras".

¿Tiene que luchar mucho más una mujer para ser reconocida que un hombre?

"Sí, sí. Ahorita ya no tanto, pero al principio sí existía eso. Les decimos en broma a los compañeros que se portan así "machitos".

Javier, el miembro del Comité Clandestino que nos traduce las palabras de Ramona entró tambien en la conversación y explicó el punto de vista de los hombres zapatistas: "Ellas empezaron a ayudar. Antes estaban muy dominadas, a la que van tomando conciencia vieron la necesidad de organizarse y entonces entre los hombres acordamos que se les diera derecho a participar. Antes no tenían derecho a participar, menos en una asamblea. Pero poco a poco empezaron a avanzar hasta que exigieron el derecho e hicieron la ley de mujeres".

Javier contó que desde que las mujeres empezaron a organizarse todo cambió bastante, los hombres toman a los hijos, ayudan un poco más, son conscientes del sufrimiento de las mujeres: "Es muy lamentable. Antes no nos dábamos cuenta. Muchas mujeres se levantan a las dos o tres de la mañana para preparar la comida y cuando amanece salen con el hombre, ellos montan a caballo y ellas andan corriendo detrás cargando el hijo. Y a la vuelta encima cargan leña. Cuando llegan al trabajo, parten igual, sea café o sea milpa, incluso a veces hace más la mujer porque es más habilidosa. Regresan a casa y la mujer tiene que preparar comida. Ellos mandan y esperan y la pobre mujer, pues, llorando el niño y cargándolo y moliendo su tortilla, barriendo la casa y aunque ya sea de noche van todavía a lavar la ropa porque no han tenido tiempo de hacerlo durante el día...".

El 8 de marzo de 1983 se aprobó la ley de mujeres del EZLN. Cristalizaba el trabajo de años de concienciación, consultas, debates. Ramona se había encargado de recoger las opiniones de todas las comunidades tzotziles y nombrar a las responsables de los comités de mujeres. Susana se encargó de la zona tzeltal, donde la mujer es un poco más sociable que la tzotzil, que no habla con los hombres.

Ana María explicó el proceso: "Nosotras protestamos porque no había una ley de mujeres. Así nació, la hicimos y presentamos en la asamblea donde estamos todos hombres y mujeres, representantes de los pueblos. Una compañera la leyó y nadie protestó, estuvieron de acuerdo, la votaron y no hubo problemas. Para redactarla iban algunas mujeres a las comunidades a platicar con las compañeras y a preguntarles cuál es su opinión y qué es lo que quieren o necesitan que aparezca en una ley. Se fueron juntando las opiniones de las mujeres de cada pueblo y entonces las que sabemos escribir lo escribimos".

Según la versión del subcomandante Marcos, no fue tan sencillo: "Los delegados del Comité, el 8 de marzo, se inquietaron y empezaron a oirse rumores y exclamaciones de inconformidad; los tzeltales les decían a sus compañeros que no informaran a nadie de lo que se discutía porque se iba a armar un desmadre... Yo dije que no estaba de acuerdo y ellas se pusieron bravas a reclamar. Ellas defendieron lo que consideraban que les correspondía de la revolución. Al final se aprobó y fue una fiesta".

También así, de comunidad en comunidad, se decidió empezar el alzamiento. Ana María, la mayor combatiente que tuvo que dirigir la operación en San Cristóbal, al mando de más de 1.000 personas, contó: "Votamos que se iba a empezar la guerra. Luego empezamos a preparar las tácticas, yo mando una unidad y tienes que saber que yo tenía que ir al frente primero, antes que mis compañeros porque yo soy el mando y tengo que dar el ejemplo. Nos organizamos por unidades. Yo mando una unidad grande donde entran muchos, muchos milicianos, entre mil o más de mil. Dentro de esa unidad grande estamos divididos en unidades pequeñas y cada una tiene su mando también. A cada mando se le instruye, se le dice cómo va a atacar y todo eso y cada quien sabe lo que tiene que hacer. Al tomar San Cristobal a unos les tocó poner los retenes, poner las emboscadas, reforzar las entradas y salidas. Cada unidad cumplió una misión. A otros les tocó entrar a la Presidencia. Al día siguiente, en el ataque a la cárcel del Cereso, las que entraron a abrir las puertas y a liberar a los presos eran mujeres".

Pero no sólo las combatientes contribuyen a la lucha, también las mujeres de los pueblos tienen un papel importante:

"Desde que empezó a desarrollarse el EZ fue muy importante el trabajo de las mujeres en la seguridad. En cada pueblo hay bases, tenemos una red de comunicaciones. Es el trabajo de la mujer estar checando la seguridad, por ejemplo si entran soldados avisan, manejan radios de banda civil y avisan si hay algún peligro o si se están moviendo tropas del ejército federal. Ese trabajo lo hacen mujeres, amas de casa. Cuando nosotros atacamos las ciudades, ellas quedaron cuidando de la comunidad, de los niños y las demás gentes. Las jóvenes, las hijas, son las que fueron a pelear".

Y también trabajan en otros ámbitos de apoyo a los combatientes, por ejemplo haciendo uniformes, dijo Ana María: "Pues claro. Todo se hace dentro del ejército, ahí tenemos talleres de sastrería, de armería, donde participan también las mujeres haciendo piezas para armas, pequeñas bombas para poder defenderse... Estos trabajos los puede hacer cualquiera de las mujeres del pueblo, aunque no sean combatientes, militares".

Ana María para aclarar las dudas explicó detalladamente la estructura de todo el movimiento: "Como es algo muy grande hay una organización dentro del EZLN. Por una parte está el pueblo, dentro del mismo pueblo hay combatientes, están las fuerzas milicianas y estamos los insurgentes. Somos todo el pueblo, lo que pasa que unos somos militares, otros milicianos y otros civiles, bases de apoyo les llamamos nosotros a los que no tienen armas, no combaten sino que trabajan de otra manera pero están de acuerdo con nuestra lucha. Y está el pueblo armado también, dentro de un pueblo puede haber 30 ó 40 milicianos, hombres y mujeres que tienen armas. Los que no agarran el arma apoyan con comida, seguridad. Los que ni uno ni otro ahí viven, son parte de la comunidad aunque no estén de acuerdo, su opinión vale, pero si la mayoría decide hacer algo, pues se hace".

Entonces, ¿hay problemas de deserciones o conflictos con la población civil que no quiere participar en el movimiento?

"A nadie se le obliga a que tome un arma o a que participe en esta lucha, es voluntario. Voluntariamente entran en esta lucha y si no quieren combatir participan de otra forma, apoyando. Hay muchos civiles que no están metidos dentro del movimiento, no es ningún problema, pueden estar sin participar y nosotros luchamos por todos. Si se va a repartir tierra nos va a tocar a todos parejo, no solo a los zapatistas. Escuelas, hospitales, etc., de eso nos vamos a beneficiar todos, esa es nuestra lucha".

La media de edad de las insurgentes es de 17 a 26 años, pero parece que también las hay más jóvenes, Ana María habló de los más pequeños:"Ahora tenemos muchos niños y niñas dentro de las milicias, hay niños de ocho y nueve años que están inquietos, ven un insurgente y van y acarician el arma y juegan a ser zapatistas. Por ejemplo, yo fui a una comunidad y pregunté a los niños quién era Emiliano Zapata. Y todos lo sabían perfectamente: fue un revolucionario que luchó por la tierra y que hizo mucho por los campesinos".

El subcomandante Marcos explicó que en las comunidades indígenas los niños participan en la vida de la comunidad y tienen derecho a votar en las asambleas desde el momento en que no se duermen en ellas y demuestran uso de razón. En el EZLN pasa lo mismo: "Los niños vienen a las reuniones y muchos se molestan porque les decimos que no pueden jugar a las armas hasta que crezcan. Entonces tenemos que aceptarlos, claro, no los llevamos a pelear, pero muchos se ponen duros y dicen 'quiero ir', por eso había algunos en la toma de San Cristóbal".

Según datos del INEGI, las mujeres indígenas de los Altos de Chiapas entre 16 y 40 años tienen en promedio cinco hijos y jornadas cotidianas de trabajo entre 16 y 18 horas. Hay que tener en cuenta que la elaboración manual de las tortillas de maíz, alimento básico de toda la población india, ocupa aproximadamente cinco horas. Sus jornadas empiezan a las 3 y 5 de la mañana y concluyen a las 8 ó 9 de la noche. Además, en Chiapas, la mortalidad materna por complicaciones durante el parto es superior al 8.5 por cada diez mil nacidos vivos.

La natalidad en las Cañadas de la Selva Lacandona es de un 53% anual, con 53 nacimientos por cada 100 habitantes; no es de extrañar que el 50% de la población sea menor de 15 años. Las viviendas son un solo cuarto para dormir y una cocina de leña. Sólo un 5% de las localidades tienen luz eléctrica. Las mujeres deben cargar el agua desde los pozos o los ríos. El drenaje no existe en la región contándose solamente con una letrina por cada 24 personas. Sólo un 12% de la población ha oido hablar de planificación familiar.

MUJERES INDÍGENAS: POR UNA REVOLUCIÓN DE LAS TRADICIONES

En mayo, varios grupos de mujeres se reunieron para hablar de sus costumbres y tradiciones, para analizar el contenido del artículo 4 constitucional sobre los derechos de los pueblos indígenas y manifestarse sobre la ley de mujeres que propone el EZLN.

Ellas mismas se presentaron, sus palabras nos acercan a su mundo, la realidad de las pobladoras autóctonas de Chiapas. Acudieron algunas expulsadas de San Juan Chamula, hablan tzotzil y tiñen la lana con corteza de árboles para hacer chalecos y "chujs"; donde ellas viven se ven puras piedras, dicen. Otro grupo venía de La Independencia, sus padres hablan tojolabal, en su tierra en mayo está en flor el café, hay pocos árboles, se produce poco maíz. Las mujeres de las comunidades del sur de San Cristóbal son tzotziles y contaron que allí en San Antonio de los Baños crece un poco de milpa, se dan un poco las verduras y algunas frutas como los duraznos, es tierra fría. De Niquivil, en el municipio de Motozintla, acudieron algunas cuyos padres hablaban el mame. En esa tierra, dijeron, el maíz se da poco, las mujeres viven de hacer pequeños comercios como pan o en el mercado. Las mujeres de Zaragoza están organizadas, tienen hortalizas.También de Ocosingo, tierra caliente, llegaron mujeres tzeltales, algunas organizadas por los grupos pastorales. Explicaron que en la selva hay muchas montañas y árboles grandes, hay pajaritos volando y también hay ocote porque es selva. Se da el maíz, naranja, calabaza, chayote. Se produce frijol y café. Otras venían de un pueblo del municipio de Chamula, donde se dan muchas frutas como manzanas y duraznos, ellas son artesanas, hacen chalecos y chujs, por eso se necesita tener muchos borregos. En su comunidad hay una laguna virgen, que siempre tiene agua pues allí brota, por eso hicieron allí cerca una iglesia. De Chenalhó acudieron algunas, dijeron que les da gusto estar en este encuentro y que en su comunidad hace calor, crece guayaba, naranja, hay pajaritos y árboles, hay montañas también. Todo lo que siembran es para vivir. Allá crece puerco, crece maíz, frijol, zanahoria, cebolla y café.

Las de Mendoza, municipio de Chanal, dijeron que es muy poco lo que se da en su comunidad. "Trabajamos mucho y somos muy pobres. Hace calor y hace frío, crece un poco de maíz, un poco de café, un poco de frijol, también se da un poco de plátano. También hay cerros y pajaritos".

Todas, como mujeres e indias, dijeron vivir en la explotación y la discriminación: "Nos tienen pisoteadas los ricos. Las autoridades nos miran como un perro, como un animal". Se sienten menospreciadas cuando venden sus artesanías o productos agrícolas.

Algunas hicieron un sociodrama representando una madre que lleva su bebé al médico. Este no examinó al niño pero quería cobrar. Llegaron a la conclusión: "Sólo quería dar pastillas y en su actitud se veía el desprecio a la gente de la montaña, que camina en el lodo y por eso se enferma".

Doblemente discriminadas, las indígenas protestaron: "Nos maltrata el sistema capitalista. Las pequeñas autoridades, los doctores, los esposos, hijos, hermanos. Nos maltratan las comunidades o el rumor de la misma gente. Las diferentes religiones nos dividen y en el pasado nuestros padres fueron maltratados por las autoridades y maestros porque hablaban el idioma mame y les evitaron sus vestiduras tradicionales y costumbres".

Las tzotziles añadieron: "Los compradores de café bien que nos engañan, como son cashlanes (blancos) y hablan español, cuando pesan el café nos hacen transa; como ven que no sabemos verlo el peso. A todos nos pasa así: hombres, mujeres y niños. El trabajo que realizamos los indígenas es muy mal pagado. Hay ricos organizados para aprovechar el trabajo de nosotros".

También se dijo que si no se tiene dinero para pagar el derecho a piso en el mercado, la policía se llevan la mercancía y no la devuelve. Las autoridades son una fuente constante de agravios: "Los policías y judiciales nos meten en la cárcel cuando llevamos carga de leña para nuestro uso; a veces vamos un día a la cárcel sin recibir alimento. Como ven que somos mujeres indias, por eso nos hacen eso".

Y ellas se preguntaron la razón de tanta injusticia, buscaban respuestas, justificaciones, pero no las encontraban: "Esto pasa porque somos pobres e indígenas, nos ven humildes y calladas, nos miran que no sabemos hablar español. Nos miran como animales; como puercos. Los empleados del gobierno nos dicen: ¡indios! ¡chamulas! Nos insultan, nos maltratan, pueden meternos a la cárcel".

Y concluyeron que todo esto afecta "a los pobres, los marginados, oprimidos, analfabetas, los campesinos... A todos. porque somos indios, nos sentimos mal, lloramos. No queda más camino que organizarse, hacer la lucha".

Las mujeres están sujetas a los malos tratos, los golpes, las violaciones: "Algunas no quieren decir pero nos pasa. El hombre no alcanza de pensar: no le importa si nos quiebra o si nos mata". Contaron que las mismas comunidades castigan a veces a los hombres que golpean a las mujeres, por ejemplo a tres días de cargar piedra y 50 nuevos pesos de multa. "Pero a veces el dinero de la multa sale del mismo dinero de su mujer y el hombre no cambia".

SOBRE LA LEY REVOLUCIONARIA DE MUJERES

El EZLN planteó el primero de enero una ley revolucionaria como medio de llevar a cabo un cambio en las costumbres que oprimen a este sexo. Cinco meses después, las indígenas reunidas dijeron: "Sí, tienen razón las compañeras que lo hicieron, estamos contentas con los puntos que se ven. Gracias a lo que hicieron, los y las zapatistas, nos están ahora respetando".

Punto por punto fueron discutiendo lo que proponen las diez leyes dedicadas a la mujer.

La primera dice:

1- *Las mujeres, sin importar su raza, credo, color o filiación política, tienen derecho a participar en la lucha revolucionaria en el lugar y grado que su voluntad y capacidad determinen.*

Algunos comentarios fueron los siguientes: "Cuando participamos y nos reunimos con otras mujeres se siente fuerte nuestro corazón, si no hay organización, si no hay plática, se sienten cerrados los ojos. Si no escucho no sé como defenderme, ahí estoy aguantando".

Se recurrió al mito de Ramona, del Comité Clandestino, cuyo nombre es coreado en manifestaciones (¡viva Ramona que es muy chingona!) y su imagen convertida en muñequito de artesanía con pasamontañas junto al muñeco de mayor tamaño y tez más blanca del subcomandante Marcos. Las mujeres dijeron:
"¡Qué bueno que salió Ramona (de la Comandancia del EZLN)! Ella creemos que nos quiere, por eso salió a caminar, ella como que nos está jalando. Nos muestra el camino de lo que podemos hacer, ella es una persona grande, mayor".

La segunda ley dice:
2- *Las mujeres tienen derecho a trabajar y percibir un salario justo.*

La problemática laboral de las mujeres salió a debate: "Es cierto, es verdad, a las mujeres no nos pagan igual que a los hombres". Y añadieron el hecho real del miedo "a buscar trabajo y que los maridos no quieren".

Dentro de una sociedad indígena, la mujer no tiene voz ni voto en la familia y por tanto "algunas artesanas tienen que entregar el salario al marido y él decide como gastarlo". Tampoco hay que olvidar que "aparte tenemos que trabajar en la casa, la comida, la milpa, los animales, atender a los hijos; algunos maridos no ayudan, otros un poco en la comida".

Los recelos a buscar empleo son muchos y la presión a la que se ven sometidas las mujeres que lo intentan no es fácil de soportar: "Trabajar permite poder salir de la comunidad, viajar, ver cosas y comprar. Pero la comunidad critica si eres mujer, dice cosas malas como que te vendes, que eres puta. Los hombres no respetan. Ayuda saber español para saberte defender, es culpa también de los padres que no nos dejan aprender e ir a la escuela".

La tercera ley del EZ dice:

3- *Las mujeres tienen derecho a decidir el número de hijos que pueden tener y cuidar.*

Este punto es el que mayores reacciones despierta: "Tienen razón las zapatistas porque los hombres sólo nos hacen hijos y no los ven o no dan para la comida, se largan y no se preocupan. Es bueno tener sólo cuatro hijos para poder hacer su ropa y vestirlos, más no se puede o es difícil".

Pero no es tan sencillo cambiar la costumbre, hay veces que pasa lo siguiente:"Si no da la mujer más hijos, el marido te corre de la casa. Algunos maridos sí están de acuerdo con pocos hijos. Pero si le decimos eso al marido, tal vez nos diga que nos regresemos a casa de los papás".

Las indígenas reunidas tomaban conciencia de su propia situación y de lo injusto de la misma: "Está mal que algunos maridos quieran tener muchos hijos y las mujeres no queramos tantos porque nos cansamos mucho, nos enfermamos mucho, la matriz se pone aguada y ya no hay fuerza para parir, ahí se puede morir. El hombre pide tantos hijos porque no piensa, no le importa, el no siente el dolor de embarazar, de hacerlo, de cuidar, de mantener. Así mismo nosotras nos estamos matando. Nos estamos obligando a matarnos".

4- *Las mujeres tienen derecho a participar en los asuntos de la comunidad y tener cargo si son elegidas libre y democráticamente.*

Respecto a este cuarto punto, no dudaron mucho en afirmar: "Nos gustaría que fuera una mujer autoridad porque los hombres no escuchan y no respetan".

Ya más ponderadas, concluyeron: "Es importante que las mujeres tengamos un cargo, que miren que tenemos valor, que sabemos algo; no sólo los hombres saben pensar. Algunos hombres no saben llevar su cargo, también fallan. En la asamblea de la organización sólo participamos en escuchar, eso cuando no está el marido para luego platicarle. Está mal que sólo los hombres quieran platicar, escuchar, proponer y que las mujeres no caminen. También las mujeres se burlan cuando alguna quiere ir a la asamblea".

Pero los obstáculos para la participación son evidentes: "Aunque nos den derecho a ser autoridad, si no tenemos educación no podemos ser elegidas", y además "a veces cuando hablan no se toma en cuenta lo que la mujer dice y nos dicen: que venga tu marido y si no tienes, búscate uno".

5- *Las mujeres y sus hijos tienen derecho a atención primaria en su salud y alimentación.*
Aquí las demandas son claras y hay unanimidad:
"Se necesitan clínicas, más atención médica y medicinas. Que el trato sea bueno".

Una mujer contó un caso: "Llegó con el hijo muerto, estaba embarazada y no la quisieron atender, le dieron sábanas para que las lavara si quería que la atendieran".
Se quejan de una mala atención principalmente en los centros de salud del IMSS-Solidaridad (para los más pobres).
Salió a relucir en este punto el hecho de que en México se están realizando esterilizaciones de indias sin el consentimiento real de éstas: "Llegan médicos y piden que se firmen papeles donde las mujeres dan permiso para que se dejen ligar, a veces sin explicar de qué se trata", muchas no comprenden español. El control de la natalidad, pese a estar prohibido por ley en México, se sigue realizando en las zonas más pobres como forma de contención demográfica.

Entre las quejas, apareció: "En las clínicas se trata mal a las pacientes, a veces les piden que se desnuden".

6- *Las mujeres tienen derecho a la educación.*
La respuesta a esta sexta ley fue definitiva: "Las mujeres te-

234

nemos derecho a la educación, a aprender a escribir novelas y cuentos, conocer las leyes que hablan de la mujer, aprender política, aprender a pintar, dibujar, diseñar ropa, aprender a practicar los deportes".

También dijeron: "Se necesita mucho la educación. Nuestros papás no nos dejaban ir a la escuela. Nosotras pensamos enviar a nuestros hijos. Pero cuesta mucho viajar, además la ropa, el cuaderno. Los pobres no podemos. Los papás piensan que es más útil trabajar en el campo que ir a la escuela. Nosotras no pensamos así porque saber nos permite trabajar mejor".

7- *Las mujeres tienen derecho a elegir su pareja y a no ser obligadas por la fuerza a contraer matrimonio.*
La costumbre y tradición indígena obliga a la mujer a casarse a la fuerza. Romper con eso representa la liberación. "Antes se cambiaba la mujer por una vaca; el casamiento debe ser con su pura voluntad". Algunas concluyeron: "Cuando no queramos casarnos es mejor que platiquemos con nuestros papás y el hombre, y no obligar porque arruinamos a la mujer, y aún es peor si después hay hijos".

8- *Ninguna mujer podrá ser golpeada o maltratada físicamente ni por familiares ni por extraños. Los delitos de intento de violación o violación serán castigados severamente.*
Este planteamiento es novedoso para las mujeres: "Tenemos derecho a defendernos de la violación estando casadas o solteras. Ni el marido nos puede obligar".

Consideradas a veces peor que los animales, el hogar familiar es para muchas un centro de tortura: "Hay papás que violan a sus hijas y también hermanos que violan a sus hermanas".

Pero no tiene por qué ser así, la conciencia de la posibilidad de cambio ha arraigado ya en las comunidades: "Muchas mujeres estamos sufriendo pero vamos a despertar. Es bueno que haya plática para que estemos abriendo el ojo. Hay yernos que pegan a su suegra cuando ella va a defender a su hija".

Y exigen: "No es suficiente la cárcel para el que golpea, cuando sale nos pega más. No nos dejan separarnos. Las autoridades pueden meterlos a la cárcel y separarnos, pero cuidando que no regrese porque nos puede hasta matar".

9- *Las mujeres podrán ocupar cargos de dirección en la organización y tener grados militares en las fuerzas armadas revolucionarias.*

Esta ley y la siguiente se consideraron más estrictas de las zapatistas, aunque algunas dijeron: "También las mujeres podemos mandar. Es bonito y podemos andar juntos hombres y mujeres".

Y también: "La Ramona está haciendo la lucha para que nosotros caminemos".

La última ley resume las otras:

10- *Las mujeres tendrán todos los derechos y obligaciones que señalan las leyes y reglamentos revolucionarios.*

Pero para las reunidas, las zapatistas olvidaron en sus leyes algo muy importante; en la tradición indígena, la mujer está discriminada en cuanto a la tenencia de la tierra: "Nos sentimos mal que las mujeres no tenemos herencia de tierra. ¿Acaso no comemos? ¿Acaso no trabajamos?".

Y añadieron: "Las zapatistas no lo dicen, pero nos gustaría que hubiera alguna ley que exija que nos den terreno a las mujeres, porque también nosotras comemos y tenemos necesidades".

SOBRE TRAICIONES DE TRADICIONES

El artículo 4.º de la Constitución mexicana, dice:

La nación mexicana tiene una composición pluricultural sustentada originalmente en sus pueblos indígenas. La ley protegerá, promoverá, el desarrollo de sus lenguas, culturas, usos, costumbres, recursos y formas específicas de organización social, y garantizará a sus integrantes el efectivo acceso a al jurisdic-

ción del estado. En los juicios y procedimientos agrarios en que aquellos sean parte se tomarán en cuenta sus prácticas y costumbres jurídicas en los términos que establezca la ley.

Con una reglamentación de las costumbres de los pueblos indios puede verse perpetuada la situación de explotación de la mujer. Abandonando falsos romanticismos, la realidad de estas culturas es cruda y no se caracteriza por un trato de respeto e igualdad entre los dos sexos. Al revés. La tradición va contra la mujer.

Ellas lo ven peligroso y advierten: "Es mejor que haya mujeres que digan que hay costumbres que no nos respetan y queremos que cambien. No está bien la violencia (golpes, violación). No es justo que nos vendan por dinero: tampoco es justo cuando por costumbre no nos dejan ser representantes, ni tener derecho a la tierra. No queremos las malas costumbres".

No obstante las indígenas saben que su cultura es diferente a la de los mestizos: "Sí, las costumbres son diferentes, el cashlan habla español, se cree diferente por la ropa que usa, pero nosotros somos también personas de sangre y hueso como él. El no es de oro o plata. No hay diferencia".

Hay cosas de la costumbre que son buenas, dijeron: "La tierra la debemos trabajar con cuidado, recuperar la cultura de nuestros antepasados, el respeto a la tierra; el trabajo de telar (la artesanía), las plantas para curar...".

Pero, de nuevo, insistieron preocupadas que el problema del artículo 4 de la Constitución es que "va a decir que las mujeres no pueden heredar la tierra, va a dejar que las mujeres nos quedemos sin tierra, y si somos viudas o tenemos muchos hijos nos vamos a quedar sin tierra".

¡ZAPATA VIVE!

ENTRE LOS INSURGENTES
EN TERRITORIO ZAPATISTA

Acabó el diálogo en San Cristóbal de Las Casas.

Yo estaba agotada, me había pasado dos noches consecutivas sin dormir para transcribir las entrevistas realizadas: una al subcomandante Marcos junto con otros medios de comunicación internacionales y otra a la comandante Ramona y mayor Ana María. Más de dos horas de grabación en casette pasado a papel son montones y montones de cuartillas que luego hay que ordenar. En mi departamento, helada de frío, metida en el saco de dormir, conseguí hacerlo robándole horas al sueño.

Era el último día de febrero. A la mañana siguiente iban a retirarse los delegados zapatistas a sus parajes. Los periodistas los acompañaríamos, muchos con la esperanza de poder acceder con ellos a los territorios del EZLN.

Salieron de San Cristóbal el día 1 de marzo a las 6 de la madrugada. Un convoy iba a Las Margaritas, el otro hacia San Miguel, las dos puertas de entrada a la selva zapatista. La verdad es que yo estaba casi con fiebre y una gripe galopante. Los delegados del EZLN sacaron de la catedral sus mochilas y varias cosas que se llevaban de recuerdo a sus parajes. Una comitiva de vehículos de la Cruz Roja y las ONG esperaban.

Tras la maldita e interminable carretera hacia Ocosingo, llena de curvas y baches, llegamos ya entrada la mañana a San Miguel. Allí el obispo y Camacho Solís se despidieron amistosamente de los delegados del EZLN ante las cámaras de la prensa. Las gentes del Espacio por la Paz, los mismos que durante el diálogo en la catedral habían pasado día y noche de guardia en el cordón de seguridad, formaron una cadena para impedir el acceso de los informadores al territorio zapatista. Estaba claro: no nos iban a dejar pasar. Me deprimí. Una fotógrafa estadounidense burló el obstáculo y se fue corriendo detrás de Marcos y compañía. Los demás empezaron a gritar: "¡Paren a esa gringa loca!".

La sacaron. Luego regresaron los zapatistas. Se habían olvidado algo en el coche o tenían que decir las últimas palabras a Camacho. Marcos pasó delante mío, ya casi no quedaban periodistas, yo le pedí que por favor me dejara ir con ellos. Y ante mi atónita sorpresa, el subcomandante se paró y me dijo:

—"¿Estás segura?".

Y yo:

—"Pués claro".

Y así de sencillo fue todo. Mi corazón se disparó, agarré al vuelo mi mochila y el saco de dormir y traspasé el cordón de las ONGs.

Subida en un camión de redilas rojo cargado de insurgentes armados y con pasamontañas, agarrada a una barra, vi alejarse el retén infranqueable de los zapatistas desde donde algunos periodistas miraban con envidia mi suerte y maldecían la suya. Avanzamos por la pista de tierra y nos adentramos en territorio guerrillero. El conductor y Marcos hablaron de la toma de Ocosingo, el subcomandante le pidió explicaciones en tono fraternal, qué pasó con el camión que se atoró, qué hacían en el mercado, por qué no se retiraron a tiempo...

Marcos estaba contento, exultante. Afirmó tener 25 años y que por lo tanto era un año más joven que yo, "¿verdad?", le preguntó al conductor y los dos se ríen. También me dirá que es cantautor catalán y se pondrá a entonar una canción de Serrat.

"Desde el 2 de enero estoy viviendo de prestado. Tú no sabes lo que es esto, es muy duro. Somos un ejército de lisiados y de enfermos, de pobres, de mal comidos".

Este hombre polifacético juega a tener mil rostros. Conoce las Ramblas, habla de poetas y de poesías, ahora le toca a Mario Benedetti, está alegre, quizás porque regresa con los suyos después de tantos días encerrado en la Catedral de San Cristóbal de las Casas.

En un pequeño descampado nos recibe el mayor Mario y el capitán Cristóbal con su tropa de unos 90 hombres y mujeres. Algunos son muy jóvenes, charlamos y sacamos fotos, cosa que nunca vamos a hacer si no nos dan la orden expresa. A los periodistas nos aplican también la disciplina militar. Les contamos en voz alta las últimas novedades y el fin del diálogo. Nos hacen algunas preguntas.

Mario se cuadra delante de Marcos, luego hablan fraternalmente, desde antes del 1.º de enero no se veían.

Después reemprendemos la marcha por el camino de terracería. Más adelante nos paramos y nos dicen que ahí nos quedamos los reporteros. No se ve más que vegetación alrededor, pero Marcos se mete tras un seto en una senda. Reaparece con la capitán Irma y nos comunica que ella nos tendrá a su cargo. Se sube al camión y se pierde en la lejanía. Irma, mujer indígena de 26 años, carga una metralleta "recuperada", dice, de un policía judicial en la toma de Ocosingo.

Nos da instrucciones: "nada de fotos sin pasamontañas y sin pedir permiso, los compañeros les van a cuidar". Llegamos a la cima de una loma, hay unos veinte milicianos que ya se están sacando los uniformes y vistiéndose de civiles, cargan sus mochilas, dejan algunas de las armas y se van. Han estado quince días y ahora regresan a sus hogares. Esa es la diferencia entre los insurgentes, que son el ejército regular, y los milicianos: los primeros viven siempre en las montañas, visten pantalón negro y gorra color café oscuro, las milicias son campesinos y sólo actúan si son llamados, su pantalón y gorra son de color verde oliva.

Entramos en una choza de techo de palma, suelo de tierra, con rendijas de más de tres centímetros entre los maderos que conforman la pared. "Todo esto es muy pobre, muy pobre, vean los pueblos, pura miseria", cuenta Irma. En un extremo de la estancia rectangular hay un fuego de leña y unos calderos donde se está cociendo frijoles y café, también se tuestan las tortillas. Estos tres alimentos integran la paupérrima dieta diaria de los indígenas. Pero los insurgentes, privilegiados, tienen un saco lleno de carne de res de ganadero opresor seca y salada. Comemos hasta saciarnos.

Arturo y el teniente Leonel, indios tzeltales, me preguntan que dónde está España, les cuento que el mundo es una pelota y mi tierra está del otro lado del mar. Me miran y se ríen, luego les entusiasma saber que mi lengua es el catalán, así como la de ellos es el tzeltal, y que "el castilla" lo hemos aprendido todos después. Empieza un intercambio de palabras tzeltal-catalán, al final yo no recuerdo ni una pero ellos sí y van diciendo todo el dia "tinc gana, vull durmí, adeu". Poco a poco cae la tarde. La gente del poblado se acerca al pequeño campamento, se saludan: "Buenas tardes, compa". También charlan con nosotros, nos explican las raices del EZLN:

"Cuando nosotros llegamos hace 23 años a fundar este ejido no había vías de comunicación, no era como ahorita que hay la brecha. Venímos de la zona de Altamirano, nuestros padres eran peones acasillados en las fincas, como el Tulipán de José Luís Castellanos o La Laguna... Nuestras son sólo las lomas, todo lo demás, las mejores tierras son de los finqueros. Somos 37 familias, aquí no da el maiz, lo poco que sale no da para la autosuficiencia. Ya ve usted. La tierra es nuestra madre y tal como gritó Zapata, la tierra es del que la trabaja no del finquero".

"Hay ejidos que tienen buena tierra, o al menos pueden plantar café y comprar láminas para el techo de las casas. Nosotros no. Vivimos sin educación, no hay maestro permanente, vivimos con enfermedades, los hospitales los vemos muy lejos, si un enfermo ya está grave va a acabar en el camino".

"Nuestros padres y abuelos salieron de las fincas hace 23 años. A los diez o quince de vivir aquí ya tenían más experiencia. Uno de nosotros fue delegado de la organización Kiptik y le dieron una formación política y militar. Tenemos que hacer una lucha armada, eso es lo que dijo. Entonces se fueron entrenando en los cursos de diez o quince días que organizaba la Kiptik. Lograr formar el EZLN tenía que ser muy largo. Jaime Soto, el asesor, fue asesinado. Despúes la 'Kiptik ta lebcubtesel' no acepta el camino de hacer un ejército. Entran otros asesores que interrumpen la idea. Estaban en un curso los delegados, llegaron los asesores y vieron en el pizarrón lo que estaba haciendo Jaime Soto: la organización es chica, es como un árbol que se está abriendo, como una criatura, apenas se está criando, falta que se crezca. Pero lo asesinaron hace cuatro años, Marcos nos informó que debieron ser guardias blancas en Yajalón. Entraron entonces Nacho y Belosio y otros asesores que siguen hasta la fecha y acaban con la idea de la lucha armada; se suspende a pesar de que ya se habían entrenado. Genaro Soto ya se había ido más para adentro para empezar a reclutar pero no pudo. Estos asesores empiezan a trabajar ya no lo político, sino lo económico, buscando mercados para los animales, el café, maíz, los granos básicos, pues".

"Así se descompone, en 1978, se extermina esta idea político-militar. Pero de todas las maneras aunque se acabe esa perspectiva en la Kiptik, la idea de la lucha armada sigue en la gente de todas formas. El 17 de noviembre de 1983 entran unos compas en la selva, seis creo, venían de otros lugares, no recuerdo bien porque no fue hasta el 21 de enero del 1987 que entré yo. Tenía mis apuntes pero ya sabes tú que con los federales puede haber problemas y nos los mandaron quemar. Los compas que entran en la selva vuelven a comenzar, harían el EZLN".

La conversación, sumamente interesante para nosotros, quedó interrumpida porque la capitán llamó a nuestro informador aparte. Se acabó, cuando regresó entró en un mutismo total. Seguro que Irma le habrá dicho que no se vaya de la lengua de esa manera.

Dos zapatistas sacan sus guitarras, la gente del pueblo se sienta a su alrededor. Con los fusiles entre las piernas empiezan a tocar y cantar corridos: "Vamos, vamos adelante, para que salgamos en la lucha avante, porque nuestro pueblo grita y necesita todos los esfuerzos de los zapatistas". O uno sobre la historia del EZLN, justo lo que acabamos de hablar:

"En noviembre 17 del año 83/ fue el inicio del EZ/ sí señores, cuatro compañeros fueron / los que comenzaron el trabajo/ que formaron las regiones./ Entre cerros, al comienzo del trabajo / en la selva fue muy duro/ pués el bastimento vení de la ciudad./ Poco a poco, ya más tarde/ comenzó a haber muchos compas/ porque estos cuatro hombres/ se metieron en los pueblos/ El ejército del pueblo/ llamado a ser zapatista/ todo nacional de masas. / Nuestro mando que ahora existe/ son muy buenos compañeros/ reparten el trabajo con nuestra organización./ Insurgentes hay por cientos/ batallones de milicias/ escuadrones de reserva/ para combatir unidos./ Ya me voy, ya me despido/ disculpen se me olvidaban nuestras tropas especiales".

Cae la noche y el frío, la gente del pueblo se despide y regresa a sus hogares. Nos instalan en una barraca de madera, suelo de tierra, techo de palma, donde hay una especie de rústicas literas de tablones, dormimos todos juntos unos al lado de otros, entre los fusiles que parece que no sueltan ni en el lecho.

Un día más, nos holgamos al sol y, al mediodía, a la sombra de una ceiba centenaria. Charlamos, dormitamos, nos dan bien de comer. Con los días se acostumbra una a ir a hacer sus necesidades detrás de un seto con un apuesto guerrillero a menos de tres metros aferrado a su fusil. La disciplina militar nos sorprende, su organización nos deja perplejos, nos miramos cada día más estupefactos y decimos: "¿Cómo han podido montar estos desgraciados tamaño ejército?".

"Están majaretas", concluimos con cariño.

Recuerdo las palabras de los campesinos de la comunidad. Hablábamos sobre la vida en la finca:

"Nos tratan de indios haraganes. Nunca nos dejaban ir a la colonia, decían:'aquí tienen todo lo que quieran, ropa, zapatos...'. Pero no era regalado, sino que todo nos lo apuntaban, hacen rayas para marcar todo lo que nos entregan: maíz, frijol, azucar, sal. Y las mujeres entran a trabajar gratis. Antes, me contaba mi papá que les pagaban quince centavos, no pesos. Yo ya no lo conocí. A mí me pagaban tres pesos al día (120 pesetas), trabajábamos de 6 a 6. Estábamos bien jodidos, nos pegaban con verga de toro si no se apuraba uno en el trabajo, y si no estaba bien el trabajo no pagaban. Y con nosotros se enriquecieron, nosotros que chambeamos el potrero, los campesinos".

"Por eso nos fuimos y vinimos poco a poco hacia aquí a poblar. Al principio estábamos organizados en la ARIC-Unión de Uniones para luchar en muchos proyectos por la tierra, hacer trámites. Pero el gobierno respondía con puras palabras. Las autoridades de la Unión de Uniones son los que se aprovecharon. Su presidente, un tal Lázaro, es un rico que se aprovechó de la fuerza de trabajo nuestra. A los campesinos ejidatarios no les llega nada de nada, solo apoyar, poner el esfuerzo para que otro se aproveche. Los delegados nos pedían dinero para sus viajes a la ciudad, nosotros como no vendemos nada no tenemos dinero y no aguantábamos esa cosa. Por eso hace dos años lo dejamos. Ya estábamos ahí con los zapatistas. El sufrimiento nos hizo poner de acuerdo".

Uno de los insurgentes prosigue: "Si el gobierno no cumple, pués van a seguir los chingadazos (enfrentamientos). Son puras 'mamadas' lo que dan. Si pedimos soluciones lo que da son municiones para reprimirnos. Ya vimos con este señor, Absalón, lo que hizo aquí en Estrella, vino a quemar casas y a torturar gente, capturaron muchas personas, desaparecieron, a saber dónde los mandó él, hasta la fecha ni en Cerro Hueco se encuentran".

El día transcurre con una gran calma, algunos revisan sus fusiles, desmontan las armas, las lustran. Otros tienden su ropa al sol. A las cuatro cenamos: frijol, arroz y tortillas. La tarde trae la melancolía. Entro en la choza donde dormimos y me encuentro a dos muchachas insurgentes hablando quedito, suspirando. Una de ellas llora. Me sobrecoge, le acaricio la cabeza, me cuenta que no sabe si su compañero vive o no, es un insurgente que no ha vuelto a aparecer tras el levantamiento de enero. Consuelo, más mayor —tendrá unos 25 años— también tiene los ojos llorosos, dice que sus padres no saben si ella está viva o muerta.

Por la noche vuelven a resurgir las guitarras, las voces adolescentes cantan:

"Ay mira compañero alrededor,/ el pueblo está sufriendo está en dolor/ agarra las armas sin temor/ para ir contra la ley del opresor". "Soldados insurgentes somos/ buscando la revolución/ y ellos querían pelear/ junto con milicianos. /(...) Dejaron su casa, dejaron su familia/ sin tiempo para descansar/ sin tiempo para huevonear".

Cada noche nos arrulla el avión nocturno que surca estos cielos, seguramente de la inteligencia militar que no se contenta con las avionetas que recorren el paisaje durante el día y que obligan a los insurgentes a esconderse.

A medianoche llegó el 'Sup' —como llaman a Marcos sus soldados— a recogernos. Ya estábamos acostados y durmiendo. De repente se empezaron a levantar de un salto todos los insurgentes, a tomar sus armas y salir corriendo. No entendemos nada, aún seguimos perplejos asomando nuestra cabeza por el saco de dormir. Pero uno de nosotros lo intuye: "Debe de venir Marcos".

Nos incorporamos. No hay que vestirse pues en la selva uno se acuesta con toda la ropa puesta. En la choza hay una total oscuridad y nadie nos ha dicho que podamos salir. Esperamos nerviosos. Y entra él, nos saluda, enciende su pipa. Rápidamente se va. Nos dicen que tenemos que viajar a otro lugar. Bajamos la loma hasta la carretera totalmente a oscuras.

Subimos de nuevo al camión de redilas. En esta tierra todo es al revés, el día es la noche, la luz es la oscuridad. Recuerdo las frases de los comunicados: "los que en la noche andan, los que son montaña, los sin rostro y sin pasado...".

Un periodista le preguntó al subcomandante que qué haría cuando acabara esto, como si esto se pudiera acabar...

"Dejaré de escribir, dejaré de estar loco".

Nos instalaron en la vieja escuela de un poblado. Al día siguiente los demás reporteros fueron a visitar la zona como habían solicitado. Yo pedí entrevistar a mujeres, me quedé allí con la recomendación de Marcos de entrevistar a Isidora, una insurgente heroína en la toma de Ocosingo.

Es una muchacha de veinte años guapísima, de rasgos casi orientales, que lleva una media melena recogida en una coleta que asoma de su gorra marrón. Parece una verdadera amazona surgida de la mitología. Forma parte de la guardia personal del sub y unos días después la veré aparecer a caballo detrás de él, siempre armada.

Su carácter es de guerrera, callada y parca en emociones, le arranco las palabras de la boca, lo que dice lo hace con seguridad.

"Los soldados llegaron a Ocosingo el 2 de enero por la tarde. Estábamos posicionados en el mercado, el mayor Mario nos avisó de que ya venían los militares. El capitán Benito, que perdió un ojo por una esquirla ese día, nos dijo que no podíamos abandonar nuestras posiciones hasta que recibiéramos instrucciones del mando. Llegaron más de veinte camiones de soldados. Empezamos a tirar balas, yo estaba en primera línea, tenía a cuarenta milicianos a mi cargo. Nos avisaron que el capitán Benito y la capitana Elisa estaban heridos. Y allí quedé yo solita sin ningún mando, entonces tuve que controlar a la gente, a mi tropa. No salí porque esperábamos órdenes. A las nueve de la noche ya sólo quedaban heridos, entonces no sabía que hacer, a mi también me llegaron esquirlas de las granadas en la espalda y la muñeca y una bala me tocó el pie. Pero por lo menos me podía arrastrar, aunque no caminar. Y tuve que ir sacando a rastras a todos los heridos, como se podía, no iba a dejarlos pues son mi tropa. Me decía: mientras esté viva no los voy a dejar, si se quedan los van a matar. Salimos más de 30 heridos, algunos andaban. En el mercado quedaron sólo los muertos, no eran muchos, unos cuatro. Algunos civiles murieron porque los soldados disparaban sin apuntar a todas partes. Ellos eran un chingo y nosotros muy pocos porque la mayoría de nuestras fuerzas ya se habían retirado, éramos sólo unos diez insurgentes y el resto milicianos, y los milicianos no tienen buenas armas, algunos traen rifles calibre 22 y otros escopetas de palo. Eran las dos de la mañana, nos metimos en un potrero para salir a la carretera. Amaneció y no sabía qué hacer ni dónde estaban el resto de los compañeros. No me podía mover a causa de las heridas que se me hincharon. Pensé que me iba a morir. Pero nos encontraron los compas y nos llevaron. Alejandra nos curó".

Isidora cuenta que lleva tres años en el EZLN. En su pueblo estaba muy mal, no había maestro ni escuela. Ella ayudaba a su madre en la casa. Pero no tenían tierras. Llegó gente del gobierno a su poblado y quemó todas las casas. "Nos echaron y nos quedamos sin nada". Entonces fueron a Ocosingo y ahí vivieron durante dos años, al cabo de los cuales decidieron regresar otra vez a la selva: "Nos metimos en la mera montaña, ahí hicimos un pueblito y nos quedamos". No se lo pensó dos veces el entrar en la lucha armada, sus padres estuvieron de acuerdo. De sus hermanos ella es la única que ha optado por hacerse insurgente. Isidora dice que su familia está más tranquila sabiendo que ella está en el EZLN, supongo que será porque al menos aquí tiene qué comer. Hace un año que no ve a sus padres, "no pienso en ellos, aunque si hay tiempo de visitarlos, pués sí".

Acabamos la entrevista y ella se va. Yo me meto solita en la escuela. Me han dejado guardia exclusivamente femenina, todo un detalle. Me estiro en el piso, sobre mis ropas y empiezo a escribir.

Al caer la noche, la capitán Laura se acerca a mí, me pregunta por qué estoy triste. La verdad es que echo de menos a los otros periodistas, me siento incómoda, un poco fuera de lugar, tímida. Otras dos insurgentes de la guardia, Dora María y Amalia, esta última sanitaria, se sientan con nosotras. Ahí iniciamos una charla sosegada, las cuatro mirando el potrero, el cielo, las estrellas. Quieren hacerme sentir bien, tranquila. Estoy entre amigas, se me va reconfortando el corazón. Ya no me siento tan terriblemente diferente ni angustiada. Me tratan con cariño, hablamos con sinceridad, sosegadamente, de las cosas de la vida.

Luego me alegraré de haberme quedado sola, puesto que de otra manera nunca hubiera tenido la oportunidad de implicarme hasta la médula en ese sentimiento de compartir un tiempo, un espacio.

La capitán Irma me contó su vida. Tiene 26 años, como yo. Cuando apenas tenía 10 se quedó húerfana de madre y se quedó encargada de sus once hermanos: "yo era la única mujer más grandecita, así pués yo los tuve que cuidar, sobre todo los que estaban chiquitos. Y aprendí, porque cuando se murió mi madre no sabía nada, no sabía hacer la comida. Y aprendí a lavar la ropa y cuidar la casa en general. Mi papá y mis hermanos trabajaban en el campo. La mayoría del tiempo lo pasaba yo en casa con mis hermanitos haciéndoles de comer. Hasta que llegó el momento en que ya me vine. Mi hermano se integró primero y luego ya me fui con él. En el pueblo, como las casitas son chicas ya me iban a casar sin que yo supiera nada de eso. Entonces cuando me enteré preferí salir que quedarme ahí. Yo no quería al hombre ese, pues, estaba yo muy chica todavía".

"Nos vinimos mi hermano y yo y aquí cambió la situación. Aquí no nos hacen trabajar solos sino que se trabaja en grupo. En las comunidadesd es la mujer la que trabaja en la casa, nada más la mujer hace la tortilla y lava la ropa. Pero aquí no, trabajan también los hombres, los compañeros, ellos hacen también la intendencia".

"Era muy chica yo y trabajaba todo el día desde las tres de la mañana hasta la noche otra vez. Además mi papá pues no quería que saliera por el mismo pensamiento de que las mujeres no deben ir a pasear ni a ningún lado".

"Yo quería estudiar, pero no tenía cómo, no tenía medios. Sólo llegué a segundo de primaria, entonces se murió mi madre y quedé en la casa".

"Entrar en el EZ fue realmente un cambio muy grande, me hizo pensar mucho en la misma explotación de la mujer, porque no es justo que ni siquiera tenga chance de salir a la esquina, porque eso también lo prohiben. Si lo hace, luego empiezan a decir que la mujer nada más vive buscando hombres".

"Mis amigas decían que no, que mejor no saliera, que no está bien que se vayan las mujeres, en la comunidad las mujeres no podíamos ni opinar, ni participar en las reuniones, no se nos tiene en cuenta. Si yo estuviera en mi casa estaría bajo el hombre que me pega y me maltrata. Pero ahora en las comunidades la mujer muchas veces huye, se va con el compañero porque no quiere que su padre la venda. De mi pueblo ninguna mujer más que yo ha salido, ni para estudiar ni para nada. Sólo si se casa. Por la misma idea de la burguesía de que la mujer no debe saber más que los hombres. Aquí en el EZ es igualitario. Me enseñaron a hablar español, sabía muy poco, lo entendía pero no lo hablaba, tampoco sabía leer".

"Al principio, el irse a vivir a la montaña con los insurgentes es un cambio muy grande, primero estás un poco triste al separarte de tu familia, pero después empiezas a aprender y a ponerte contenta porque algo se va a lograr con tu esfuerzo, luchando por una causa que algún día se va a ganar, también para las mujeres, para todos, pues. Además con el tiempo ya cambia, una tiene que olvidar las cosas que deja. Los compañeros te enseñan, entre nosotros platicamos, es como una familia de nuevo, aprendemos a querernos porque ya los hermanos y las hermanas quedaron en otro lado, eso nos une".

EL DIA DE LA MUJER

La capitana Irma ha llegado en el camión de redilas con otras muchas insurgentes. Las ha ido a buscar el subcomandante Marcos personalmente para celebrar al día siguiente el ocho de marzo, día internacional de la mujer. El subcomandante ha mandado recoger flores a los hombres y confeccionar unos ramilletes que al poco rato están mustios por el calor. En la desvencijada nave de la escuela los periodistas estamos rodeados de unas veinte insurgentes.

El ocho de marzo los compañeros eran los encargados de preparar la celebración de las mujeres. Se han matado cuatro cerdos, los hombres cocinan. Irma y otras, por la mañana, cada una con su cuaderno y su bolígrafo, preparan un pequeño discurso para leer ante todos.

Ya de noche, cuando los aviones dejan de sembrar la alerta, empieza la fiesta. Aparece todo el pueblo, cientos de mujeres, niños, ancianos se concentran en el pasto.

El subcomandandte Marcos hace formar a los insurgentes en una columna de hombres frente a una de mujeres. "Los compañeros van a darles un saludo insurgente a las compañeras en el día internacional de la mujer", ordena. Un equipo de sonido conectado a una batería de coche, porque aquí no hay luz eléctrica, proporcionará música y amplificará las voces. Algunos zapatistas hacen un discurso, hablan de las mujeres costureras de Chicago, de la lucha, y cantan canciones revolucionarias. El maestro de ceremonias empezó:

"Compañeros y compañeras, en nombre de la Comandancia General del Ejército Zapatista voy a leer unas palabras. El día de hoy, ocho de marzo, hagamos un homenaje a estas mujeres que un día en una fábrica norteamericana se organizaron para luchar por los derechos de la mujer. Ese ejemplo lo tendrán que tomar todas las mujeres de nuestro pueblo porque la mujer también es capaz de pagar el precio que cobra cualquier lucha si es verdadera".

"En este día les damos un saludo fraternal y revolucionario a todas nuestras compañeras que forman parte de nuestras filas insurgentes y milicianas y a todas las mujeres de nuestros pueblos...".

"Que ya no les metan esas ideas de que sólo la mujer sirve para el hogar o sólo para criar hijos, para que los burgueses tengan asegurada la mano de obra barata. Que el ¡basta! del primero de enero llegue hasta el último rincón de nuestro pueblo donde se encuentre una mujer".

Después empezaron las canciones. El cielo lleno de estrellas, la luna en cuarto menguante, oscuridad total violada sólo por las incómodas lámparas de las cámaras de vídeo de los periodistas, los golpes de flash de los fotógrafos.

Tímidas, desafinando y muy bajito, las insurgentes cantaron el 'himno latinoamericano de las mujeres de la tierra':

"Adelante mujeres de la tierra/ luchemos por la liberación/ unidas contra el imperialismo/ unidas por la revolución".

La capitán Irma logró emocionar con su arenga: "Queridos compañeros y compañeras. Aquí nos encontramos reunidos para celebrar el día 8 de marzo, día internacional de la mujer. Bueno, compañeros, así como esas mujeres que han dado su vida por defender sus derechos, que hicieron que sean reconocidos sus trabajos en la fábrica, ya que trabajaban en muy malas condiciones y aparte no les pagaban, decidieron levantarse en lucha (...) Por eso ahora las invito a todas, las compañeras del campo y la ciudad a que se sumen a nuestras demandas ya que la mujer es la que está más explotada".

"La mayoría de las mujeres ni siquiera sabe leer y escribir porque sólo quieren tenerlas humilladas como siempre. Compañeras de todo el país, para que esto no siga así, tenemos que luchar junto con los compañeros empuñando las armas para hacer que nos entiendan. Las mujeres también pueden luchar con el arma en la mano. Les invito a que nos apoyen en todo lo que pedimos como zapatistas. Yo sé que cuesta pero tenemos que lograrlo luchando hasta vencer o morir, no hay otra forma, no nos han dejado otro camino. Nosotros seguiremos adelante con nuestra lucha hasta que sea cumplido todo lo que pedimos: pan, democracia, paz, independencia, justicia, libertad, vivienda, salud, porque todo esto no existe para nosotros los pobres. Por eso siempre vivimos engañados, por lo mismo de no saber leer. Muchos a veces, no sabemos qué nos dicen los patrones aunque nos estén regañando, nosotros nos pensamos que nos están hablando bien. Por eso les conviene que no sepamos leer ni escribir, porque así nos chingan más fácil".

"Nosotros ya nos cansamos, ya no queremos vivir como animales, que siempre alguien nos diga qué hacer o qué no hacer. Hoy más que nunca tenemos que luchar juntos para que algún día seamos libres. Esto lo ganaremos tarde o temprano, pero vamos a ganar, seguro. Adelante hasta conseguir lo que pedimos. Es toda mi palabra. Gracias".

Se inicia la música, la cumbia inunda la noche, las mujeres del pueblo bailan juntas. Son menudas y delgadísimas, contrastan con las zapatistas, limpias, bien comidas y seguras de sí mismas; no hablan español, llevan vestidos de colores chillones, van descalzas y arrastran a sus criaturas desde los trece años. Las insurgentes ríen, hablan, interpelan a sus compañeros, los persiguen y enamoran. Han aprendido castellano, a leer y escribir en el EZLN, sacan a bailar a los hombres, piden que les hagamos fotos, nos tratan con cariño. Veo las parejas: camisas café con arma, bailando con vestidos rosa con cintas de colores, camisas café y gorras café junto a camisas café con trenza o coleta... Y armas, armas y armas. Yo agradezco la oscuridad y me escondo en un rincón, sentada en el suelo del pasto. Observo las estrellas, busco alguna fugaz para pedirle un deseo. No la encuentro. Pienso que debería aprovechar la exclusiva y tomar fotos. Pero me duele el alma, no puedo atentar de esta manera contra mí, se me perdió la máscara. Me levanto.

Azucena viene abrazada al capitán Martín, brillan sus sonrisas y sus gestos, están imbuidos del aura del amor. Me piden tímidos una foto. Entonces sí, saco la cámara, intento enfocar, cosa imposible pues la oscuridad es total, disparo el flash, sus pasamontañas uno al lado del otro, sus fusiles acariciándose y sus miradas tan, tan tiernas. Se me nubla la voz cuando les doy las buenas noches, quizás tengo una bola de lágrimas absurdas en la garganta, me averguenzo. La música cesa, la capitán Irma está exultante, baila con el mayor, juegan ese dulce juego de las miradas y las segundas intenciones. Me voy. Me tumbo en mi rincón de fría tierra. No pienso en nada.

Al día siguiente viene el subcomandante Marcos a dar entrevistas a los diversos medios de comunicación que se han ido concentrando en la vieja escuela. Dos horas por medio, de 10 a 16 horas. Es increible el aguante de este hombre para con nosotros, la prensa.

Aunque él diría: "Estoy confundido: no sé que es lo que me tiene más podrido, los periodistas o ese avión ronroneando muerte desde arriba".

Por la noche, encerrados en la escuela, vemos llegar al lugar los representantes de los pueblos y comunidades. Van a reunirse con el Comité Clandestino para llevar los resultados del diálogo con el Gobierno a sus respectivas asambleas de todos los pobladores. Son cientos y cientos de campesinos, con sus sombreros blancos.

El gobierno espera una respuesta de los zapatistas, un sí a la firma de la paz. Pero el camino es muy largo.

Marcos nos informa que para obtener una respuesta han de seguir todo un proceso democrático que requiere aún semanas, quizás meses. Esa es la forma de funcionar de los indígenas y la esencia del zapatismo, así se decidió la guerra, así debe decidirse la paz, por el acuerdo de todos y cada uno de los pobladores de la selva.

LAS CONSULTAS

Traducir a los cuatro idiomas mayas los documentos y conclusiones del diálogo de San Cristóbal, llenos de "algunas palabras muy avanzadas que no entendemos bien" (dice un miembro del CCRI), lleva su tiempo. Y también su discusión.

El primero de marzo, unos 200 delegados que representan a los comités Clandestinos de las cañadas y la selva se reunieron. Mientras, en otros lugares se llevaron a cabo encuentros similares. Se estudiaron las respuestas del gobierno federal a los 34 puntos del pliego petitorio del EZLN y se habló de los puntos pendientes de democracia. Cualquiera tiene el derecho a pedir que haya más discusión si no está de acuerdo o no entendió algo. Los representantes de las comunidades llevarán esa información a los pueblos, allí, todos discutirán y hablarán de cada punto hasta que se tome por unanimidad o por acatamiento de la voluntad de la mayoría una resolución. Entonces de nuevo los representantes se reunirán por regiones y luego por zonas. Después se reunirá el Comité Clandestino y unificará la decisión.

Manuel, del CCRI, explica lo costoso y lento del procedimiento: "Tenemos que traducir a cada dialecto las propuestas para que entiendan los niños, los ancianos, las compañeras más viejitas que tengan que llevar nuestro pensamiento".

El Comité Clandestino remarca la naturaleza del encuentro en la catedral de San Cristóbal: "Con el gobierno sólo se dió un diálogo, no una negociación. No queremos el poder, estamos luchando contra la pobreza".

"Queremos que el gobierno cumpla nuestras peticiones, que no nos engañen. La petición primera del EZLN es que renuncie Salinas y también los gobernantes de otros estados que llegaron mediante fraude electoral. También nuestra lucha justa, que estamos haciendo, es por la democracia, la justicia y la libertad. Nosotros no somos regionalistas, exigimos también por los compañeros de otros estados que viven igual que nosotros. Estamos analizando que este primer punto no se contestó".

Corrían por entonces, a principios de marzo, rumores de división dentro del Ejército Zapatista, incluso algunos periódicos llegaron a abrir sus portadas con titulares tales como "el subcomandante Marcos se vende", como si éste hubiera firmado la entrega de las armas en San Cristóbal. Pero estos hombres mayores, de sombrero y trazas de campesinos, con sus paliacates rojos cubriéndoles la parte inferior del rostro, se indignan y responden: "Nos mantenemos unidos, no es cierto lo que dicen los periodistas de que estamos divididos. Los que asistieron al diálogo, incluyendo al subcomandante Marcos, recibieron instrucciones de lo que tenían que hacer en San Cristobal. No pueden firmar nada en nombre de la Comandancia si no lo aprueban las comunidades".

Otro miembro del Comité, Mesías, dice: "Por el momento sólo hemos recibido papeles y promesas. No creemos en la palabra del Gobierno hasta que no cumpla con hechos; siempre nos han engañado. No hemos negociado nada. Decidimos hablar con el Gobierno porque así lo pidió la sociedad: ellos nos obligaron a sentarnos a dialogar. Ahora también escucharemos lo que piensan de las propuestas que nos hicieron".

Javier fue más explícito y convocó a "todo el país para que estudie las propuestas del Gobierno. Necesitamos saber qué opinan y cómo la ven".

En general, en la reunión reina el escepticismo: "No creemos que el Gobierno vaya a cumplir. Estamos estudiando las posibilidades. Un papel no nos llena ni nos da de comer".

"La comisión trabajó bien. No podían comprometer nada en el diálogo, porque eran comisionados por el Comité nada más. Fueron a echar una plática con Camacho Solís. La decisión es de las comunidades, una vez ellas discutan, nos van a decir qué hacer".

Respecto a la urgencia de la prensa y el Gobierno para obtener una respuesta, nos dicen: "Hace como diez años que estamos en esta lucha y tenemos paciencia. Para votar la guerra tardamos varios meses en discutir, porque para hacer una lucha tenemos que pensar bien, arriesgamos la vida porque nosotros estamos haciendo una lucha justa, legítima y legal. Hemos esperado 501 años. No vamos a correr ahora".

Y ASESINARON AL CANDIDATO DEL PRI

La primavera empezó como una angustia. Tenía que salir de San Cristóbal como fuera, dejar la ciudad colonial, acogedora y europea e ir a la selva, la selva es un imán, un paisaje soñado. Y siempre la duda de si estarán aún allí, de si podremos volver a entrar en ese mundo de jóvenes llenos de ternura cargando fusiles; en sus manos las armas y la esperanza juntas. Ese miedo a que el retén militar nos impida el paso, no nos deje ver a los que llama 'transgresores de la ley', eche al suelo nuestros anhelos y nos obligue a regresar. "Buenos días, sus identificaciones por favor. ¿Son ustedes periodistas? Pues allí les tomarán nota". Llevan un férreo control de los reporteros.

Por la mañana fuimos hasta Ocosingo con un familiar de los campesinos asesinados en Sitalá. En el mismo auto, el joven cuenta que cada año mueren indígenas a manos de guardias blancas, el propio Presidente Municipal es cómplice y parte, jamás han sido investigadas esas muertes y jamás se ha castigado a los culpables. Ahora es distinto porque la gente reclama más, no van a dejar pasar esto, dice. Eran campesinos que estaban ocupando predios desde hace una semana. El propietario había acordado con ellos que si el gobierno le compraba las tierras podrían quedarse. Sin mediar palabra, cuando se acercaron a la Presidencia Municipal a preguntar por unos compañeros presos les habían disparado los agentes de la judicial: dos muertos, tres heridos, entre ellos un niño de diez años.

Llegamos a Ocosingo, una ciudad ocupada por los militares y transitada por los ganaderos y finqueros. Ningún taxi quiere acercarse a San Miguel. Temen adentrarse en la selva, al retén militar, a los zapatistas. Ayer apalearon a un taxista y le robaron su auto, lo que no deja de sorprender ante la presencia de tanto soldado. En el retén federal revisan todo el coche y equipaje. Un camión lleno de campesinos sufre el mismo procedimiento pero mucho más minucioso. Los hombres son cacheados, las cajas de mercancías abiertas, los sacos revueltos.

Los caminos de terracería son intrincados, llenos de curvas, la vegetación se espesa, las montañas azules aparecen, empieza la embriaguez de verde y de cielo que caracteriza todo viaje a la selva. El polvo que levanta el coche, el aire caliente que entra por la ventanilla rota de este taxi desvencijado, el ritmo sosegado y a veces violento de los baches me sumen en un adormilado sopor. Al cabo de una hora nos detenemos. San Miguel está a unos pasos.

De la loma surgen los civiles encargados de vigilar el paso a la zona insurgente. Damos nuestras credenciales de periodistas. Uno de ellos se va corriendo al pueblo a preguntar por radio si dan paso. Hay dos respuestas posibles: "Aquí van a quedar" o "Sí, van a pasar". Son las mismas palabras definitivas con que se encontraron periodistas, curiosos e incluso políticos de alto rango que intentaron conocer al subcomandante Marcos, los más, o a los insurgentes, los menos, o a ambos, dicho sea de paso. Y con el tiempo se aprende que no cabe discutir la sentencia del joven que regresa de la radio con la credencial en la mano. Si es que sí, adelante. Pero si es que no, no es que se hayan equivocado al leer el nombre, no, pues por más cargos y méritos públicos que se tengan, no se pasa. Aquí de nada sirve la gloria, el poder o la notoriedad. Tampoco sirve enfadarse. Los que nunca vieron una puerta cerrada tienen dificultades en aceptar que unos pinches jovencitos indios los miren con cinismo y les digan que nada, que ya puede rasgarse las vestiduras, que ellos no se inmutan, al revés, se divierten y "aquí va a quedar".

Por suerte, esa vez nos tocó una sentencia intermedia: "Aquí van a esperar". Al poco rato llegó una furgoneta cargada de periodistas y recibió la misma indicación. Nos fuimos al pueblo. Allí está funcionando un pequeño hospital instalado en la escuela, hay dos médicos de la Cruz Roja Intenacional, dos mujeres. La letrina es un hoyo en el suelo tapado por tablas de madera. El agua sale de una manguera al lado de la cancha de básquet y escasea. Aquí llegan todos los heridos y enfermos de la zona. En la sombra, el calor es agobiante. Los perros están flacos, los niños mal vestidos, sucios, algunos parecen enfermos. Las casitas son de madera y techo de palma, el suelo es de tierra, tienen una sola estancia. Pedimos en una que nos den algo de comer: frijol, tortillas y huevos revueltos. No falta el chile.

Por la noche nos dan paso. Nos preguntan qué ha pasado en la ciudad. Contamos las últimas noticias: el asesinato de dos campesinos en Sitalá, sigue el hostigamiento a las monjas del hospital de Altamirano por parte de ganaderos, militares y gentes afines. Han apaleado a un paciente que salía de recibir atención médica allí. También a un indígena que estaba participando en hacer una guardia civil delante del hospital lo han agarrado los federales en el retén y casi lo matan, apareció agonizante. En San Cristóbal hubo una marcha de ganaderos para reclamar sus derechos, defender sus privilegios, Camacho Solís los recibirá el miércoles. El obispo Samuel dijo en su homilía que hay muchas conductas irresponsables que ponen en peligro el alto el fuego. Los indígenas expulsados de sus parajes por los caciques se manifiestan en San Cristóbal... Se hace el silencio. Ellos no abren la boca.

Avanzamos por los baches, el camino de tierra. Nos acompaña el pájaro de la noche, le llaman el tapacaminos, nos espera en cada curva y cuando llegamos se echa a volar, me fascino, sólo lo he visto por esta zona. Si el tapacaminos se hecha a volar en una encrucijada, indica que hay ruinas mayas. Nos dejan en un punto: "aquí van a quedar". Ni una palabra más. Bajamos y los insurgentes nos conducen arriba de la loma. El capitán Cristóbal sonríe de oreja a oreja. Duermo en unas tablas al exterior. Dentro de la barraca no queda sitio, las literas de tablones, perfecta construcción en la que no hay un sólo clavo, están ocupadas por unos veinte insurgentes y cuatro periodistas.

A las 7 de la mañana empieza *La Jornada*, sin prisa. Algunos insurgentes ya llevan rato en la cocina preparando el desayuno. La primera vez que estuve aquí había carne seca. Ahora ya no: frijoles, tortillas y pasta. Leonel, teniente de veinte años, sabe catalán. Estuvo aquí Pere, el fotógrafo de la Primavera Fotográfica de Catalunya, y le enseñó más. Apunto en su cuaderno palabras y frases que me pregunta. Le digo que quizás algún día vaya a Catalunya y lo pueda practicar. Me responde con un 'uuuyy' de incrédulo, sólo le faltó llamarme ilusa, y añade: "No me alcanzará la vida". Escalofriante realismo. No obstante sigue queriendo aprender este idioma, le gusta, se estudia los apuntes, me persigue con palabras. Leonel está ávido de conocimiento, es muy inteligente. Yo no logro acordarme de como se dice 'gracias' o 'tengo hambre' en tzeltal y él anda construyendo frases en catalán.

Habla de esta lucha: "Ya nunca se podrá parar esto. Aunque queden sólo dos, uno toma el mando y sigue el otro. Vamos a clavar nuestro plomo de una vez. Si se muere, nuestro superior, va a seguir el otro y luego el siguiente. No dejaremos de pelear. Mi arma la compré con mi propio dinero, nadie me la dió, no las soltaremos porque si no nos van a volver a chingar a todos".

Este teniente estuvo dos años trabajando de peón de albañil en la ciudad. Regresó a su comunidad porque no aguantaba y le dijo a su madre que se iba a enrolar en el ejército, que no podía más. Entonces sus padres le hablaron de otra organización y otro ejército. A los dos meses ahí estaba. Era el EZLN. Leonel muestra el suelo y la gente de la comunidad. Dice que aquí crece todo, que se pueden organizar bien, cada cual cultiva una cosa y todo es para todos. Pero la gente está enferma y mal alimentada, no tiene fuerzas para nada, con el estómago vacío no tienen ánimo, sin escuelas ni salud para los hijos, viéndolos morir, no hay alicientes... Por eso hay que luchar, para devolverle al campesino las ganas de vivir: "Si hay que echar bala, pues ni modos".

Me pregunta que si yo tengo tierra, le digo que no. Contesta que "cuando esto acabe tú vienes y haces tu casita". Luego se sonríe amargamente, como si no creyera en nada.

Durante todo el día los periodistas no hacemos más que holgazanear, charlar, dormitar... Ni siquiera leemos. Andamos mezclados entre pantalones negros de naylon —la tela que mejor seca, que no atraviesan las garrapatas y a la que no se pega el barro—, botas —muchas viejas, gastadas, rotas, a pedazos y remendadas— , y fusiles, armas de todo tipo y época, un muestrario de las guerras pasadas y las por venir, estrellitas de plástico rojas —las que dan grado— en la camisa o en la gorra marrón, saludos militares y risas de insurgentes. En este pequeño campamento también florece el amor, abiertamente se acurrucan, se abrazan, se sientan juntos. Cristóbal y Rigoberta, quieren una foto juntos. Se ponen los pasamontañas y posan ante la cámara. Sólo se les ven los ojos, pero están desnudos, se les escapa la risa, el amor, las ganas de vivir y la esperanza por esa rendija de la mirada.

Todos son así, tan puros, tan vitales, tan jóvenes y responsables. Las muchachas se peinan y se ponen sus pendientes, se suben los pantalones bien arriba y cuidadosamente doblan sus calcetines sobre las botas. Conservan toda su feminidad intacta, el subcomandante Marcos dijo que eso es muy importante, que las compañeras sigan arreglándose y cuidándose como su sexo lo suele hacer. Florecen los pendientes, las bolitas para atar coletas, los peines y cepillos de pelo. Van impecables, relucientes. Ellos tocan bajito la guitarra, ensayan nuevos corridos, sacan una baraja de cartas, cosen sus uniformes, algunos tan desgastados, "somos pobres". O limpian sus armas, cuentan las balas. Las cartucheras de sus cinturones son de lona verde, pura artesanía, con sus cierres de cordones.

El capitán Cristóbal, pura entrega y alegría, está al mando. Tiene 25 años, es de los mayores. Lleva cinco en el EZLN y cuenta que él no quería tener grado, ni siquiera quería ser teniente hasta que su mando lo obligó, le ordenó que se preparara para el examen. Luego también le hicieron estudiar para capitán, aunque él estaba muy bien de teniente. "El grado es mucha responsabilidad, hay que mandar y cuidar de los que tienes abajo, y también poner castigos".

Un día más. Dormimos dentro de la choza. Da para una novela: despertarse, abrir los ojos, ver tablas amarradas con fibra vegetal formando literas, de madera anaranjada y caoba, botas, pantalones negros, fusiles, cartucheras, paliacates rojos, camisas café, jóvenes aún niños, hombres y mujeres mezclados, risas, amor y disciplina perfecta, impera el orden, aunque no lo parezca. Vienen las guardias y se cuadran ante los capitanes, dicen su informe, saludan con la mano izquierda.

De buena mañana suena machacona la cumbia en el radiocasette: "Ronalda, quítate la minifalda...", tan de pueblo de aquí, de orquestita de fiesta, siempre la misma cinta. Sobrevuelan los aviones, en concreto un avión militar ha pasado varias veces sobre la zona muy bajo. Todos los insurgentes se esconden. Hoy será el día en que morirá asesinado Colosio, mucho más tarde, extraña coincidencia.

Lucio habla de las casas de varias habitaciones que una periodista yanki le había dicho que hay en EEUU. Me dice que si todo es perfecto allí, si hay justicia..."¿Será...?", pregunta. Respondemos que no es verdad, que si en EEUU tienen tres televisores dos coches y casas de cinco habitaciones es porque ellos aquí no tienen nada, que en EEUU hay mucha gente pobre que vive en la calle, que come de las basuras, muchos olvidados; también muchos locos, enfermos de tanta tele y tanto supermercado, sin dignidad ni nada, mucha soledad, en eso ellos son más ricos, se tienen unos a otros, viven en comunidad.

Miradas atentas y algún que otro "¿Será...?". Rápido se forma un círculo a nuestro alrededor. Gente del pueblo también se acerca, los hombres que vuelven de trabajar el campo. Hablamos de los desequilibrios mundiales, del precio del café, de los países ricos que expolian a los países pobres. Va cayendo la noche y la charla deriva por otros derroteros, acabamos hablando de la luna, de su cara oculta, de las estrellas que son soles lejanos, de los secretos del universo, de la ingravidez y el espacio infinito. "¿Será...?". Aquí el saber aún es una sed verdadera y no saciada.

Esa noche apareció el subcomandante Marcos. Nos hicieron recoger nuestras cosas, despedirnos rápidamente y bajar a la carretera de terracería. Ahí estaba él con el camión. Nos pregunta:

-¿Ya saben lo que pasó?

Nos miramos perplejos, no sabemos nada, no hemos escuchado noticias ni visto ningún periódico.

—Han asesinado a balazos a Colosio en Tijuana cuando acababa un acto electoral.

Nosotros nos escudriñamos unos a otros, lívidos.

-¿Saben lo que eso significa?

No respondemos.

—Es una estrategia del gobierno para reiniciar la guerra. Van a decir que hemos sido nosotros y justificar lo que quiere hacer la línea dura, acabarnos.

Nos subimos al camión de redilas, hace frío. Los baches del camino nos hacen ir de un lado a otro colgados como monos de los hierros. Los periodistas estamos nerviosos, cada uno de nosotros reacciona de manera distinta. Rompe nuestros planes de trabajo y además da miedo...

La noche es oscura y cerrada, la luna sigue creciendo, hay nubes. Llegamos al otro paraje, nos dejan en la escuela. Antes de desaparecer, Marcos habla de lo de Colosio:

—Son las fuerzas reaccionarias que tratan de justificar una acción militar en contra nuestra, porque si no, ¿a quién beneficia esto? Quieren acabar con el proceso pacífico. Nosotros no abriremos fuego, no pensamos romper la tregua, pero estamos en estado de alerta, dispuestos a todo.

Dormimos en la enorme aula, sobre el suelo de tierra, sin bancas, sin nada, barraca de madera con techo de lámina. Pronto por la mañana, unas mujeres nos llaman desde las ventanas, evidentemente sin cristales -material inexistente por aquí-: "Chhh, chhh! ¿quieren café?" Nos venden café y tortillas, "¿tienen ropa para lavar?", piden azúcar, sal, botellas de plástico de las de agua... No tienen nada. Descalzas, cargan niños en los pechos, la pobreza es extrema. Alguien comenta: "Es increíble cómo puede vivir la gente aquí, hacen verdaderos milagros".

Al caer la noche aparece Marcos y ofrece la entrevista a la televisión noruega. Como aquí no hay energía eléctrica, lo iluminan con un reflector y una pantalla, un curioso montaje en medio de la selva, en el pasto, con el cielo y las estrellas como fondo. El contesta paciente a las preguntas.

Cuando acaban traen una guitarra. Las noruegas quieren filmar algún corrido. Suenan los primeros acordes, cantan:

"Al pie de tu sepulcro/ mi general Zapata/ en nombre de la patria/ yo te ofrendo una flor,/ valiente guerrillero,/ humilde hijo del pueblo,/ en México te admiran/ y alaban tu valor../. Ay ay ay,/ renacerá/ bajo el cielo que amaste/ donde brilla tu frase/ de Tierra y Libertad ...".

Al día siguiente vinieron los insurgentes a hacer ejercicios de entrenamiento para que tomáramos fotos. El capitán Benito, mutilado de guerra que perdió un ojo en la batalla de Ocosingo, dirige la operación. Tienen un sentido del humor genial. En una de las carreras de avanzar por la hierba y camuflarse un teniente ha perdido el cargador. En vez de penalizarlo, se mondan de la risa. Tanto compañerismo parece irreal ante una patente y férrea organización militar.

EL ASESINATO DE COLOSIO

El EZLN en un comunicado fechado el 24 de marzo condena el "cobarde asesinato" del candidato a Presidente de la República Luis Donaldo Colosio, y denuncia que "la línea dura de la clase gobernante" fraguó y llevó a término esta provocación "para anular todo intento pacífico de democratización de la vida política nacional".

El EZLN declara que este crimen es el preludio de una gran ofensiva militar del Gobierno Federal contra ellos y el inicio de una guerra sucia contra toda disidencia: "con el argumento de que es necesario endurecer el régimen para evitar actos como el asesinato de Colosio se pretende dar sustento político e ideológico a la represión indiscriminada" y al "injustificable rompimiento del cese al fuego".

El EZLN manifiesta que se ve obligado a detener el proceso de consulta en las comunidades sobre los puntos del diálogo con el gobierno para preparar la defensa de su territorio y se declara ya en "alerta roja". Pero a su vez reitera "al mundo entero" que se compromete a respetar el cese al fuego, no realizar acción militar ofensiva alguna y no impedir el desarrollo de los próximos comicios. Y añade: "si la patria reclama nuevamente la cuota de sangre y muerte de los nuestros (...) los sin rostro defenderemos con dignidad y valentía la tierra en la que duermen nuestros muertos".

También se señala toda una serie de indicios previos al asesinato que según el EZLN delatan a estas fuerzas que optan por la solución militar. Se denuncia que el diecinueve de marzo aviones militares bombardearon la carretera de Comitán a Altamirano, lanzaron gases —lo que hace pensar en guerra química— y provocaron incendios. En las ciudades de Ocosingo y Altamirano los soldados están deteniendo y haciendo desaparecer a gente sospechosa de simpatizar con el EZLN. También el comunicado denuncia el aumento de tropas federales en la zona de conflicto a partir del veinte de marzo "hasta doblar el número de las que había en enero", para "la gran ofensiva" en su contra que abriga la linea dura del gobierno, la misma que "anima subterráneamente el sabotaje que protagonizan los grandes propietarios de la tierra y el comercio en contra del proceso de paz". Según el EZLN esa "línea dura" que amenaza al obispo mediador en el diálogo, Samuel Ruiz, es la que ordena el magnicidio de Colosio para "coronar su infame acción con la ruptura del cese el fuego".

En este comunicado se indica también que Colosio había hablado del movimiento zapatista con respeto y en sus declaraciones se comprometía a competir en términos de igualdad con las demás fuerzas políticas en los próximos comicios.

El subcomandante Marcos, en la carta que acompaña el comunicado se pregunta "¿Quién obtiene ganancias de su sangre? ¿Dónde estaban los que lo cuidaban? ¿quién patrocina esa mano

"pacifista" que abre de nuevo la gigantesca puerta de la guerra?".
Y a continuación en la posdata se dirige a los "hermanos topos zapatistas" a quienes comunica: "viene ya de nuevo la noche de la infamia, se acerca el fin de nuestro ciclo" Y concluye: "ya casi llega el final del camino nuestro... será entonces vuestro turno".

Marcos cierra su carta con un poema: "...son pocos los que están dispuestos/ a sufrir/ para que otros no sufran/ y a morir /para que otros vivan".

SEMANA SANTA EN LA SELVA

En un cruce de caminos, el camión se detiene y aparecen dos jinetes: son el subcomandante Marcos y el Mayor Rolando. Una impresionante imagen, siluetas armadas a caballo bajo la luz de la luna. Parece una película desempolvada del archivo de los tiempos, los primeros zapatistas, algo así. Escena fantasmagórica. Nos saludan y desaparecen. El camión sigue adelante y nos deja en la vieja escuela. Al cabo de un rato nos invitan a presenciar una misa de jueves santo en la comunidad. Allá vamos todos en montón, los periodistas, un grupo de gente de ciudad en un paraje recóndito del México más profundo y mísero.

En la iglesia, pequeña construcción de cemento, todo es como surrealista. En la puerta de entrada cuelga un muñeco, un judas con el rostro de Nixon recortado de una revista. El recinto está abarrotado. Nosotros esperamos instrucciones para entrar, los insurgentes nos indican: "ya pueden pasar". Rompemos todo el encanto con nuestras máquinas de disparar. Las mujeres están a la izquierda del altar con sus vestidos de colores y sus pasadores metálicos y refulgentes sobre la negrura de sus cabellos, llevan mantillas negras que utilizan cual pasamontañas para cubrirse el rostro cada vez que algún fotógrafo las coloca en su objetivo. Los hombres a la derecha todos ellos con paliacate rojo. Cerca del altar, simulan la última cena, más parca que la que debió tener Jesús, con agua y tortilla seca. Leen en castellano, se equivocan, se saltan palabras, dicen discipulos en vez de discípulos, pero nadie aparte de nosotros parece inmutarse, la mayoría no saben español. En un rincón cercano al altar tocan música, guitarra y acordeón, y cantan. No acaba la escena que ya nos echan. Continuarán su ceremonia ahora más relajados.

Regresamos a la escuela y dormimos rascándonos como locos, comidos por la mostacilla, las pulgas y garrapatas que no se apiadan de la carne nueva y, esta sí, mejor nutrida. Al día siguiente por la tarde llegaron varias respuestas del subcomandante Marcos a las solicitudes de entrevistas de los reporteros. Las trae el mayor Mario, quien con su inmenso sentido del humor viene agitando los brazos diciendo: "Ya llegó el palomo" —por lo de mensajero—. En un comunicado, el sub nos informa con lujo de literatura que nos van a llevar a conocer otra comunidad para que no nos aburramos de tanta inactividad.

Nos suben al camión de redilas, con una guardia de mujeres. Aterrizamos en un pueblo como una invasión, la gente nos estaba esperando, el mayor Rolando nos dice que ya podemos trabajar. Pero se nos hizo muy violento empezar a preguntar, inquirir, retratar. Además los lugareños, como es natural, no tienen muchas ganas de hablar ni contar su vida a extraños, no saben hasta qué punto pueden decir.

La comunidad está llena de milicianos, con sus pasamontañas de colores inéditos, uno rosa, sus paliacates, su recelo. Yo no tengo energía, me siento intrusa e inútil para esta profesión. Admiro a los demás, cómo apuntan en sus libretas, cómo fotografían.

Un señor cuenta que llegaron aquí a poblar, que eran peones acasillados, que están contentos con el EZ, que hay gente disconforme en el pueblo pero no plantean problemas, conviven. Y "lo que se gane con esta lucha será para todos".

Vimos a los niños jugar a empuñar armas y de repente nos dimos cuenta de que ellos no juegan, marchan, presentan palos, asumen la venganza de su pueblo, como sus mayores. Quieren hacerlo, aprenden porque no hay escuelas ni otro ejemplo que seguir. "Aquí hay miseria, hambre, enfermedades..."

Después del episodio de los niños, fuimos invitados a asistir a la ceremonia de viernes santo, celebrada en el exterior, frente a la iglesia. Una cruz enorme vestida con tela roja presidía el acto. Los milicianos e insurgentes, con sus armas, se colocaron en una fila de dos, en medio de la explanada, los hombres del pueblo a la derecha del maestro de ceremonias, las mujeres a la izquierda con los bebés y los colores de sus vestidos. Los periodistas en todas partes, intentando no estorbar, para variar. Se ofició la misa, leyeron en castellano, sonó la música, los insurgentes tocan la guitarra, el guitarrón y la marimba, se entonan canciones cristianas mientras las mujeres pasan a comulgar. Los niños nos rodean y se asombran de la capacidad reproductora de nuestras grabadoras, escuchan su voz. Nos reímos con ellos, se van templando los corazones, algunas miradas tan negras... Todos los hombres cubren sus rostros con paliacates.

Acabó el acto religioso y nos mezclamos todos, los milicianos se acercan y nos piden fotos. Amabilísimos nos invitan a café y a tortillas rellenas de frijol. Raúl, miembro del Comité Clandestino, que estuvo presente en el diálogo de San Cristóbal, se acerca. Es un indígena de mediana edad, habla con sapiencia, sus palabras son precisas, estamos sentados en el suelo en la oscuridad de la noche templada y comenta la situación de este poblado. Todos vienen de las fincas, desde que llegaron hace 30 años no ha mejorado nada, no han conseguido ninguna ayuda, no hay sanidad, ni educación. Pregunto qué piensan del diálogo y cuánto falta para que se reanude la siguiente fase:

"Los periodistas nos preguntan siempre sobre las consultas, el acuerdo de paz. Ahora están paradas por los mismos problemas que ha habido con los ganaderos y el ejército que nos rodea. Una vez se reanuden va a llevar mucho tiempo para que lo estudiemos bien, que hasta los chamacos de diez o doce años vean de qué se trata. No nos vamos a apresurar. Ahora hay que analizar bien si nos conviene, pero fíjate que es un papel nada más, no está siquiera firmado, no tiene validez. Además, ¿cómo lo hacemos? ¿Quién va a firmar una paz? ¿Quién no la va a firmar? Eso tenemos que ver".

Respecto a la gente de las comunidades debe de estar bien aturdida cuando llega la prensa. Le pregunto si hay nerviosismo, cuál es el ambiente:

"La población civil está tranquila porque a través de todos nosotros los mantenemos informados de todas las comunicaciones que recibimos, en todo momento saben cómo va la guerra. Lo que dicen las noticias en las radios locales a veces son puras mentiras y ya no lo creemos. Pero hay otras emisoras que sí pasan bien claro lo que estamos haciendo y eso escuchan los compañeros".

La conversación dura poco, se tiene que ir.

Salimos de regreso ya de noche. Las manos de las gentes se agitaron en señal de despedida mientras nos alejamos en el camión de redilas. Ha sido entrañable, nos vamos contentos.

Cantábamos por el camino, bailando con el vaivén de los baches. Una vaca se puso a correr delante nuestro, como atontada por los focos. Y entonces, cuando faltaba ya poco para llegar a la vieja escuela, se detuvo el camión sin motivo aparente. La vaca ya hacía un trecho que había desistido de su carrera, tampoco se habían pinchado las ruedas ni habíamos embarrancado en un bache. Pero ahí nos quedamos clavados nada más y nada menos que cuatro horas. Sin explicación. Nos reclinamos, al final estábamos estirados unos encima de otros. Era noche cerrada, nos dormimos un rato. Azuzena, la insurgente que es la pura imagen de la ternura, se quedó profundamente dormida con su arma y su cabeza reclinada en mi hombro. No me atreví a moverme, me sentía absolutamente feliz con esa muestra de confianza, ese peso cálido de su cuerpo tan reconfortante aunque me cortara la circulación.

ZAPATA CABALGA DE NUEVO

El antropólogo Andrés Aubry publicó en el diario *Tiempo* de San Cristóbal un estudio comparativo entre las leyes que las huestes de don Emiliano Zapata defendía en 1917 y las que el actual Ejército Zapatista de Liberación Nacional promulgó con la entrada del año 1994.

El zapatismo de 1917 decía:

Ley sobre derechos y obligaciones de los pueblos.
Los pueblos tienen derecho:
1º. A elegir libremente a sus autoridades municipales, judiciales y de cualquier otra clase y a exigir que estas sean respetadas por militares y civiles.

II. A exigir que los jefes y oficiales y tropa no intervengan en asuntos de orden civil y mucho menos en cuestiones de tierras, montes y aguas, pues todos estos negocios son de la exclusiva competencia de las autoridades civiles.

2º. Los habitantes de cada población tienen derecho de adquirir armas para defender a sus personas, familias e interés, contra los ataques o atentados que cometan o pretendan cometer los militares o gente armada. Por lo mismo están ampliamente facultados para hacer uso de sus armas contra cualquier hombre o grupos de hombres que asalten sus propiedades, sus hogares, atenten contra el honor de sus familias o intenten cometer robos y atropellos.

3º. Los presidentes municipales, además de las atribuciones que les señalan las leyes vigentes tendrán los siguientes derechos y obligaciones:

1. Podrán aprehender, desarmar y remitir al cuartel general de la revolución con las seguridades debidas, y a fin de que se les aplique el merecido castigo a todos aquellos individuos a quienes se sorprenda robando, allanando y saqueando algún domicilio o cometiendo cualquiera otro delito; igualmente se procederá en esta forma, contra los que hubieren llevado a cabo alguno de esos actos aún cuando no sean sorprendidos en el momento de ejecutarlos.

III. Tendrán derecho a exigir que por su conducto se haga siempre el reparto de alimentos entre la tropa y la distribución de forrajes para las cabalgaduras de conformidad con lo dispuesto en el artículo siguiente.

Y por su parte, tres cuartos de siglo después el EZLN promulga:

Ley de derechos y obligaciones de los pueblos en lucha

Los pueblos en lucha contra el gobierno opresor tendrán los siguientes derechos:

a) A elegir libre y democráticamente a sus autoridades de cualquier clase que consideren conveniente y a exigir que sean respetadas.

b) Exigir de las Fuerzas Armadas Revolucionarias que no intervengan en asuntos de orden civil o afectación de capitales agropecuarios, comerciales e industriales que son competencia exclusiva de las autoridades civiles elegidas libre y democráticamente.

c) A organizar y ejercer la defensa armada de sus bienes colectivos y particulares así como a organizar la vigilancia del orden público y buen gobierno según la voluntad popular.

d) A exigir a las Fuerzas Armadas Revolucionarias garantías para personas, familias y propiedades particulares y colectivas de vecinos o transeúntes siempre que no sean enemigos de la revolución.

e) Los habitantes tienen derecho a adquirir y poseer armas para defender sus personas, familias y propiedades contra los ataques o atentados que cometan o pretendan cometer las Fuerzas Armadas Revolucionarias o las del gobierno opresor. Por lo mismo están ampliamente facultados para hacer uso de las armas contra cualquier hombre o grupo de hombres que asalten sus propiedades, sus hogares o atenten contra el honor de sus familias o intenten cometer robos y atropellos.

2º Las autoridades civiles elegidas democráticamente ten-
drán además de los derechos anteriores y de las atribuciones que
señalan las leyes revolucionarias respectivas, los siguientes derechos:

a) Podrán apresar, desarmar y remitir a las comandancias
respectivas a quienes sorprendan robando, allanando o sa-
queando algún domicilio o cometiendo cualquier otro delito,
para que reciban su merecido castigo, aunque sea un miembro
de las FAR. Igual se procederá contra los que hubieren cometido
algún delito aunque no sean sorprendidos en el momento de eje-
cutarlos, siempre y cuando su culpabilidad sea demostrada su-
ficientemente.

b) Tendrán derecho a que por su conducto se cobren los im-
puestos revolucionarios establecidos por la Ley de Impuestos de
Guerra.

UN REDENTOR, MITO POPULAR

"Fue el año 19/ mismo de mil novecientos/ y era en el diez de
abril / cuando sucedió el suceso", reza el corrido.

Zapata despertó en los brazos de una mujer el día en que la
sed de vengarse de uno de sus hombres infieles lo llevaría a
caer en la trampa. Fue a Chinameca con diez hombres, invita-
do por el mismo que iba a asesinarle, un general carrancista que
simulaba haberse pasado a su bando. Los periódios dijeron "ya
mataron al bandido".

El corrido sigue: "enterraron a Zapata en una profunda tumba pues creían que se saldría para volver a la lucha".

Brillando en el cielo quedaba su frase de "tierra y libertad".
Y el milenarismo lo resucitó. Las pintadas de "Zapata vive, la
lucha sigue" han inundado México. Las viejas cuentas pendientes del siglo asoman renovadas, se recuperan causas que jamás
terminaron y se mueve la historia de nuevo, cual si el paso del
tiempo no fuera. Zapata vuelve a cabalgar junto a un pueblo en
armas, pobre y sin tierras. En Chiapas los indios vuelven a empuñar machetes y fusiles y a cruzarse las cananas sobre el pecho.

¿Pero quién dijo que Zapata está muerto?

Los campesinos de su tierra natal, Morelos, lo niegan rotundamente. A su tumba no llevan flores, pues no creen que se encuentre allí. Sí las llevan a Chinameca, lugar donde lo traicionaron. Dicen que se escondió en una cueva en las montañas, luego se fue a Sarabia y de viejo regresó a su tierra a morir. Algunos veteranos de la revolución dicen que en 1974 los fue a visitar, que iba vendiendo cacharros de cocina por los pueblos, de vagabundo.

Zapata es más que un mito, es un redentor, un santo milagroso, un compadre. En México todos los niños, todos los obreros, todos los campesinos saben del héroe del sur. Tal es la magnitud de su presencia en la imaginería popular que el Estado ha visto imprescindible hacerlo suyo, reconocerlo y poner en letras de oro su nombre en el Congreso de la Unión junto con los grandes hombres que forjaron la patria mexicana. El diez de abril en las escuelas los niños hacen concursos sobre quién era Zapata: "Luchó para darle frijoles y maíz a los campesinos", "murió por los pobres como nosotros".

Zapata nació en el pueblo morelense de Anenecuilco -en lengua prehispánica: "donde el agua se arremolina"- en 1883 en una familia de humilde origen indio. Con ocho o diez años presenció cómo todo un barrio era arrasado y destruido por los hacendados que se anexionaban las tierras de la gente con total impunidad. Cuentan que Zapata entonces dijo a su madre: "Cuando sea grande voy a recuperar las tierras".

En 1909 es nombrado Calpuleque de Anenecuilco, figura indígena tradicional, especie de asesor, consejero del pueblo. Este cargo solía ocuparlo la persona más vieja de la comunidad, pero aquel año decidieron que fuera Emiliano, un hombre joven y fuerte puesto que se acercaba el tiempo aciago de la lucha.

En 1910 al llegar los meses de la cosecha los campesinos estaban desesperados. Las tierras comunales habían sido cercadas por los hacendados, no había dónde cultivar en todo Morelos. La decisión fue radical: tiraron las cercas y se pusieron a sembrar. El ejército los reprimió. Decidieron levantarse en armas. Eligieron hacerlo durante las fiestas de cuaresma, cuando las gentes de todos los parajes acuden a un pueblo —cada viernes distinto— para festejar. Después de los toros y la pelea de gallos se alzaron y se fueron a la sierra los primeros zapatistas. En Villa de Ayala hicieron un mitin y Otilio Montaño, el maestro de primaria amigo de Zapata, leyó el Plan de San Luís de Potosí, que es el plan por la democracia que promulgaba Madero desde el exilio. Al concluir el acto se gritó: "Mueran los hacendados, vivan los pueblos". Llamaron a todos los que se quisieran unir a la lucha a acudir al Cerro del Aguacate. En un mes se juntaron allí más de 5.000 hombres, un verdadero ejército.

Lo curioso es que dicho lugar ha pemanecido como una leyenda. Se trata de un cerro que en realidad no es tal, no existe, pero donde siempre se hacen reuniones cuando se levantan aires de guerra. Sólo saben de su ubicación aquellos que deben saberlo, dicen. La segunda semana de enero de 1994 la policía judicial temiéndose un brote de violencia zapatista patrulló incesatemente por la zona. Pero eso no impidió, según relatan, que en las noches hubiera un movimiento intenso de camionetas provenientes de todas partes, cargaditas de campesinos...

Retomando la historia del primer zapatismo, el pueblo morelense tenía los papeles antiguos que demostraban la pertenencia de la tierra robada por los hacendados. Se le entregan a Zapata como un tesoro, en un acto simbólico de lucha ancestral por la tierra. Su primo será el encargado de custodiarlos con la propia vida, protegido además por una guardia. Y allí donde va el ejército zapatista van los papeles. Cuando matan al jefe sureño se pierden o quedan escondidos durante años hasta 1940, cuando el historiador Jesús Otelo Inclán tiene el privilegio de acceder a ellos. Se los dan con la condición de que los tenga bajo su custodia y los entregue cuando triunfe por fin la lucha por la tierra. Una vez muerto el historiador, su familia los vendió a Carlos Salinas, quien, simbólicamente los devolvió al pueblo, y montó un museo, como si el problema de la tierra hubiese concluido. Omar Meneses, historiador, citaba al respecto la frase de Efraín Huerta: "héroe que no se rinde lo convertimos en estatua".

Y así el salinismo se adueñó de este mito popular, aunque sin jamás poder arrancar su simiente revolucionaria de la conciencia colectiva de los pobres. Un Robin Hood, una referencia tan sentida, que no es tergiversable. Y bajo el nombre de Zapata, tendenciosamente, el salinismo sumía en la pobreza y la desesperación al mundo rural con el artículo 27 de la Constitución que convierte a la tierra en mercancía.

Todo lo contrario de lo que los adalides de la revolución zapatista de principios de siglo aprobaron: "La tierra es de todos; en consecuencia los terrenos que forman el territorio nacional quedan fuera del comercio de los hombres, y sus habitantes podrán explotarlos libremente y aprovecharse de sus productos... Esta prerrogativa es inalienable y por lo mismo, ni los particulares, ni las autoridades del país podrán entorpecerlo o estorbarla... Esta resolución se declara de carácter social, por lo que no podrá ser derogada por ley alguna posterior", decía el Plan de Ayala.

Asambleas de campesinos zapatistas, ignorantes y con toda su carga de rusticidad, llegaron a aprobar en 1916 el sufragio directo, la autonomía de los municipios y hablaron sobre la personalidad jurídica de los sindicatos, el derecho de huelga, las indemnizaciones, la jubilación, la jornada laboral, las reformas del código penal y civil, la pedagogía moderna y laica, la independencia del poder judicial, la protección de los hijos naturales y la emancipación de la mujer.

El Ejercito Libertador del Sur, como el actual EZLN, basaba su fuerza en milicias territoriales, las gentes de la zona, a la vez campesinos y guerrilleros, el pueblo en armas.

Su indumentaria era de peones del campo, armados con machetes o escopetas, con huaraches (sandalias) o descalzos, con escapularios y relicarios y el estandarte de la virgen de

Guadalupe, humildes. Eran los que la prensa llamó "hordas de Atila". José Valades en su Historia de la Revolución Mexicana dirá de su entrada en 1914 en Ciudad de México: "todo en tal ejército conmovía; y a nadie se le hubiera ocurrido a esa hora, remirando a la gente con el amor al prójimo, negar la justicia popular y explicar, aunque a medias, el porqué de las violencias humanas".

Los primeros zapatistas pudieron negociar con Madero tras el triunfo de éste. Pero no aceptaron ninguna conciliación con los hacendados ni ninguna espera: tomaron la tierra y la trabajaron. El Plan de Ayala (noviembre 1911), aún hoy reivindicado, empieza:

"Plan libertador de los hijos del Estado de Morelos afiliados al Ejército Insurgente que defiende el cumplimiento del Plan de San Luís de Potosí... Los que suscribimos, constituidos en Junta Revolucionaria, para sostener y llevar a cabo las promesas que hizo la Revolución del 20 de noviembre de 1910 próximo pasado, declaramos solemnemente ante la faz del mundo civilizado que nos juzga y ante la Nación a que pertenecemos y amamos, los propósitos que hemos formulado para acabar con la tiranía que nos oprime y redimir a la patria de las dictaduras que nos imponen..."

El 6 de diciembre de 1914 los dos caudillos revolucionarios, Zapata y Pancho Villa, ocuparon Ciudad de México. Carranza reunió en Veracruz fuerzas y armas y acabó con el ejército de Villa. Entonces ya Zapata era pan comido, pues su base era más social que militar. Zapata no tuvo más que caminar para morirse ahí en Chinameca.

Con los años, algunos partidos han colgado carteles en los pueblos: "Zapata no ha muerto". Y la gente encuentra ahí la confirmación de sus convicciones: "¿Ves que sí es cierto?".

Una tarde ante la tumba de Zapata estaban concetrados unos cañeros (trabajadores de la caña de azúcar). Un viejo se les acercó y les empezó a hablar de la lucha, de que había que organizarse. Omar, el historiador, que estaba allí presente, cuenta que ese grupo de hombres se echó a llorar. El se quedó de piedra.

Zapata es el asidero histórico, el mito redentor, Zapata no ha muerto, su fantasma sigue vagando montado en su caballo "As de oros", el que le regaló su asesino, por las tierras de México, ese México profundo.

10 DE ABRIL DE 1994, A 75 AÑOS DE LA MUERTE DE ZAPATA GUARDIÁN Y CORAZÓN DEL PUEBLO

Llegamos a una comunidad de la selva que llaman América transportados en el camión de redilas rojo, agarrados a las barras de hierro para no salir despedidos en los baches, mezclados periodistas e insurgentes. Hacía un calor canicular. Los insurgentes sudaban tinta bajo sus pasamontañas y uniformes oscuros. La gente del pueblo estaba acabando con los preparativos de la fiesta, íbamos a ser testimonios de la celebración del 75 aniversario de la muerte del General Emiliano Zapata en territorio liberado. También se cumplían 100 días del inicio del conflicto, de ese "¡Ya basta!" que había conmovido a México y se había escuchado en el mundo.

Niños descalzos, andrajosos, sonrientes, espiaban a los periodistas, este raro especímen que desde que han salido del olvido ajeno los visita y los fotografía y a veces les entrega dulces, algo tan desconocido para ellos como la televisión, los juguetes electrónicos, los parques infantiles.

Es un pueblo grande, un poco disperso en este espacio abierto de la cañada, rodeado de montañas altas, junto a un río de aguas color turquesa como jamás habían visto mis ojos, acostumbrada al Llobregat natal. Las calles son polvorientas si es que son calles, más bien todo es monte y pasto pisado y las casitas de barro y madera y techo de hoja de caña están esparcidas de forma irregular sobre lo deforestado, las gallinas picotean los últimos restos de hierba entre la polvareda porque es la época seca y todo está envuelto en una nube de indefinición. Algún cerdo pasea entre los niños, escuálido como ellos, sucio. Los mocos y los problemas de infecciones oculares son omnipresentes. Pobreza extrema, camisetas remendadas por 50 sitios para cubrir barrriguitas biafreñas, zapatos ni por asomo. Como reza el corrido que cantó junto a la iglesia Bernardo: "Y dile a Pancho Villa que Pablo del Monte aún sigue descalzo, aún tiene un patrón y dile a Pancho Villa que venga y termine la revolución".

Nos instalaron en un edificio pequeñito, el único de cemento y ladrillo, la escuela construida por el programa del gobierno "Solidaridad". Allí empezamos a sacar los periodistas nuestras viandas y a montarnos nuestro pequeño banquete ante los ojos aturdidos y curiosos de los niños en las ventanas. Una acaba por acostumbrarse, qué triste acostumbrarse a comer frente a los que no tienen nada hasta conseguir ni verlos. Llegaron más oleadas de periodistas hasta completar el número de 50. Todos sudorosos, con nuestros mejores uniformes de campaña selvática, modelitos "sport", algunos quemados por el sol inmisericorde.

Llegó por fin la hora. Serían las cinco de la tarde. En la explanada central habían colocado un gran andamio y a ambos lados sendos carteles: "Zapata vive, la lucha vive" y un mural con el título de "Viva Zapata y el EZLN". La bandera mexicana, quizás la que robaron del Ayuntamiento durante la toma de San Cristóbal, ondeaba suavemente. Sobre la tarima, detrás de las siglas del EZLN y la estrella de cinco puntas en rojo sobre fondo negro, se encontraban alineados unos veinte miembros del Comité Clandestino Revolucionario Indígena con sus paliacates rojos cubriéndoles la parte inferior del rostro. Caía la tarde, el sol se ponía detrás de ellos y a contraluz se hacía casi imposible adivinar sus rostros, las siluetas se recortaban en el horizonte. A un ladito, el grupo de músicos: un acordeón, guitarras y un guitarrón.

El subcomandante Marcos y los mayores marcharon y se pararon frente al estrado, emitieron un saludo militar, se cuadraron ante la cúpula política.

Entonces, de la loma apareció la larga serpiente de insurgentes marchando a paso redoblado, llevaban una bandera negra con la insignia de un machete, un martillo y un hacha y en letras rojas "3 Regimiento I, Guardián y Corazón del Pueblo". Hasta los grillos contuvieron el aliento ante tamaña procesión de hombres y mujeres de rostros cubiertos aferrados a armas de diversos calibres, carabinas 22, ametralladoras Stein, fusiles automáticos R-15, AK. Solemnes y en perfecta disciplina militar. Eran cientos. Les seguía el batallón "Hacha" representando a las fuerzas milicianas, con sus gorras verdes contrastando con las color café de los insurgentes perfectamente ordenados en columnas, marchando todos al mismo compás, retumbaba la tierra bajo su paso sonoro. Después de este medio millar de combatientes apareció la caballería, los insurgentes montados en hermosos corceles. Impresionante despliegue de fuerzas.

Cada batallón, al llegar ante el Comité saludaba. Dieron una vuelta al pueblo y regresaron frente al estrado. Se pararon. Los fotógrafos andaban como locos disparando. Detrás, el pueblo entero, unas mil personas, todos sin rostro: los hombres se lo cubrían con paliacates, las mujeres lo hacían con las mantillas o con sus rebozos negros, ellas llevaban vestidos de colores brillantes, llenos de cintas, el pelo adornado con moños floridos y pasadores metálicos refulgentes.

Entró entonces una escuadra formada por niños de unos diez años, serían veinte. Llevaron una bandera mexicana hasta donde estaba el subcomandante Marcos que los hizo saludar.

La tricolor fue entregada a los miembros del CCRI y colocada sobre la larga mesa del estrado. Entonaron el himno nacional con solemnidad, aunque realmente estos "profesionales de la violencia" tienen unas voces tan tiernas y juguetonas como de niños dulces. Se equivocaron en una estrofa, me comentó un colega divertido, aunque yo evidentemnete no me dí cuenta de ello.

Siguió el himno zapatista, suave versión de "Carabina 30-30", una vez más: "Ya se mira el horizonte / combatiente zapatista/ el camino marcará/ a los que vienen atrás/ Vamos, vamos, vamos, vamos adelante/ para que salgamos en la lucha avante/ porque nuestro pueblo grita y necesita/ de todos los esfuerzos de los zapatistas".

Entonces un miembro del CCRI abrió el acto hablando en tzeltal. Le sucedió otro. Y luego el subcomandante insurgente Marcos tomó la palabra y, en castellano, leyó el comunicado especial para la ocasión, no sin antes informar de que el mismo texto estaba siendo leido en ese momento en el zócalo de la Ciudad de México, ante las 50.000 personas allí concentradas.

A 75 años de la muerte de Zapata, la lucha continúa. Se habló del usurpador Salinas de Gortari que miente al pueblo diciendo que sus reformas al artículo 27 constitucional reflejan el espíritu del general Zapata: "¡Miente el supremo gobierno! El derecho a la tierra para quien la trabaja es irrenunciable y el grito de tierra y libertad sigue sin encontrar descanso en estas tierras mexicanas. Bajo el manto del neoliberalismo que ensombrece nuestros suelos se encarcela y asesina a todos aquellos campesinos que luchan por sus derechos agrarios".

Marcos dijo que en esta fecha se cumplían cien días del "¡ya basta!" de los hombres pequeños que habían sabido transformar el dolor en rabia, la humillación en dignidad y "en lugar de lamentos cosecharon armas". Y ante el silencio atento poblado de grillos, en ese atardecer cálido y profundo de la selva, sonaron las palabras zapatistas conmoviendo el ánimo y el pensamiento de los presentes. Prosiguió la lectura: "Ninguno de nosotros, hombres y mujeres de nocturno paso, tendremos mañana. No habrá ya jamás paz para las ansias nuestras. Nunca más tendrán descanso nuestros huesos y la sangre".

Ante toda esta escenografía extraordinaria muchos de nosotros recuperamos la fascinación perdida en algún rincón de la urbanidad. A favor o en contra. Pero alucinados. Alucinados por esas palabras que más tienen que ver con la literatura y la verdad oculta del alma humana que con la política, la diplomacia o el proselitismo. Ese cielo de abril recortaba en siluetas y colores intensos los perfiles de las montañas y los rostros ocultos de ojos oscuros, ese público campesino de mujeres descalzas, delgaditas, cargadas de niños, hombres con paliacates variopintos cubriéndose la sonrisa, los "transgresores de la injusticia y profesionales de la esperanza", "los de la muerte eterna, los sin patria y sin mañana, los despojados de la historia".

Saludaban con la mano izquierda y el fusil al frente. Se sucedieron los discursos y las canciones. El mayor Benito subió al estrado. Es un joven lleno de humor que luchó en Ocosingo, allí perdió un ojo y ganó un grado. "Cabrón gobierno, traicionó los ideales de Emiliano Zapata. Y por eso ahora el indígena campesino exige tierra o muerte".

El tiempo se detuvo. Escenas de principios de siglo, indios armados, caballos, lucha campesina. Benito leyó: "Como en 1919 la tierra no es de quien la trabaja, como en 1919 las armas son el único camino que deja el mal gobierno para los sin tierra".

Zapata fue acribillado a tiros por las tropas de Venustiano Carranza. Fue en Chinameca, un 10 de abril como este, lo traicionaron. Mientras sonaban las poesías o los cantos, mientras reposaban los combatientes sus armas y se relajaban, el manto estrellado de la noche se impuso. La idea de destino o fatalidad que pende sobre estas gentes salidas del nunca jamás de hace 501 años sobrecogía.

Marcos habló de Votan y de Zapata, "nuestros más lejanos abuelos". Dijo que "hubo un hombre que, caminando su palabra desde lejos, a nuestra montaña llegó y habló con la lengua de los hombres y mujeres verdaderos(...) En la boca de los muertos nuestros, en la voz de los sabedores ancianos, caminó su palabra de él hasta el corazón nuestro. Hubo y hay, hermanos, quien siendo y no siendo semilla de estos suelos a la montaña llegó, muriendo, para vivir de nuevo. (...) Es y no es en estas tierras: Votan Zapata, guardián y corazón del pueblo".

Votán y Zapata tomaron nombre de nuevo en el Ejército Zapatista de Liberación Nacional. Y Marcos prosiguió: "Para todos todo, nada para nosotros. Los innombrables, nosotros, los muertos de siempre. Nosotros, necia dignidad, olvidado rincón de nuestra patria. Nosotros, rojinegra bandera bajo de la tricolor águila. Nosotros, roja estrella por fin en nuestro cielo, nunca estrella única, una más sí, la más pequeña".

Y se sucedieron los saludos a los hermanos mexicanos, a los campesinos de esta patria, a los indígenas de todas las tierras, a los combatientes zapatistas. "¡Zapata estando viene! ¡Muriendo vive! !Viva Zapata! ¡Democracia! ¡Justicia! ¡libertad!".

No había estridencia ni gritos ni consignas coreadas, ni ambiente enfervorecido. Todo era absolutamente suave y real, profundo y sentido.

El CCRI explicó que el proceso de consulta a las comunidades, paso previo para la reanudación del diálogo, estaba suspendido desde el asesinato de Colosio. Hacía pocos días un terrateniente asesinó a un miembro del Comité Clandestino e hirió gravemente a otro en el municipio de Altamirano. Seguía la alerta roja en territorio zapatista, informaron.

Se rompieron filas. Comimos todos caldo con carne de ternera, de esas que como impuesto revolucionario se les incautó a los ganaderos, sabrosísima, abundante, acompañada con tortillas de maíz.

Una vez repuestos los estómagos, empezó el baile. El tocadiscos viejo desgranó cumbias, las mismas siempre. En algunos momentos la bomba de gasolina flaqueó y nos quedamos a oscuras y sin canción. Las muchachas empezaron a bailar solas, descalzas, delgadas. Los combatientes se acercaban a ellas como una nube y las pedían, se hacían de rogar, por fin se dejaban y danzaban agarrados, sin mirarse, ellos con sus armas colgadas del hombro, ellas con sus cintas de colores, sus flores rojas en el pelo, sus pasadores y su risa tímida. Las insurgentes parecían esta vez no tener ganas de bailar, ya lo hicieron y mucho el ocho de marzo. Algunos periodistas entraron en la jarana, revueltos entre faldas y fusiles. Cristóbal se acercó y me preguntó por qué no bailaba. Sonrió y se alejó abrazado a su compañera, Rigoberta, los dos felices, jóvenes, mirándose esos ojos negros y brillantes como la noche.

Sobre las doce cundió la alarma. En algunos pueblos, durante la celebración lanzaron cohetes y petardos. Los insurgentes en perfecto orden y rapidez desaparecieron, algunos en camiones, otros corriendo en formación. De repente la plaza estaba vacía, sólo quedábamos algunos periodistas atónitos mirándonos con perplejidad. Apareció el Mayor Mario, el máximo relaciones públicas del EZLN: "Vénganse todos, periodistas, ahora mando yo. Vamos todos a la escuela a dormir. Hay un pequeño problema, no se preocupen, yo los cuido". Nos llevó, calmó a los más histéricos. Al cabo de un rato nos comunicó el origen del susto, todo estaba en orden, los malditos petardos. Se quedó allí, haciendo bromas, de guardia toda la noche.

HAY QUIENES LUCHAN TODA LA VIDA...

Era un viejito menudo, menudo menudo, y viejo viejo. Quizás porque pertenece a los más pequeños y a los olvidados, los que llevan mucho tiempo esperando. También a los que luchan toda la vida. Era un veterano de la guerrilla de Rubén Jaramillo, aquella que recuperó los ideales de Zapata y luchó en Morelos por la tierra y la libertad.

Sus 76 años se adentraron en territorio de los nuevos zapatistas —Zapata renace tres veces en un siglo o no muere nunca—. Su misión especial era entregar a los combatientes el documento de la Declaración Morelense suscrita el pasado 27 de marzo, resultado del Primer Encuentro de Veteranos Zapatistas y Jaramillistas, y la pancarta que presidió dicho evento. En 84 años de historia, tres ejércitos han gritado Tierra y Libertad, y presentado un programa equiparable: el Plan de Ayala, el de Cerro Prieto y la Declaración de la Selva Lacandona.

Era ya de noche. El EZLN celebraba "100 días de estar cercados por el enemigo, sin medicinas, sin comida, pero firmes en nuestra lucha". Allí llegó el viejito. Derramó lágrimas al penetrar en territorio "liberado" y encontrarse con el "¡alto!" de los insurgentes, jóvenes con armas, los zapatistas, lo revisaron a él y a su auto. El subcomandante lo invitó luego a comer y en su honor destaparon botellas de Coca Cola, ¡menudo lujo selvático! En esos días había turrón ¡de Jijona! Ya con la caída de la oscuridad la fiesta estaba a punto, el viejito se calzó un pasamontañas y parecía un gnomo salido del bosque.

El subcomandante Marcos dijo: "Entre nosotros se encuentra un combatiente del general Rubén Jaramillo que sigue peleando".

Delante suyo se cuadraron todos los insurgentes, unos cincuenta. Alrededor, el pueblo entero observaba y esperaba el baile. La escena transcurría en una cancha de básquet, para variar. Negra noche, un generador de electricidad y un aparato de megafonía. Allí fue nombrado mayor Honorario Emiliano del

Ejercito Zapatista de Liberación Nacional. Y se hicieron unos minutos de silencio, por los muertos de Jaramillo, de Zapata y del EZLN. Las estrellas y el silencio y los niños entre la gente jugando.

El subcomandante Marcos agarró del brazo al pequeño mayor Emiliano y fueron recorriendo las filas de insurgentes. Le presentó a todos y cada uno de ellos, con nombres y hazañas, los jóvenes lo saludaban y le daban la mano, le sonreían. El emocionado veterano parecía pulular en su insignificancia temblorosa que desafiaba el tiempo y el espacio.

Luego le cantaron el corrido:
"Está gritando la tierra/ herida por un cuchillo/ lo que le duele en el vientre/ la muerte de Jaramillo./ Iban muy bien disfrazados/ los malditos asesinos/ eran soldados de línea/ vestidos de campesinos./ Campesino zapatista,/ obreros de la labranza/ ya está sonando el clarín pa que tomes tu venganza./ Como él estaba dormido/ no se pudo defender,/ le mataron a sus hijos/ y también a su mujer./ Campesino Zapatista, / obreros de la labranza ya está sonando el clarín pa que tomes tu venganza./ Usaba su paliacate como Gabino Barrera/ quería como Zapata para los pobres la tierra./Campesinos zapatistas,/ obreros de la labranza/ ya está sonando el clarín/ pa que tomes tu venganza./ Tres jinetes en el cielo/ cabalgan con mucho brío/ y esos tres jinetes son/ Dios, Zapata y Jaramillo".

Y empezó el baile. Y él fue el primero en salir a la pista, instado por una ruborosa zapatista que le pidió la mano. Danzó el Mayor Honorario con agilidad y ritmo de quinceañero, bromeó con las hermosas indígenas armadas y expectantes. Luego, cuando ya todo era movimiento y cumbia, se sentó a un lado y quedó sumido en sus nostalgias. Ellos y ellas, los del pueblo y los combatientes, una vez más entremezclados, confundidos, bailaron y bailaron la cumbia: "Estoy feliz, estoy feliz, porque estoy enamooorado, enamorado de ti..." Se cumplían 110 días de cerco militar.

DIA DEL NIÑO EN LA SELVA

En territorio zapatista los niños han celebrado quizás por primera vez en su vida un día 30 de abril comiendo naranjas, aguas
de fruta, tamales. Amaneció antes de lo previsto ese sábado. A
las cinco de la mañana montones de infantes con sus progeni-
tores se amontonaban ya en la cancha de básquet donde iba tener lugar la celebración. La gente acudía de cinco comunidades
distintas, de las más lejanas sólo venían media docena de niños
que habían andado durante horas. Eran las cinco y media y ya
la algarabía comedida de los pequeños indígenas se esparcía
por el aire: algunos llantos, risitas... Unos cuantos jugaban en la
cancha a básquet. Como no tienen pelota han agarrado un en-
vase redondito de refresco que algún periodista ha desechado
como basura. Es el gran juguete con que empieza el día. Todos
están vestidos con sus mejores galas, lavaditos y peinados. La
miseria es difícil de disfrazar aunque la vistan de fiesta. Y así, a
pesar de que hoy como algo extraordnario vemos niños calza-
dos, al buen observador no le escapará el detalle de que algunos llevan un zapato de modelo distinto en cada pie. O que hay
muchachitos que calzan botas de corte femenino. Son los despojos de los que tienen y que también saben lavarse la conciencia y enviar lo que no les sirve. Pero mejor es eso que nada. Esa
limosna se nota en los días de fiesta y el tipo de ropa estrafalaria
que aparece: un campesino con una camiseta de los Guns and
Roses o un chamaquito con una de dibujos que jamás ha visto
puesto que aquí ni hay televisión, ni cine, ni cultura de masas.

Al poco rato de despuntar el sol por detrás de los cerros
empiezan los niños a pintar sendos murales, divididos por
sexos, porque las chamacas son tímidas y discretas y ellos aca-
paran. Poco a poco todos se van animando a embadurnar la
sábana blanca con colorines. Los mayores observan de cerca,
también tentados de echarle mano al pincel y jugar con la pin-
tura brillante y viscosa. Sonríen. El resultado será un par de
hermosos murales abstractos: el de ellos con predominancia de
las líneas fuertes, con flechas y un sol rojo; en cambio ellas han

llenado lo blanco de color azul con líneas curvas que asemejan florecillas.

Luego comerán naranja, manzana, tamales. Cada vez hay más y más infantes. Los insurgentes están por ahí también, todos mezclados. Las madres se afanan a recoger lo que sus hijos consiguen de comida, lo guardan, el día y los meses son muy largos y no hay hambre que se sacie para el día siguiente. Las muchachas jóvenes pasean ajenas al reparto, con sus mejores galas, vestidos de colores intensos y brillantes, sus cabelleras largas y negras adornadas de lazos de colores y pasadores metálicos. Esperan el baile, coquetas, bellas, conservando entre tanta pobreza el encanto de su sexo.

Llega la hora del reparto de dulces y juguetes. A las niñas muñecas rubias de ciudad o indígenas de trapo. Para los bebés sonajeros. A ellos pelotas o camiones de plástico. Les hace ilusión, pero a saber qué deben pensar, de golpe tantas cosas que a su vez, como son muchos, se convierten en pocas, pero acostumbrados a nada... Porque no se juega en estas tierras, se es adulto de golpe; lo que para otros es jugar a casitas o a muñecos aquí es cargar hermanitos de verdad, de los que pesan y doblan la espalda, lo que para otros es jugar con pistolas de plástico, videogames destructivos o películas de violencia aquí es cargar leña, ver sufrir y morir a la gente, a los más pequeños de desnutrición, y falta de todo. En resumidas cuentas, en este lugar la violencia gratuita no existe, se paga con la vida, con muertes reales, enfermedades. Los niños no van a la escuela, no hay maestros. Hablan su lengua, el tzeltal. Y hay cosas que saben sorprendentemente bien, como quién era ese tal Zapata. Y si se les pregunta, muchos quieren ser insurgentes. Tampoco es un juego que algunos entrenen con palos de la misma manera que los mayores lo hacen con armas. Se preparan. Aquí lo lúdico no es posible porque lo que está en juego es la vida.

¿Qué importancia tiene un balón? Eso se aprende cuando se ve a grandes y chicos sentados en el magnífico suelo de cemento de una cancha de básquet construida por Solidaridad. El único suelo de cemento de toda la comunidad. Las dos canastas, una a cada lado, recordando quién las puso ahí. Y la gente pregunta con timidez: "¿No tendrán una pelota para nosotros?". Y evidentemente no. Pero este día 30 de abril del 94 llevó pelotas a grandes y chicos. Y dulces, paletas, caramelos, chicles. Abundancia. Hasta los puercos escuálidos parecían contentos, pues hoy había restos.

Un niño agarra un palo, lo mete entre las piernas y empieza a correr, levantando polvo en el camino y resoplando como un caballo. Es su viejo juego, el camión de plástico quedó sobre el regazo de la madre. Cae la noche y empieza a sonar la cumbia. Un generador de luz y unos casettes llenos de ritmos bailables. Llegó la hora de ellas, las jovencitas, salen a la cancha de basquet y se amontonan juntas en un rincón. Se acercan los muchachos, las separan y bailan como siempre, sin mirarse. Los insurgentes también se animan, sin separarse de sus armas que son ya parte de su propio cuerpo, dicen. Tampoco ellos tuvieron infancia.

HABLA
EL SUBCOMANDANTE
INSURGENTE MARCOS

QUE LA SOCIEDAD TOME EL PODER

"A la sociedad civil lo estamos apostando todo. Si nos dejan solos vamos a quedar como intransigentes. La única salvación de este país es que la sociedad civil tome por asalto el poder y diga: aquí mando yo. ¿Cómo puede tomar el poder? Que ella sancione quién triunfa, quien va a mandar obedeciendo. Nuestra democracia viene de las comunidades indígenas mayas. Se acabó desde hace mucho el tiempo de los caudillos. Llegó la hora de los colectivos, de los grupos, de los sentimientos comunes. La alternativa de este país es un poder colectivo".

Así define el subcomandante insurgente Marcos, desde detrás de su pasamontañas, escondido tras el humo espeso de su pipa, lo que espera del pueblo de México: "El Gobierno no quiere que un grupo de encapuchados que hablan sólo lenguas indígenas le diga al país lo que debe hacer para caminar con justicia y con verdad. Pero si no dejan que la sociedad gobierne, es lógico que el Ejército Zapatista renazca con otros nombres, en otras tierras, con otra sangre corriendo y derramándose".

"Lo que nos preocupa es que nos vayan a dar un protagonismo que no queremos ni podemos llevar. Ha habido un cambio en la sociedad desde el primero de enero. Las primeras llamadas que nos llegaban eran que nos sentáramos a hablar con el Gobierno. Las últimas son ahora: no nos dejen, no se rindan, no se vendan, no entreguen las armas. Antes nos decían: no se vayan a morir, hablen, ahora nos dicen: no se mueran con verguenza, muéranse con dignidad".

"Pero no queremos que se sienten a esperar a ver qué dicen los zapatistas, qué dice la gente que no tiene ni rostro ni nombre. Llegó la hora de los colectivos, de los grupos, de los sentimientos comunes. Incluso nuestro ejército —y no hay nada más antidemocrático, anticivil y antitodo que un ejército donde un jefe da órdenes y un grupo de personas obedece—, ahora está dirigido por una estructura democrática: actúa bajo el mandato de las comunidades organizadas en el Comité Clandestino Revolucionario Indígena. Esa forma de funcionar no sólo no lo destruye sino que lo hace crecer como nunca había crecido un ejército, en la oscuridad. Su contacto con formas democráticas, es decir antimilitaristas, es lo que lo hace inmune a una derrota militar, esa es nuestra fuerza".

"Nosotros queremos que a todos les quede claro que si se rompe el cese al fuego no va a ser de nuestra parte. Queremos una prórroga unilateral del cese al fuego hasta las elecciones del 22 de agosto. El paso del tiempo no nos perjudica tanto, puesto que aunque la inteligancia militar se amplíe lo único que van a descubrir es que sí, que en nuestro territorio todos son zapatistas. Además en términos militares no hay solución ni para ellos ni para nosotros. Ni siquiera si realizan la denominada operación quirúrgica que acabe con el mando y las vías de comunicación del centro, nuestras unidades tienen órdenes incluso sin mando superiores, son autónomas".

"Nosotros proponemos que la sociedad civil se organice en colectivos para que caiga el sistema presidencialista, unipersonal que gobierna el país. Actualmente la sociedad civil es la única con autoridad moral para encabezar un cambio en el país y garantizar el tránsito a la democracia. Lo primero es que se de cuenta de que puede hacerlo, que no necesita un caudillo o alguien carismático. Que no necesita un pasamontañas para encontrarse con su destino. Lo que sigue después es organizarse, y yo he visto que pueden organizarse, por ejemplo durante el temblor en 1985: la gente se organizó mucho más allá de la espontaneidad o de la caridad o la simple solidaridad, superando el plan de emergencia del Gobierno".

"Otro ejemplo de que la sociedad está preparada es que un grupo de "profesionales de la violencia", asesorados, dirigidos y financiados por extrajeros —como dicen— el primero de enero de 1994 atacan cuatro cabeceras municipales con un montón de indios como escenografía. Comienza el desmadre, la guerra, los muertos, los bombardeos y empiezan a organizarse marchas, presiones, jornadas, actos públicos para la paz, paz, paz. A tal grado es la presión que obligan al orgullo militar de uno y otro bando, los federales y los zapatistas a decir bueno, vamos a ver si nos ponemos de acuerdo".

Marcos tiene una mirada cansada, a pesar de que su risa es explosiva casi infantil, llena de júbilo. Gesticula poco, mueve sus manos de pianista para hacerse entender y juguetea con su gastada pipa de campaña. Sigue con su tema:

"La sociedad ha demostrado organización, sensibilidad y preocupación por el país, eso es lo que llevó a muchos a formar el cinturón por la paz alrededor de la catedral, porque ellos no estaban protegiendo a Camacho, están protegiendo a los pasamontañas que estaban allí. Pasaron frío y desveladas, día y noche vigilando, arriesgando su trabajo, sus bienes, su salud o su bienestar, se arriesgan a que los ataquen los ganaderos o los controle Gobernación. La mayoría de esa gente no es universitaria, son amas de casa, chóferes, trabajadores, campesinos, gente común y corriente que demuestran que sí se puede. Son los únicos que tienen la autoridad moral para llevar a México a la democracia. Ni siquiera el EZLN".

"Cuando el Comité Clandestino decidió asistir al diálogo nombraron a los delegados y nos dijeron: ¡No toquen lo de las armas! Ellos saben que no es lo mismo el diálogo que la negociación. El que tenga el mando debe rendir cuentas, en nuestro caso todos rendimos cuentas a nuestras asambleas. Esa es la propuesta de país que nosotros tenemos. A lo mejor está inacabada y se tiene que ver cuál es su inserción en el nuevo orden internacional".

El "Sup", como lo llama su tropa, se queda un momento perplejo, suelta una bocanada de humo y en voz más leve expone sus tribulaciones internas:

"Lo más absurdo es que uno tenga que morirse para que otros puedan elegir una opción democrática. Lo lógico es que uno se muera por algo más tangible, por ejemplo el poder, un amor, la tierra..."

ASAMBLEARISMO INDIGENA

El proceso de consulta a las bases para poder dar una respuesta a las ofertas realizadas por el Gobierno en la primera fase del diálogo siguió, según Marcos, el mismo proceso que cuando se votó iniciar la guerra:

"Se reunen los comités regionales y se analiza el pliego de respuestas. El CCRI habla con los delegados regionales y ellos hablan con los responsables de cada comunidad. Estos responsables van a sus parajes y reunen a todos, mujeres, hombres, ancianos y niños. Ahí dirán dentro de unos días, porque esto lleva su tiempo, si aceptan lo que ofrece el Gobierno y esperan a que cumpla o lo tumban. Quizás diran "hay que pensarlo" y se reunirán en grupos a discutir cada quien por su lado. Luego podrán votar las distintas opciones y levantarán el acta: por tal opción tantos hombres, tantas mujeres y tantos niños, por la otra, tanto".

"En las comunidades no se distingue edad para votar, cualquier niño que tenga uso de razón y que pueda aguantar la asamblea sin dormir tiene derecho a votar. Las actas se juntan por comunidades, luego por regiones, luego por zonas y éstas se reúnen con la autoridad máxima que es el Comité. Así se decidió también la guerra. Lleva su tiempo, en nuestra lógica es el tiempo justo, en la de Camacho o Samuel Ruiz es demasiado".

"Para entender el trabajo político en las comunidades se tiene que partir de una tradición indígena de toma de decisiones que es democrática: cuando una comunidad tiene un problema se junta en asamblea, lo analizan y lo resuelven en colectivo; si se necesita una pista para que aterrice el avión para sacar a un enfermo, o en el arroyo cayó un árbol que lo está ensuciando, o la brecha se está borrando porque crece la montaña. Para poder vivir en una comunidad tienes que adquirir el compromiso de trabajar para tu familia y para la comunidad".

"Esta forma de democracia es por naturaleza, no se la enseñó nadie. Viene de sus abuelos y los bisabuelos y así por toda la vida".

"Cuando topan con los problemas de vivienda, trabajo, educación, salud, tierra, igual que nombran a alguien para limpiar la brecha, designan una Comisión, se le pagará entre todos el ir a San Cristóbal, Tuxtla o Ciudad de México a presentar la petición. Se organizaron para pedir las cosas, solicitarlas, exigirlas".

Y Marcos reanuda la conocida historia del peregrinaje de oficina en oficina de los pobres, la interminable burocracia que jamás deja de ser trámite ni se materializa en soluciones... "La historia se repetía hasta que se dieron cuenta y dijeron: pues se están burlando de nosotros. Ahí el Gobierno tocó la fibra más sensible de estos seres humanos: la dignidad. Es ahí donde se potencia todo, porque dicen: está bien que me diga que no hay tierra, que no hay medicinas, si no hay maestros que digan que no hay, pero que no se burlen de mí. Emana entonces la vieja verdad de las comunidades indígenas: si el que está al mando no sabe mandar, entonces hay que quitarlo, el Gobierno es culpable de no respetarnos, por eso merece caer".

"Así empiezan toda una serie de razonamientos en las comunidades, dirigidos siempre por los más viejos, porque son los que tienen la experiencia de lo que pasó en otros años. Son los que hablan de una Revolución Mexicana que llegó muy mezclada con los fantasmas antiguos de Chiapas, donde los indígenas eran los guerrilleros —se mezcla Zapata y Carranza en las historias chiapanecas de una revolución que no acaba de llegar todavía—".

DIGNIDAD, PALABRA, LUCHA ARMADA

"Al Gobierno sólo se le puede tumbar con las armas ¿con qué armas? Con las de la razón, contestan los más viejos, no importa el armamento sino la justeza de la causa, así nos enseñaron los de antes y los de más atrás. A los antiguos los derrotaron los blancos, los mestizos, los ladinos, no porque tuvieran mejores armas sino porque dividieron nuestro corazón y nos enfrentaron. Entonces concluyeron, busquemos la unidad, dijeron. Busquemos una buena razón y su causa será escuchada, dijeron los más viejos. Estoy simplificando mucho, pero fue ahí donde los jefes de las comunidades, no los agentes municipales y los comisariados, sino los jefes realmente, los de la Palabra, comienzan a decir que el Gobierno está tocando esa fibra muy sutil, la dignidad".

"Y comienzan a unirse las comunidades entre ellas, una cañada con otras, a hacer acuerdos más fuertes, primero para defenderse de las guardias blancas, más cercanas al señor feudal que al cacique morelense de Zapata, con prácticas rituales medievales, de herencias feudales como reyecitos con sus ejércitos".

Marcos interrumpe su discurso, se toma una mano, se la mira y la señala y hace un inciso: "Todo esto potencia un rencor como no se tiene idea contra este color de piel. Representa una agresión, una falta de respeto. Cuesta mucho que a este color de piel lo vean como un compañero...".

"Al decir este es un mal Gobierno y nosotros somos los hombres verdaderos, los mayas, los hombres que hablan con la verdad, empieza a construirse una conciencia y a asumir que es un deber heredado atacarlo y destruirlo. El EZLN crece ahí, no por cuestiones militares. Por eso ellos insisten mucho en ese espíritu de hablar con dignidad, de la verdad, de la pureza y legitimidad de su movimiento. El enraizamiento del zapatismo en todas las comunidades rurales del estado es tan fuerte que tendría que haber una masacre total para acabar con él. Y es que el primer responsable del surgimiento del EZLN es el Gobierno Federal, por mucho que digan que hay una mano negra detrás porque en otros lados están igual de pobres y no se alzan... ¡Fíjate qué cinismo!".

LA MODERNIDAD

"Es una demanda nacional frenar la política neoliberal, lo hemos reflejado en una parte de nuestro pliego que no ha llamado la atención a nadie, ni siquiera a Camacho. Es el tema de los topes salariales, estamos pidiendo trabajo digno y salario justo para los trabajadores del campo y la ciudad, en una palabra: la modificación de la política económica. Nos respondieron que eso era peor que el asalto al cielo, que es una mariguanada que se les ocurrió a los indígenas. Respondieron que va a haber más capacitación, pero lo que estamos pidiendo es el reenderezamiento de la política económica. Pero lo que pasa es que se habla en dos frecuencias distintas, como con lo de la autonomía: ellos piensan que autonomía es balcanización del país, que queremos encerrarnos, que queremos gobernantes indígenas, pero no es así. Los compañeros aceptan que puede ser cualquiera, un mestizo o un ladino, pero que tiene que ser verdadero y que lo podamos quitar cuando no funcione. Pero nos responden que nos van a juntar en varios municipios donde haya puros indios y hacer otro estado. No queremos eso".

"Respecto al problema de la tierra, no es la extensión o la tenencia en sentido estricto lo que pedimos se cambie, porque hay tierras de buena calidad y hay tierras de mala calidad. Ni siquiera la expropiación de fincas o de latifundios es lo principal, puesto que cuando menos en el estado no alcanza a cubrir las necesidades. Además han dicho que no van sobre las reservas ecológicas, que no aceptarían que se les entregaran las selvas porque no quieren tumbar el monte. Hemos insistido en el tema de la productividad, sería necesario no sólo el reparto agrario o la regularización, sino una infraestructura que hiciera que la tierra que ya está produjera más del promedio de hectárea, que en la selva Lacandona es de media tonelada de maíz, mientras el promedio nacional es hasta hace unos años de ocho toneladas. Los indígenas siembran la tierra con un palo, hoyando, ni siquiera usamos la yunta. Si en Chiapas entrara la yunta sería un salto de cien años, simplemente la yunta y no estoy hablando de tractores ni de fertilizantes ni de insecticidas ni nada de eso".

Otro problema que reclaman los indígenas es la justicia y la autonomía en materia penal: "Los indígenas dicen que si las comunidades pueden resolver un delito y castigarlo racionalmente, ¿por qué se tiene que meter el Gobierno y castigarlo irracionalmente? Si una persona le roba a otra, la comunidad lo resuelve obligando a esa persona a que trabaje para reponer lo que se robó. En cambio llega la policía y se lleva al ladrón a la cárcel, entonces al hambre de la familia robada se suma el hambre de la familia que robó. Ellos no entienden cómo puede gobernar quien hace esas tonterías. Si en la comunidad alguien mata a otro, lo obligan a trabajar para la viuda. En cambio el Gobierno se lo lleva dejando a dos viudas, dos familias abandonadas y ¿para qué, si nosotros podemos resolverlo más fácilmente?, dicen los compañeros. El Gobierno no puede aceptar nuestra idea de justicia. Sus leyes no resuelven los problemas, los agravan".

"Ahora el Gobierno dice: voy a sentarme con estos indios porque soy generoso con ellos. Esta actitud pone como chiles verdes a los compañeros, se encabronan bastante cada vez que el Presidente de la República dice que será generoso con nosotros o cuando usa ese término el Comisionado. El asunto, dicen ellos, es que los únicos generosos somos nosotros, con nuestros muertos y nuestra sangre".

TRAS EL ASESINATO DE COLOSIO

"¿Qué va a pasar? Yo no me atrevería a decir nada...".

Todo cambió a partir del asesinato del candidato a la Presidencia por el PRI, Donaldo Colosio: "Definitivamente. Aparte de sufrir la acusación de causantes indirectos de su muerte, porque se nos señala como origen de este clima de violencia que sufre el país, el panorama se confunde más. Por ejemplo, si ahora nos sentamos a hablar con el Gobierno, ¿con quién estamos hablando? ¿Con los asesinos de Colosio? El grupo que se está sentando con nosotros, ¿qué garantías ofrece lo que nos está diciendo, lo va a cumplir o no?".

"Si antes estaba más o menos claro que cuando nos sentábamos con Camacho estábamos hablando con Salinas, ahora si nos sentamos con Camacho, ¿con quién estamos hablando? Estamos como el día doce de enero, cuando se suspenden los choques bélicos pero no se sabe lo que quiere el otro o lo que va a hacer. Todo lo que se había ganado al inicio del diálogo se perdió. Y además ahora contamos con la creciente beligerancia de ganaderos y comerciantes".

El panorama que se perfilaba de cara a las elecciones a la Presidencia de la República lo definió Marcos como sigue: "Pues mira, hay un grupo de enmascarados y armados, fuera de la ley pero interlocutores de la sociedad, hay un partido político en el poder, con setenta años ahí, con su candidato asesinado y serias sospechas de que ellos mismos lo mataron; hay ocho candidatos a la Presidencia de la República, una reforma que no se alcanza a concretar, un escepticismo general respecto a todos los candidatos... Es absurdo, que se pueda llegar al abstencionismo, o a no votar por quien uno quiera, sino por el que considere menos malo. Ese es el panorama que se delinea a tres meses de las elecciones. ¿Qué va a pasar? Yo no me atrevería a decir nada, cuando sucedió lo de Colosio yo ya no me atreví a decir qué va a pasar".

"Lo que nosotros, los zapatistas, estamos proponiendo es como una antesala a otro mundo. No estamos proponiendo con nuestra guerra cómo debe ser el mundo. Nosotros decimos que debemos luchar porque el rumbo que lleve el país se decida realmente con el acuerdo de la mayoría y tomando en cuenta a todos. Lo que tenemos que hacer antes, primero que todo, es conseguir el espacio, un espacio que debe descansar en la libertad, la democracia y la justicia para que a partir de eso se pueda decidir el rumbo que va a seguir el país.

Un resultado exitoso de esta guerra sería no el aniquilamiento del enemigo, no la toma del poder, sino la creación junto con otras fuerzas de ese espacio económico, político y social".

SOBRE LA VIOLENCIA

"Puede que la muerte de niños por falta de atención médica y condiciones no provoque horror, quizás sólo lástima. En cambio el horror es que esos indígenas se levanten en armas. Dicen que esta violencia es la misma que la de Lomas Taurinas -donde asesinaron a Colosio- o la misma que la bomba en la plaza Universidad. Por lo tanto hay que condenar todas las violencias menos la que el sistema ejerce sobre estas gentes. Mientras no decíamos nada, la violencia no existía. Los indígenas la padecían, morían. A la hora en que deciden contestar a esa violencia y decir ¡basta! los intelectuales dicen: "¡No, esa violencia no!, la que yo represento, la violencia culta sí, no la violencia bárbara...".

"Esta guerra la pensamos también como un espejo, es decir, el país tiene que verse en nosotros pero todos se están engañando al pensar que el problema sólo es en Chiapas o en los jóvenes del EZLN o en los niños. Niños que están aprendiendo a pelear. Pero no se dan cuenta de cómo están sus propios niños, sus jóvenes o ellos mismos precisamente".

"Y por eso dicen los compañeros del Comité: ¿por qué los niños no, si están peor que nosotros? Es difícil reprocharles a estos jóvenes que puedan tener un arma. ¿Y con qué autoridad un grupo de la clase acomodada, que reniega de su país o de su historia y se pasa la vida de joven vegetando, diga que un joven de estos es peor que ellos? Es la misma lógica que hay en la ayuda, en algunos casos no es por solidaridad o apoyo, sino una limosna, una caridad que se da al pueblo".

"Los bombazos, los atentados, esta forma de violencia más puntual es la lógica del terror... Se busca el efecto que produce el hecho en sí mismo, la angustia o la secuencia de terror que provoca. Este tipo de acciones buscan desestabilizar o crear incertidumbre, hacer sentir que no estás seguro. Respecto a las bombas de los primeros días de enero se supone que eran para apoyar a la causa. Pero nosotros tuvimos que demarcar, delimitar, separarnos de esas acciones. Primero aclarar que no éramos nosotros y luego que no aceptábamos ese tipo de solidaridad".

"Nosotros insistíamos mucho en otras formas de lucha que no fueran armadas. Sabemos que la lucha armada necesita mucha disciplina para que no se produzcan esos tipos de excesos... Por el mismo hecho de que es una acción cómoda, en que todo juega a tu favor, conoces como desestabiliar como terrorista y todo juega de tu parte. Un ejemplo claro es el asesinato de Colosio, aunque no estén determinadas las causas ni los patrocinios, su propósito era desestabilizar, dar un golpe de efecto. Más que la eliminación física de Colosio se optaba por el escándalo, la forma más difundible, el terror de Lomas Taurinas se extendió a todo el país y ya nadie se siente seguro. De eso se trataba".

IMPECABILIDAD MILITAR

"El EZLN lo definimos como un Ejército regular que aspira a ser reconocido como fuerza beligerante. Como parte formal o legal nos acogemos a los tratados de la Convención de Ginebra que establecen claramente que el enfrentamiento militar deber de ser con fuerzas armadas identificadas. Eso deja al margen de la contienda a la población civil. Pero además, en términos morales, para nosotros tiene que haber una diferencia entre lo que hacen los federales y lo que hacemos nosotros, en el trato del prisionero, también en el trato en el combate —nosotros lo llamamos honor militar—. Limitamos clara y continuamente los actos de venganza o ajustes de cuentas".

"Los militares, los oficiales federales, entienden que una guerra del tipo que hacemos nosotros sólo es posible mantenerla con el apoyo de la población civil. Por eso sus golpes van a ir dirigidos a la población civil principalmente. Golpes no solamente militares sino también ideológicos, económicos, sociales. Es lo que dicen los manuales más antiguos de contrainsurgencia: quítenle el agua al pez y muere por sí sólo. En este caso, siguen la máxima maoísta: el guerrillero es el pez y las masas son el agua donde se mueve. Mediante el terror y el hostigamiento o incluso el asesinato, no se trata tanto de aniquilar a toda la base social, sino de amedrentarla con acciones indiscriminadas, arrasando una población o matando a los dirigentes".

"Lo que ocurre en esta lógica de terror oficial es que la tropa se sale de control y entonces lo que estaba planeado como un terror dosificado se sale de su cauce. La tropa se descompone moralmente y se convierte en una máquina fuera de control.

Nosotros tenemos que ser muy cuidadosos con esto, evitar cualquier exceso, incluso verbal, porque si se deja pasar puede llegar a desembocar en cosas más graves. Por eso hay que tener medidas de control represivas, no basta con principios morales, hay que regular para que no sea la arbitrariedad del mando o del jefe lo que determine si una cosa puede llevar al terrorismo. Entonces se establecen una serie de leyes internas que castiguen severamente, por ejemplo, el maltrato a civiles, que exijan que los jefes militares en sus planes tomen en cuenta la protección de la sociedad civil para no afectarla.

En nuestro caso, el problema se agrava porque la nuestra es una población civil indígena con mucho rencor, que se remonta a las historias que han pasado antes... El enemigo es lo que representa un soldado, un policía, pero también el finquero, el mestizo, el comerciante, el blanco, pues. Esto requiere un esfuerzo extra en la disciplina".

"La fundamental diferencia entre el EZLN y otras guerrillas es el camino que sigue. En el EZ es fundamentalmente político. Se decide primero la acción política que nos da base social y la acción militar que algún día se va a necesitar. Nunca le pusimos fecha nosotros. Nos estábamos preparando porque quizás algún día iba a ser necesario defenderse o levantarse en armas. Eso es lo que decide la larga campaña militar de acumulación de fuerzas en silencio. Las guerrillas mexicanas anteriores empezaron al revés: hacían esa acción militar".

"No se pueden resolver los problemas del sur y que el resto del país siga igual, porque en mayor o menor grado, la agudización de las condiciones que provocan un levantamiento entre el sur se reproducen también en el norte".

"Un pueblo jamás vuelve a ser igual después de una guerra. Sí. Queda marcado. Una mujer, por ejemplo; tú has visto la diferencia entre una mujer zapatista y una mujer en un poblado. Va a ser muy difícil decirle a esa gente que vuelva a lo mismo, que vuelva a desgastarse en trabajos agobiantes, trabajos que matan en unos cuantos años, o que vuelvan a la servidumbre, a la obediencia. Yo lo veo muy difícil, si no se les ofrece algo mejor no van a cambiar...".

LOS RUMORES, LAS GUARDIAS BLANCAS

"En cierto sentido provocan otro tipo de baja, la baja moral. La guerra de rumores crea inestabilidad. Y también ganancias, es lo que pasa en Ocosingo, donde a cada rato dicen que vamos a atacar. Eso crea pánico y la gente lo primero que hace es irse de compras, lo que produce ganancias a los comerciantes, acaparamientos, etc. Y así se entra finalmente en la lógica de guerra. Además así se justifica la presencia aparatosa de militares, como en Altamirano, que prácticamente es un cuartel poblado, aunque no hay justificación para ello porque se supone que nosotros no estamos en actitud bélica, sino realizando una consulta para firmar la paz o seguir adelante con el diálogo. No es lógico que haya tanta tropa moviéndose y además que se aumenten los efectivos. Por eso recurren a los rumores y a que la misma población civil pida esa presencia."

"Los ganaderos organizan a los vaqueros y pequeños propietarios en unidades paramilitares de combate para destruir, desde siempre. La instrucción militar se la dan o se la daban agentes de la policía judicial del estado y oficiales de seguridad pública. Nosotros nos habíamos infiltrado en sus guardias blancas, sabíamos más o menos el número aproximado de armas que había en las distintas fincas. Los finqueros, pues son los que financian estos cuerpos paramilitares, porque ellos no pelean directamente, se van a pasar el año nuevo a la ciudad. Lo único que hicimos fue que ese primero de enero, cuando íbamos saliendo de las montañas hacia las ciudades, como si pasáramos a recoger fruta, recogimos las armas. No te puedo decir el número, pero limpiamos la selva. Hicimos una campaña de despistolerización y desarme muy efectiva y el armamento pues va desde ametralladoras Uzi, carabinas M1, M2, M3 y G3".

Pero lo que está diciendo el EZLN es que tiene que haber también una negociación con ellos para que haya paz. Lo que está pasando en Alatamirano es muy grave, se trata de un tercer ejército".

SOBRE LOS MEDIOS Y LA SOCIEDAD

"A nosotros nos ha sorprendido el impacto que ha tenido a nivel internacional nuestra lucha. Nunca pensamos que nuestro movimiento sirviera de paradigma o de referente para movimientos futuros, recibimos el sorpresivo calificativo de ser la primera revolución del siglo XXI. Nosotros no teníamos que escoger. O moríamos peleando o nos moríamos muriendo, pues".

"El primero de enero nosotros decíamos ojalá haya algún turista en San Cristóbal que llegue y platique. Nosotros nos decíamos: el Gobierno no va a dejar pasar nada en la prensa, pero tal vez algún turista que ya vea que no nos comemos a los niños y que no matamos a los hombres blancos y los ofrendamos al sol o a la luna que vaya y platique en su tierra, en España, en Europa —que no es lo mismo España y Europa, y me voy a meter en problemas internacionales por decir esas cosas...— que digan que eramos gentes normales, aunque un poco chaparritas (bajitas) y morenas..."

"Nosotros creemos que tenemos el poder de conquistar el mundo, no nomás este país, y cambiarlo, y hacerlo más justo y más generoso. Pero que sea real, no. El cambio democrático en México necesita otras fuerzas, las fuerzas de nuestros fusiles son muy pequeñas, la fuerza de nuestra voz es muy pequeña, no tenemos rostro, quién sabe quién está tras este pasamontañas... Ha de ser necesariamente un movimiento mucho más grande. Lo que nosotros decimos es que si Salinas no renuncia, que se haga un cambio electoral, que no sea el Gobierno Federal el que diga quién ganó, que sea la sociedad civil, que tiene mucha fuerza".

"Todo lo que hicieron mientras estaban aún en los combates... Veíamos algunas historias de periodistas y de gentes de organizaciones no gubernamentales, de derechos humanos, que se metían en la línea de combate. Prácticamente ustedes agarraron grado sin saberlo. Cuando yo averigüe quiénes eran esos les vamos a entregar nuestra estrella de plástico que les da muchísima risa y que es la que da grado militar. Si no hubiera pasado eso, nadie se habría dado cuenta y hubiéramos tenido que morir en las montañas, como siempre, claro que con el orgullo de haberlo hecho peleando y no por enfermedad. El país se ha dado cuenta de que tiene que haber un cambio dramático y que finalmente sólo va a ser posible si hay un cambio global en todo el país. Lo que nos sobra es esperanza a nosotros, esperanza de cambio, no esperanza de vida".

El EZLN ha recibido cartas y peticiones de campesinos de todos los estados de la República donde se les pide que incluyan sus problemas particulares en la mesa de negociación:

"¿Pero qué pasa en este país que un campesino de Colima tiene que dirigirse a un pasamontañas sin nombre, sin rostro y sin pasado para pedirle justicia. Indígenas otomíes, cañeros de Michoacán, campesinos de Chihuahua, indígenas Tarahumaras, yaquis, etc. Gente de todas partes escriben al comité del EZLN para plantear sus problemas. Cómo es eso posible si es cierto que hay tantas puertas, porque se ve en sus papeles que ya tocaron todas las puertas. Yo les advierto, yo les digo que si luego se alzan en Colima en armas o en Chihuahua o en Zacatecas o en Baja California no vayan a decir que son profesionales de la violencia, ni transgresores de la ley, extranjeros, indígenas manipulados por fuerzas oscuras y todas las tonterías que dijeron de nosotros".

La lucha armada, cuenta Marcos mientras se rasca la perilla, es para ellos una cuestión de supervivencia, una "reivindicación de la vida", dice este guerrillero que ha leído todos los libros de Eduardo Galeano y se lamenta de que Julio Cortázar "no se esperara" porque lo quería invitar...

El peso de la discriminación como indígenas se evidenció, según Marcos, en el mismo diálogo con el Gobierno:

"Estaban en la mesa continuamente buscando si hay algo detrás, no aprenden todavía a hablar con el indígena al que se están dirigiendo, están seguros de que detrás de ese indígena hay otros Marcos... Y muchas veces sus respuestas, sus mensajes van hacia esas supuestas fuerzas oscuras que manipulan a los indígenas".

"Los compañeros indígenas se burlan de los mestizos, porque dicen que los mestizos piensan que están mejor que ellos. Finalmente nosotros tenemos problemas materiales, salud, escuelas... Pero entendemos que hay un problema de falta de libertad y los mestizos piensan que están bien y dicen que ellos son más esclavos que nosotros porque nosotros ya nos dimos cuenta de qué pasaba. Cuando ellos dicen esto, señalan que su movimiento no es indígena o indigenista. En el momento en que nosotros luchamos por la democracia luchamos por los indios y los no indios. Y un pueblo que está ahorcado en su libertad de pensamiento y de expresión es peor que si estuviera sentenciado al exterminio físico. Ellos insisten en llamar al resto de los pobladores no indígenas de este país a que reconozcan en la lucha un punto en común, la falta de democracia y la necesidad de libertad y justicia a todos los niveles".

"Yo pienso que, en general, el mundo indígena mexicano está en un proceso de recuperación de la dignidad y el orgullo de ser indígena. Tal vez hasta antes del primero de enero al indígena le daba un poco de vergüenza, después del primero de enero es una vergüenza no serlo. Es imparable."

Es el zapatismo, con sus demandas de libertad, democracia y justicia un llamado a un cambio en las relaciones internacionales a nivel mundial donde unos pueblos son explotados y olvidados por otros...

"¿Cómo es posible que a nivel internacional haya sido México ejemplo y hayan nombrado al titular del Ejecutivo Federal hombre del año y creo que hasta estaba recomendado para nobel, y que haya hecho una política de exterminio con los indígenas? Necesariamente a nivel de relaciones políticas y económicas tiene que haber un cambio. ¿Cómo es posible que se firme un TLC sobre la sangre de las gentes? ¿En qué medida se pueden establecer relaciones políticas con un Gobierno que antes del primero de enero no mata con bombas, no mata con balas, sino que mata con olvido y con desprecio. ¿O se necesita que caigan bombas, o se necesita que los indígenas lleguen a San Cristóbal y le prendan fuego al cuartel de la policía para que el mundo se dé cuenta de lo que está pasando? ¿Se necesita que haya una Somalia en América Latina o una Yugoslavia en Centroamérica? México no es Cancún ni Acapulco ni Suiza, ni los supuestos éxitos económicos, sino que en México hay algo abajo que está lleno de humillación, de rencor y de desprecio y los que están abajo, los indígenas, llegaron mucho antes que los que ahora gobiernan este país".

Marcos, que se define a sí mismo como un pasamontañas un poco hablador, y dice que quiere que se le recuerde como "la boca del EZLN, un pasamontañas narizón y muy guapo" afirma que "pensamos que tal vez tenga que derramarse más sangre para que pase algo realmente, pero no hablemos de cosas tristes".

SOBRE LA IGLESIA

"Ellos siempre dijeron que no al camino de la violencia, siempre hablaron de la vía legal y pacífica, o acudían a la ayuda internacional para buscar medios para cuestiones de necesidades de las comunidades indígenas. Pero el trabajo de la Iglesia es muy importante. Es muy difícil vivir con los indígenas, sólo puedes ser dos cosas: o eres un hijo de puta que los explotas y los matas o haces algo por ellos. Y no hay otra, porque es tanta la miseria... Pues eso, la Iglesia adoptó el camino de los pobres, la opción de los pobres. Con las traducciones y las explicaciones de la palabra de Dios para los indígenas, comenzaron a despertar. El acceso a la cultura se hace a través de la Iglesia, se aprende sobre el mundo y a leer y a escribir. En la selva las comunidades estaban aisladas antes de que llegara la Iglesia. Se encontraban en el camino y si eran de otro pueblo se mataban. Y es el trabajo de la Iglesia promover la unidad, cristiana, humana pues. Y ahí se establecieron ayudas en proyectos de salud, abasto, etc. En las zonas más pobres del país, se comienza a tener un sentido comunitario y ese es el mérito de la Iglesia, haber roto esas barreras, porque la selva se coloniza con gente de otro lado, grupos cerrados, más ligados a una estructura caciquil que se va muriendo".

"Cuando tronó el primero de enero, alguien tuvo la idea de dejar esa puerta al diálogo abierta, alguien dijo que quizás Samuel podía ser un factor de solución. Fue lo único que no hizo torpe al Gobierno. Si no hubieran aceptado la mediación el país sería una bomba, estallando aquí y allá, la Federación sería un infierno. Samuel es el único con autoridad moral para hablar de paz porque tiene muchos años defendiendo los derechos de los indios. Si la paz se logra, no sabe el país cuánto le debe a don Samuel, no a Salinas. Los compañeros confían en él, en que no los va a traicionar. Saben claramente que está contra la lucha armada porque se lo ha dicho infinidad de veces y los ha regañado. Pero siempre le dicen: "Tú qué, si el que va a morir soy yo".

UN LLAMADO AL MUNDO

"A los españoles les diría que tiene gran responsabilidad porque la estructura que ahora tienen encima los indios proviene de esos países. Y el aire que tiene que oxigenar esa explotación puede venir ahora de aquellos que lo quitaron. Nosotros sabemos que hay mucha solidaridad del pueblo español con los compañeros. Pero no basta con decir que la gente se muere. Podrían hacer muchas cosas por nosotros, no decimos dinero, sino medicinas, ropas, cosas que se pueden mandar. Pero sobre todo que no se vayan a olvidar de esto, que no se pase la novedad, que como ya no hay guerra se olviden de ellos y mientras, el Gobierno espere el momento oportuno y nos masacre".

"A la sociedad civil mundial pedimos que no se olvide nuestra lucha que no sea necesario otra vez matar y morir para que sepan que existimos, que no tengamos que volver a matar y morir. ¿Por qué crees que nos invitó a dialogar el Gobierno de la República? Pues por la sociedad civil nacional e internacional. Le dijeron, tú tienes la culpa de lo que está pasando, entonces habla con ellos antes de matarlos. Fueron las protestas internacionales y nacionales. Es eso. Ni siquiera nuestra fuerza militar, nosotros estábamos corriendo. Nosotros les pedimos que, así como nos llevaron al diálogo a nosotros, obliguen al Gobierno a un cambio político, si no esto va a tronar".

"Debería haber protestas, creo que ya las hubo por sí solas, sobre los consulados, es decir, sobre toda la tramoya que montó el Gobierno de Salinas sobre el exterior, eso de que México es el primer mundo, ya somos Europa o Norteamérica, mientras una parte del país estaba en la prehistoria. Estábamos entrando en el primer mundo con las manos llenas de sangre, la de los indígenas. Si yo pudiera iba al consulado de Madrid y decía: Ustedes son una bola de farsantes. Aunque no puedo porque en el aeropuerto no me dejan pasar con pasamontañas...".

SEGUNDA DECLARACIÓN
DE LA SELVA LACANDONA

SEGUNDA DECLARACIÓN DE LA SELVA LACANDONA

(...) Hermanos mexicanos:

Nuestra lucha continúa. Sigue ondeando la bandera zapatista en las montañas del Sureste mexicano y hoy decimos: ¡No nos rendiremos!

De cara a la montaña hablamos con nuestros muertos para que en su palabra viniera el buen camino por el que debe andar nuestro rostro amordazado.

Sonaron los tambores y en la voz de la tierra habló nuestro dolor y nuestra historia habló.

"Para todos todo", dicen nuestros muertos. Mientras no sea así, no habrá nada para nosotros.

Hablen la palabra de los otros mexicanos, encuentren del corazón el oído de aquellos por los que luchamos, invítenlos a caminar los pasos dignos de los que no tienen rostro. Llamen a todos a resistir, que nadie reciba nada de los que mandan mandando. Hagan del no venderse una bandera común para los más. Pidan que no sólo llegue palabra de aliento para nuestro dolor. Pidan que lo compartan, pidan que con ustedes resistan, que rechacen todas las limosnas que del poderoso vienen. Que las gentes buenas todas de estas tierras organicen hoy la dignidad que resiste y no se vende, que mañana esa dignidad se organice para exigir que la palabra que anda en el corazón de los mayoritarios tenga verdad y saludo de los que gobiernan, que se imponga el buen camino de que el que mande, mande obedeciendo.

¡No se rindan! ¡Resistan! No falten al honor de la palabra verdadera. Con dignidad resistan en las tierras de los hombres y mujeres verdaderos, que las montañas cobijen el dolor de los hombres de maíz ¡No se rindan! ¡Resistan! ¡No se vendan! ¡Resistan!

Así habló su palabra del corazón de nuestros muertos de siempre. Vimos nosotros que es buena su palabra de nuestros muertos, vimos que hay verdad y dignidad en el consejo. Por eso llamamos a todos nuestros hermanos indígenas mexicanos a que resistan con nosostros. Llamamos a los campesinos todos a que resistan con nosotros, a los obreros, a los empleados, a los colonos, a las amas de casa, a los estudiantes, a los maestros, a los que hacen del pensamiento y la palabra su vida, a todos los que dignidad y vergüenza tengan, a todos llamamos a que con nosotros resistan, pues quiere el mal gobierno que no haya democracia en nuestros suelos. Nada aceptaremos que venga del corazón podrido del mal gobierno, ni una moneda sola, ni un medicamento, ni una piedra, ni un grano de alimento, ni una migaja de las limosnas que ofrece a cambio de nuestro digno caminar.

No recibiremos nada del supremo gobierno. Aunque aumenten nuestro dolor y nuestra pena, aunque la muerte siga con nosotros en mesa, tierra y lecho, aunque veamos que otros se venden a la mano que los oprime, aunque todo duela, aunque la pena llore hasta en las piedras. No aceptaremos nada, resistiremos. No recibiremos nada del gobierno, resistiremos hasta que el que manda, mande obedeciendo.

Hermanos: No se vendan. Resistan con nosotros. No se rindan. Resistan con nosotros. Repitan con nosotros, hermanos, que la palabra de "¡No nos rendimos! ¡Resisitimos!" Que se escuche no sólo en las montañas del sureste mexicano, que se escuche en el norte y en las penínsulas, que en ambas costas se escuche, que en el centro se oiga, que en valles y montañas se vuelva grito, que resuene en la ciudad y en el campo. Unan su voz hermanos, griten con nosotros, hagan suya nuestra voz:
"¡No nos rendimos! ¡Resistimos!"

Que la dignidad rompa el cerco con el que las manos sucias del mal gobierno nos asfixian. Todos estamos cercados, no dejan que la democracia, la libertad y la justicia entren a tierras mexicanas. Hermanos, todos estamos cercados, ¡no nos rindamos!, ¡resistamos!, ¡seamos dignos!, ¡no nos vendamos!

¿De qué le servirán al poderoso sus riquezas si no puede comprar lo más valioso en estas tierras? Si la dignidad de los mexicanos todos no tiene precio, ¿para qué el poder del poderoso?

¡La dignidad no se rinde!
¡La dignidad resiste!
¡Democracia!
¡Libertad!
¡Justicia!

Desde las montañas del Sureste mexicano.

Comité Clandestino Revolucionario Indígena
Comandancia General del
Ejército Zapatista de Liberación Nacional

México, junio de 1994.

AMADO AVENDAÑO,
CANDIDATO A LA RESURRECCION

Amado Avendaño Figueroa, candidato de la sociedad civil con registro del PRD a la gubernatura de Chiapas, fue el único que se dedicó a hacer proselitismo por el territorio bajo control del EZLN. Ninguno de los otros 8 aspirantes a gobernador puso un pié más allá del último retén militar de esa patria dividida en dos pedazos desiguales, uno muy pequeño y otro muy grande, con dos ejércitos, dos justicias, dos condiciones.

Amado llegó el jueves 14 de junio a Guadalupe Tepeyac, en la zona Tojolabal de la Lacandona rodeado de periodistas, lo acompañaron Irma Serrano, candidata a senadora del PRD por Chiapas, el diputado federal Jorge Moscoso y el candidato a diputado federal, Antonio Hernandez Cruz.

Ante la indicación de Tacho, del Comité Clandestino Revolucionario Indígena, aparecieron cientos de indígenas con paliacates o mantillas tapándose el rostro. Luego llegaron los milicianos y la caballería. Una ristra de hombres desarmados apareció por el camino, en fila de a dos, marchando.

Y Amado lanzó sus primeras palabras: "Les agradezco ese sacrificio sobrehumano que hicieron desde hace 10 años organizándose, preparándose para que una madrugada de enero de 1994 tuviera yo el honor de encontrar a un grupo de ustedes en las calles de San Cristóbal de las Casas". No pudo retener su emoción y le asaltaron las lágrimas. Levantó su cabeza de lado como un aguilucho y mirando al cielo, en silencio, lloró. Luego su discurso prosiguió sereno: "Me duelen sus muertos, me duele su sangre y esa decisión que tomaron quíen sabe desde cuándo".

Mientras ellos se organizaban los demás mexicanos seguían ahí humillados sin saber qué rumbo tomar: "Nosotros, los mestizos, los universitarios, los que fuimos a la escuela, los que tenemos un medio mejor de vida, con vergüenza tenemos que aceptar que ustedes son mucho mejor que nosotros. Se nos adelantaron, digo, pero no; la verdad es que he de ser sincero; jamás se nos hubiera ocurrido lo que a ustedes se les ocurrió, desesperados empuñar las armas y enfrentar al gobierno corrupto, a la bola de bandidos que explotaban a Mexico".

A partir del 1 de enero el país es otro, afirmó con palabras y pose sencilla, tan poco político en sus ademanes, tan terriblemente humilde.

Y por fin se decidió a presentarse a sí mismo, casi lo olvida:

"Yo soy Amado Avendaño Figueroa, soy abogado de profesión y periodista de oficio. La guerra que apareció el 1 de enero en Chiapas también me hizo aparecer a mí porque antes de esa fecha nadie me conocía o no quería conocerme. Soy parte de la sociedad civil chiapaneca, y mexicana, esa sociedad civil que avergonzada ahora comienza a organizarse, esa sociedad civil que el gobierno había hecho a un lado, le había despreciado su voluntad de elegir a sus autoridades".

Y el candidato a gobernador dijo que gracias a los zapatistas el pueblo chiapaneco se estaba organizando y a él le habían pedido encabezar sus demandas, pero "la sociedad civil conforme a las leyes mañosas que ahora tenemos no tiene derecho a participar en las elecciones, se necesita el registro de un partido político, por fortuna el PRD nos otorgó su registro y su logotipo, para que pudieramos registrarnos".

Su programa coincide con el de los zapatistas: gobierno de transición y nuevo contituyente para ir a posteriores elecciones ya con una nueva ley que garantice los comicios y la democracia.

El editor del periódico *Tiempo*, famoso en el mundo entero por su capacidad de divulgar información desde los primeros días del año, denunció que jamás Chiapas había elegido a sus gobernadores, foráneos siempre, impuestos desde el poder central.

Y señaló: "El gobernante debe ser el mandadero del pueblo, el pueblo es el que debe decidir, y cuando un gobernante se vuelve inútil, mañoso o bandido el pueblo en cualquier momento tiene el derecho de bajarlo y colgarlo y no precisamente del pescuezo".

A Amado le salió del alma un "por fortuna hay zapatistas para rato".

Hablo de la "gloriosa" Convención Nacional Democrática y de que la gente pasa ahora a la beligerancia por los caminos de la política: "Nos vamos a complementar. Sufrimos la veguenza de no habernos sacudido como ustedes oferciendo su vida, su sangre, su energía y su amor por los que nada tenían. Nosotros tenemos que responder también organizándonos para complementar lo que ustedes iniciaron".

Y concluyó con una serie de deseos: "Ojalá que estos niños que ahora veo que intentan taparse el rostro sin lograrlo no tengan que padecer la angustia de empuñar un arma para ir a rescatar la dignidad perdida... Ojalá que el país entero aprenda esta lección que dieron los zapatistas desde Chiapas. Ojalá que la inteligencia asome para evitar que haya más guerra".

Amado sufrió a la semana siguiente, en la madrugada del 25 de junio, un atentado contra su vida. El auto en que viajaba fue arroyado por un trailer sin matrícula. Se dirigían a un desayuno en Tuxtla con el gobernador y los otros candidatos. Habían insistido en que era necesaria su presencia y se conocía por tanto que a esa hora él y su coche pasarían obligatoriamente por ese tramo de carretera, argumentaba su esposa Concepción Villafuerte después de señalar que los supuestos "accidentes viales" han sido tradicionalmente la forma de eliminar a los luchadores sociales en Chiapas. Por eso jamás se hacía público el itinerario que seguía el convoy de campaña. Esa vez fue una excepción y tres miembros de la Sociedad Civil murieron. Agustín Rubio fue una de las víctimas, era coordinador de la campaña y dirigente de la Central Independiente de Obreros Agrícolas y Campesinos. Pocos días antes me había estado hablando de que hace años tuvo que abandonar Chiapas e irse a vivir a México debido a las constantes amenazas contra su vida.

No hay que olvidar que México es el país que cuenta con el récord mundial de periodistas asesinados y que en el último sexenio han fallecido de ese modo más de 300 militantes del Partido de la Revolución Democrática. A Amado le tocaba por ambos lados, él lo supo desde el momento en que accedió a ser candidato: "A partir de ahora mi cabeza tiene precio".

Amado Avendaño estuvo 15 días en la unidad de cuidados intensivos del hospital Siglo XXI del Distrito Federal. Su cuerpo logró superarse y aunque no pudo asistir a la Convención de Aguascalientes, su vida y su candidatura siguieron adelante, con más fuerza y convicción que nunca. La Sociedad Civil, ante la ausencia del candidato tuvo que hacer campaña por sí misma. Grupos espontáneos de jóvenes y adultos organizaron actos en las comunidades y municipios de Chiapas, con vídeos y grabaciones o con discursos improvisados en las plazas.

SOBRE LA CONVENCION NACIONAL DEMOCRATICA

La Segunda Declaración de la Selva Lacandona marca una nueva etapa dentro de la lucha social iniciada en México desde el primero de enero. Los zapatistas responden de forma negativa a la propuesta de paz negociada del gobierno. Y es que, tal y como dice el EZLN "el límite del cumplimiento de los ofrecimientos del gobierno federal a las demanadas del EZLN es el que se marca a sí mismo el sistema político del partido en el poder". Es decir, "la muerte del sistema de partido de estado" es vista como una "condición necesaria aunque no suficiente del tránsito a la democracia".

Los zapatistas dicen: "No estamos proponiendo un mundo nuevo, apenas algo muy anterior: la antesala del nuevo México. En este sentido, la revolución no concluirá en una nueva clase, fracción de clase o grupo en el poder, sino en un espacio libre y democrático de lucha política".

Para ello llaman a "una Convención Nacional Democrática de la que emane un gobierno provisional o de transición" y que desemboque en "una nueva Carta Magna en cuyo marco se convoque a nuevas elecciones".

Y prosigue esta extensa Segunda Declaración de la Selva Lacandona: "La esperanza con gatillo tuvo su lugar en el inicio del año. Es ahora preciso que espere. (...) La bandera está ahora en manos de los que tienen nombre y rostro. (...) Por eso nos dirigimos a nuestros hermanos de las organizaciones no gubernamentales, de las organizaciones campesinas e indígenas, trabajadores del campo y de la ciudad, maestros y estudiantes, amas de casa y colonos, artistas e intelectuales, de los partidos independientes, mexicanos: los llamamos a un diálogo nacional con el tema de Democracia, Libertad y Justicia".

Y así, el 12 de junio a poco más de dos meses de las elecciones, el EZLN sumía a la sociedad civil en un caótico proceso de efervescencia y activismo. Había que entrar en actividad, debatir los postulados de la nueva estrategia planteada por los zapatistas, ponerse de acuerdo en algo, elegir representantes y preparar propuestas. Una verdadera lucha contra el tiempo y contra la desorganización. Convocar asambleas de jóvenes, de mujeres, de estudiantes, de grupos, de ONGs, llamar a reuniones de las organizaciones por estados para nombrar representantes a nivel de entidad federativa de la República... Imprimir volantes, desplegados, carteles, realizar asambleas de días enteros y de peleas intestinas típicas de la izquierda dividida y marginada, cargada con los vicios de no haber encontrado nunca su espacio y no haber logrado trabajar en común.

En Chiapas, se realizaron dos Convenciones Estatales para preparar el encuentro nacional, y, a pesar de las dificultades intrínsecas de la falta de experiencia organizativa, funcionaron. En este estado, desde antes, la sociedad civil había tomado cuerpo quizás por la urgencia y lo inmediato de la guerra, se había organizado alrededor de los planteamientos políticos del EZLN: gobierno de transición y nueva Constitución. Así habían promovido una candidatura a Gobernador propia, con Amado Avendaño al frente. En el D. F. el proceso fue más complicado, los grupos más radicales encontraron difícil de tragar el aceptar la vía electoral, los reformistas no querían admitir que era un grupo armado el que convocaba y que la reunión iba a ser en un territorio que los colocaba fuera de la ley, textual y geográficamente.

Pero llegaron los días 6, 7 y 8 de agosto. Y miles de convencionistas, ilusionados, en autobuses repletos salieron de todos y cada uno de los estados del país y se dirigieron a San Cristóbal de las Casas, para satisfacción de los comerciantes de la ciudad coleta, tan castigados por la guerra y ahora tan favorecidos por esa iniciativa zapatista que rellenaba hoteles, pensiones, tiendas y restaurantes. ¿Cómo se autoorganizó tanta gente y grupo? Pues como pudo. Sin recursos, sin infraestructura, sin experiencia. Con voluntad y con paciencia. Hay quien dice que el pueblo mexicano sólo sabe funcionar en situaciones extremas y en el caos, como cuando el terremoto en la capital.

Las colas de delegados entusiastas para recoger sus credenciales, imprescindibles para penetrar en la selva y llegar a Aguascalientes, eran eternas:

-Se traspapeló tu foto, compa, traeme otra, rápido.

-Pero si ya es la cuarta que te doy y la quinta vez que vengo!

Así fue. Pero incluso los periodistas tuvieron calma. Y es que el ambiente de euforia y la férrea convicción de la gente de que "a huevo" tenía que salir bien y adelante la dichosa Aguascalientes hizo el milagro. El 7 de agosto por la mañana partimos en convoy de casi 200 vehículos cargados con unas 6.000 personas y 700 reporteros hacia la tan anhelada selva Lacandona. El día anterior los convencionistas habían estado en San Cristóbal debatiendo, estrujándose el cerebro, peleándose verbalmente y redactando conclusiones divididos en 4 mesas de trabajo temáticas. La plenaria iba a tener lugar ya en territorio zapatista.

A la prensa nos asignaron el privilegio de ir los últimos, detrás de los 170 autobuses, llegar cuando ya todos se habían instalado, sufir el viaje más largo puesto que padecíamos todos y cada uno de los pequeños accidentes, averías o paradas tácticas para orinar de los vehículos precedentes. A las 30 horas, los periodistas cargados con su material de trabajo, cámaras, blocs, computadoras, objetivos, grabadoras, y con unas ojeras atroces llegaron a Guadalupe Tepeyac y entraron caminando en Aguascalientes. No quedaba lugar bajo techo, sobre todo para los bártulos electrónicos, pero ya no había fuerza ni para quejarse. Daba igual. Al fin allí estábamos.

Y cayendo la tarde empezó el evento.

El subcomandante Marcos presentó el lugar:

"Por mi voz habla la voz del Ejército Zapatista de Liberación Nacional. Aguascalientes Chiapas, un cuartel, un bunker, una fábrica de armas, un centro de adiestramiento militar, una bodega de explosivos. Aguascalientes Chiapas, el Arca de Noé, la Torre de Babel, el barco selvático de Fitzcarraldo, el delirio del neozapatismo, el navío pirata.

La paradoja anacrónica, la tierna locura de los sin rostro, el despropósito de un movimiento civil en diálogo con un movimiento armado."

(...) "Y antes de Aguascalientes ellos dijeron que no habría problemas, que la convocatoria entre un grupo de transgresores de la ley y una masa informe desorganizada y fragmentada hasta el microcosmos familiar, la llamada sociedad civil, no tendría eco ni causa común, que la dispersión reunida sólo puede causar una dispersión potenciada hasta la inmovilidad.

(...) Ellos dijeron que no habría que oponerse a la Convención Nacional Democrática, que abortaría por sí sola, que no valía la pena sabotearla abiertamente, que era preferible que reventara desde adentro, que se viera en México y en el mundo que la inconformidad era incapaz de ponerse de acuerdo entre sí. (...) Por eso no impidieron que ustedes llegaran hasta acá".

Pero sí que salió y bien. Toda esa gente acordó como estrategia para el cambio social el desarrollo de un periodo de transición para el restablecimiento del estado de derecho. Una vez pasadas las elecciones la Convención pasará a adoptar estructuras de organización para llevar a los hechos el programa de gobierno emanado de la propia Convención y por tanto convocar a un nuevo Constituyente. Se exigió la eliminación del sistema de seguridad nacional así como la desmilitarización de todo el país. La democracia no acaba en las elecciones sino que allí empieza y sí se iría a las urnas a votar en contra de la política neoliberal y el binomio PRI-PAN. A su vez, se acordó un programa de movilizaciones en caso de fraude electoral.

Luego, en rueda de prensa, el subcomandante confesó que había sentido "algo así como un orgasmo" al ver que la Convención salía bien y estaban reunidas 6 mil gentes.

A Marcos, el subcomandante de los hombres y mujeres sin rostro, se le vió nervioso y emocionado, jamás se le había escuchado trastabillar tanto como al hablar de que Aguascalientes era "la celebración del miedo roto", "sabernos no ya con vocación de derrota, sino de pensarnos con la posibilidad de victoria de nuestro lado"..."el derecho de todos a un lugar en la historia"...

Tacho, miembro del Comité Clandestino Revolucionario Indígena había presentado un emocionante desfile de las bases de apoyo del EZLN, hombres y mujeres de todas las edades vestidos de civil pero con paliacates tapándoles la cara, cargados con palos la mayoría y algunos con armas sencillas. Luego atravesaron también el navío las columnas de milicianos marcando el paso y rompiendo el silencio absoluto de los emocionados convencionistas. De la embocadura de las armas de todos ellos pendía un pedazo de tela blanca. La oscuridad era ya total, se veía avanzar a los zapatistas y alejarse sobre una loma como una danza de trapitos a modo de palomas en son de paz.

Antes de desaparecer "los armados de verdad y fuego" y dejar a la sociedad civil sola, el subcomandante señaló que no querían formar parte de la Presidencia -integrada por 100 personas: 2 delegados por estado y 36 personalidades invitadas- puesto que "esta es la convención de la búsqueda pacífica del cambio, no debe de manera alguna ser presidida por gente armada".

Así fue que todos los miembros del EZLN se retiraron del gran navío cuya vela era la lona blanca que cubría el graderío abarrotado de gente. Entonces, como si las fuerzas telúricas se desencadenaran sobre todos nosotros comenzó el tremendo chaparrón. Llovió tanto, en tan poco tiempo y con tanta violencia que a todos dejó atónitos y chorreando. Y es que ocurrió justo cuando el capitán pirata -sin parche en ninguno de los dos ojos pero sí en el restro de la cara- abandonó a la tripulación conminándola a organizarse sola.

Los zapatistas se habían ido con el mismo llamado de caracola que los anunció, un silbido de mar que clama a los orígenes de los tiempos. Entonces se precipitó la tempestad y sopló el viento con una furia de siglos que arrancó la lona de la inmensa pirámide velero donde se concentraban los 6.000 convocados y el agua bautizó a todos de miedo y fue el colofón final para las lágrimas arrancadas por las palabras de los zapatistas y de Rosario Ibarra, recién nombrada presidenta de la Convención, mujer luchadora como madre de desaparecidos políticos.

Con la tormenta se fue la luz, la gente gritaba. Cada uno de los presentes se dió cuenta de que no estaba de "Zapata-tour" sino en medio de la propia vida, tan frágil, con tan poco tiempo y con el destino del país decidiéndose. La advertencia de la madre naturaleza logró conciliar radicalismos y reformismos partidarios, todos de acuerdo por fin. Un enemigo común, concluyeron: el partido de Estado. Y para las próximas elecciones del 21 de agosto se votaría en contra del PRI.

Pero no acababa en eso ni ese día la lucha de la sociedad civil: "Nadie puede imponer un plazo ni un ultimatum al pueblo", dijo Marcos para señalar que el EZLN se pone bajo las órdenes de la Convención el tiempo que sea necesario.

Lo mismo había dicho tácitamente y a su modo Anastasio, "Tacho", miembro del Comité Clandestino Revolucionario Indígena al inaugurar la sesión: "Aguascalientes es suyo porque lo hemos hecho con mucho cariño, es para ustedes, se lo entregamos".

Al día siguiente se aprobaron las conclusiones de las mesas de trabajo de San Cristóbal sin mayores discusiones y rápido empezó el éxodo hacia la civilización.

Marcos, horas después de darse por terminada la convención dio una conferencia de prensa para los pocos periodistas que aún no habían huido de las inclemencias selváticas. Dijo: "El papel del EZLN no es dirigir al pueblo de México, es apoyarlo, seguirlo en todo caso cuando sea necesario, actuar a su favor. No somos un partido político, no aspiramos a tomar el poder. Sí aspiramos a que toda esta gente que está aquí llegue al poder. Un poco en una forma más ordenada que como llegó a Aguascalientes".

Un reportero le preguntó que cuándo iba a sacarse el pasamontañas. El sub respondió: "Ahora mismo". Pero el público clamó "NO!", alarmado. Incluso los periodistas que hubieran podido llevarse la exclusiva de su vida se sorprendieron a sí mismos gritando "no". Entonces Marcos lo sometió a votación y, menos dos o tres manos vencidas por la curiosidad, todos optaron por la máscara y el anonimato del subcomandante.

Aguascalientes Chiapas, miércoles 10 de agosto. La selva vuelve a sus confines, el barro se adueña del claro de bosque tropical, los pajarillos recuperan con sus trinos el silencio roto. Ya la Convención Nacional Democrática civil cedió su espacio a los miles de chicos milicianos, los indios armados de ojos tiernos que recogen la basura dejada por los 6.000 visitantes, esa gente de la ciudad, de los otros estados de México, intelectuales, artistas, campesinos, profesionales, amas de casa y trabajadores, miembros de todas las étnias de este inmenso México profundo. Ya los milicianos con sus camisas café remendadas y los pantalones verdes encuentran tesoros y regalos olvidados por los convencionistas. Entre dos se llevan a cuestas una tienda de campaña sin desmontar, quizás jamás han visto que puede desarmarse. Hay cobijas, sacos de dormir, botas, mochilas, sopas de bote, galletitas. Por la Lacandona ha pasado la sociedad civil, ese "chingo" indeterminado que cuenta con por lo menos "dos chingos" más fuera, según ese moderno sistema de cálculo zapatista, infalible. Será ese pueblo que en Comitán y Las Margaritas recibía con pancartas y vítores el convoy eterno de camiones de convencionistas. O esos campesinos que al vernos pasar rumbo a Aguascalientes levantaban sus brazos con euforia, decisión y un brillo incierto de esperanza en los ojos, la "V" entre los dedos, como si la tocaran en el gesto alzado y el deseo.

Y es que simplemente el hecho de lograr reunirse esa entelequia denominada "sociedad civil" en este rincón olvidado de México es una azaña histórica por sí misma.

Con la noche, Aguascalientes quedó libre de extraños. Ya todos estaban en camino hacia la civilización en sus autobuses. Los milicianos se descubrieron la cara y asomaron bellezas mayas adolescentes y jóvenes que diligentemente recogían y apliaban desperdicios. La noche era cálida y estrellada, ni asomo de nubes, éstas se habían agotado sobre la sociedad civil la jornada anterior, "para que se dejen de pendejadas y vayan a la par", dijo más de uno, convencido de que el tormentón fue un disuasor de diferencias.

En el pueblo, Guadalupe Tepeyac, ya vacío de mestizos, había fiesta.

Allí cerca, en una de las casitas de madera, un grupo de los organizadores de la Convención, gente de ciudad, blancos todos, se sentaban rendidos por el agotamiento a charlar y contar anécdotas: hubo una señora que pedía dónde conectar su rizador de pelo porque iba a salir en la tele y una periodista que exigía un teléfono para llamar al aeropuerto "es que tengo que anular la reserva de mi boleto".

A la mañana siguiente, al regresar a San Cristobal, Concepción Villafuerte, directora del diario *Tiempo* y esposa de Amado Avendaño, candidato de la sociedad civil con registro del PRD a gobernador de Chiapas, pidió en el retén militar hablar con los mandos del puesto, hizo entrega simbólica de sus credenciales de convencionista y dijo a los soldados: "Quiero comunicarles que no va a derramarse una gota más de sangre ni de zapatistas ni de soldados federales porque enmedio y desarmados y para impedirlo estaremos nosotros, la sociedad civil". Del alma a estos chicos de verde que a todas luces no quieren luchar les salió un "gracias, señora, muchas gracias".

LLEGARON LAS ELECCIONES

Y con ellas el fraude electoral. El PRI obtuvo a nivel nacional casi el 50 % de los sufragios, el PAN más del 20 % y el PRD el 17%.

Más del 50 % de las mesas electorales impugnadas. Denuncias constantes: las actas recogidas en las mesas no coinciden con las que utiliza el Instituto Federal Electoral, el número de papeletas que se asigna a cada casilla no cuadra con el número de votos que aparecen en las listas como contados. ¿Cómo puede ser que si se entregan 500 papeletas luego aparezcan más de mil votos al PRI?... Alianza Cívica/ Observación 94 invitó a 400 observadores extranjeros para supervisar las elecciones el día 21 de agosto. En su informe preliminar, estas personas procedentes de diversos paises denunciaron hechos que, según sus palabras, "ponen en duda el caracter democrático y honesto del proceso electoral". Son los siguientes:

-Millones de votantes sufrieron presiones por parte de funcionarios y militantes del PRI.

-El PRI gozó de una ventaja abrumadora en cuanto a fondos para la campaña electoral.

-El PRI contó con una cobertura ámplia e inequitativa respecto a los otros partidos en los medios audiovisuales.

-En la jornada de las elecciones se violó "constantemente" el secreto al voto.

-Muchos ciudadanos con credencial de elector no pudieron votar a pesar de estar en las listas.

-La tinta indeleble con la que se mancha el pulgar para evitar que se pueda votar más de una vez no se utilizó con regularidad.

Por su parte, la Convención Nacional Democrática emitió un informe en que afirma que el 21 de agosto se cometió un "gran fraude electoral" .

Sus conclusiones se apoyan en un estudio realizado por la Universidad Autónoma Metropolitana de la Ciudad de México, encabezado por el sociólogo E. Bazúa, que demostraba: "con el sistema de registro de ciudadanos del IFE cualquiera puede obtener las credenciales de elector que quiera con nombres falsos o con uno mismo para luego votar las veces que quiera".

Así ha ocurrido, asegura el documento de la Convención: "el PRI ha obtenido el triunfo gracias al manejo ilegal del padrón, la complicidad de las autoridades con el hampa electoral y la connivencia del aparato oficial con el Partido de Estado".

Se produjeron irregularidades en el 60 por ciento de las casi 95 mil casillas. El PRI obtuvo de forma fraudulenta más de 8 millones de votos: "Cada uno de estos votos fraudulentos fue depositado en las urnas por los popularmente conocidos como "mapaches", que haciendo uso de las extraordinarias facultades que les brindó el IFE se registraron con antelación varias veces en el padrón bajo el mismo nombre o bajo nombres falsos".

La Convención asegura haber detectado:

"Rasuramiento" u operación "rastrillo": 8 millones de ciudadanos (17 % del total) fueron eliminados de las listas del padrón. A pesar de tener credencial no pudieron votar.

"Fantasmas": registro ilegal de 4.5 millones de personas con domicilios inexistentes.

"Supertocayos" y homonimias: 6.4 millones de gente con el mismo nombre y apellidos, de los cuales, según la CND por lo menos 3.5 son falsos.

Además de muertos vivientes y bebés de menos de 1 año que fueron a votar.

Según concluye el informe de la Convención: "Como es evidente a la más elemental lógica, los 8 millones de ciudadanos ilegalmente rasurados tuvieron que ser sustituidos en el padrón también ilegalmente. Y esto se hizo con un número igual de fantasmas y supertocayos falsos."

Y concluye que al menos 8 millones de los 17.3 millones de votos que se adjudica el PRI los obtuvo fraudulentamente y en consecuencia es absolutamente falso que haya ganado las elecciones, aunque tampoco es predecible quién hubiera obtenido la mayoría por lo turbulento del proceso.

CHIAPAS:
DE LA IMPOSICION A LA RESISTENCIA

En Chiapas se otorgó la constancia de mayoría al candidato a gobernador por el PRI, Eduardo Robledo Rincón. Este hombre fue secretario general de Gobierno durante el controvertido mandato del general Absalón Castellanos Dominguez -cabe recordar que este general fue secuestrado por los zapatistas en enero y acusado de masacrar indios, llenar cárceles y enriquecerse por métodos ilegales-.

El pueblo quedó triste ante esta nueva burla, deprimido, no hubo fiestas por la victoria de candiadato alguno. Pero a pocos días de los comicios los finqueros y ganaderos acarreaban a campesinos y bajo sueldos cuantiosos los entrenaban para formar un cuerpo de choque frente a la resistencia civil. Porque en Chiapas, encabezada por Amado Avendaño, empezó la resistencia a la imposición desde el día 22, con métodos pacíficos, tomas de tierras, marchas, mítines y fiestas.

De poco sirvió la advertencia zapatista en el comunicado del 24 de agosto donde se invita a Robledo Rincón a renunciar a esa victoria espuria bajo amenaza de un nuevo derramamiento de sangre. Los viejos miembros del PRI -Robledo fue presidente de este partido en Chiapas- están seguros que su poder es inquebrantable. La perfección de la maquinaria del fraude en sus manos, labrada y trabajada en los últimos 10 sexenios y que evidentemente, de enero a ahora no ha sufrido graves desperfectos sino que se ha sutilizado, lo demuestra.

Para Robledo Rincón no ha significado nada el levantamiento zapatista del primer día de este año. Para ganar, como siempre, puso en marcha todos los resortes tradicionales: desde el cacicazgo, la compra de votos, la coacción, hasta el fraude electrónico. Todo ello está tan bien asentado en la entidad que apenas le costó trabajo, pactó con ganaderos, simuló apertura en la prensa.

El problema en México es uno y grande, el consejero Ciudadano Santiago Creel lo resumía en pocas palabras:

"No se puede competir equitativamente con la presencia del ejecutivo en los órganos electorales si éste impulsa el nombramiento del director general del Instituto Federal Electoral, y éste a su vez impulsa el nombramientos de toda la esfera orgánica, operativa y administrativa de la autoridad federal electoral y de consejeros ciudadanos locales y distritales, es decir, de todo el aparato electoral, salvo representantes de partidos...".

Según declaraciones del que era candidato del Partido de Acción Nacional a la gubernatura chiapaneca, Cesareo Hernandez, "México y Chiapas están sufriendo gravemente porque no saben qué es lo que pasó realmente. Sabemos y entendemos que hay gato encerrado. ¿Pero dónde está? Entendemos que pudieron haber existido arreglos en la computadora, en el padrón electoral. Suponemos que hubo rasurados del padrón electoral. De lo único que estamos seguros es de que se hizo un trabajo muy fino".

Cesareo Hernandez aseguró al semanario *EsteSur* que todos los teléfonos de Chiapas recibieron una llamada: "Habla la secretaria del señor Robledo Rincón o la del candidato a la presidencia, ¿por quién va usted a votar?, y la gente honesta decía por quién... Y así sacar a los que iban en contra. Hay gente que no pudo votar porque no estaba en el padrón, aunque tenía credencial. El pueblo se pregunta qué pasó realmente, ¿sabe usted cómo estaría Chiapas o México si se hubiera logrado el cambio? Creo que no estarían tan tristes como lo están ahora. Habría mariachis y marimbas por todos lados."

Y añade: " Se regalaron molinos, pollos, dinero en efectivo, láminas. Todo esto sucedió antes. ¿Esto no es engaño? ¿Esto no es presión? Caímos en el fraude preelectoral".

Los autos parlantes habían convocado discretamente el día 27 a defender el voto del candidato mayoritario Amado Avendaño. Algunas pintas en las paredes llamaban a la marcha. Las emisoras de radio del estado se habían negado a difundir la convocatoria argumentando que llamar a la resistencia civil pacífica era atentar contra la legalidad.

No obstante todo esto, corrió la voz. A pesar de los enconados mensajes oficiales y los boletines de los medios que dan una victoria a la continuidad priísta, unas 15 mil gentes acudieron a las plazas de San Cristóbal, Tapachula, Palenque, Villaflores, Villacorzo, Huixtla.

Así ocurriría a lo largo del mes de septiembre, miles de indios cargarían pancartas contra el fraude, el usurpador del PRi y a favor de Amado Avendaño. Un aullido omnipresente llenaría las calles y plazas de Chiapas: "¡Muera el PRI!, ¡Muera el PRI!". Dicho con rabia y contundencia, rápido. Las huestes de campesinos y gente de ciudad adquirían un aire marcial.

Las marchas se repitieron como serpientes de colores, de lazos fucsia, amarillos, rebozos azules y rosas de las mujeres inígenas de los Altos, de música, tambores y chirimías, de niños de los que venden chicles en la calle, con su banderita amarilla "Amado Avendaño", de jóvenes y viejos luchadores sociales.

Samuel Ruiz, el obispo de la diócesis de San Cristóbal, con su Exhortación Pastoral del día anterior llamando a hacer respetar la voluntad popular, contribuyó a la movilización de las comunidades más remotas: "Toca ahora a la sociedad civil continuar con la tarea del tránsito pacífico a la democracia, a través de la resistencia y protesta pacífica asumida por la Convención Nacional Democrática con la que el EZLN se comprometió a mantener la tregua". Samuel, en cuya defensa salieron legiones de indígenas hará pronto un año, denunciaba: "Reprobamos la actitud de aquellos cristianos que se hicieron cómplices de la manipulación del voto, a través del soborno, de la presión, del engaño y de otros ilícitos".

El domingo 27 los manifestantes se concentraron frente a la Catedral, en la plaza recién inagurada de San Cristóbal. Concepción Villafuerte, directora del peroriódico local *Tiempo* y esposa de Amado, tomó la palabra desde un estrado: Unos indios que creíamos que no sabían ni pensar nos vinieron a dar una lección de democracia. Y argumentó que el EZLN había despertado las conciencias y que ahora era la obligación del pueblo no dejarse engañar más y exigir lo que le pertenece: el poder.

"¡El pueblo unido jamás será vencido!". Retumbaban las paredes de las casas aledañas y la bóveda celestial de la plaza llena a rebosar se despejó de nubes. Concepción Villafuerte prosiguió su discurso: "El uno de enero llegaron los zapatistas a San Cristóbal, eran muchos, han pasado 8 meses y ahora somos más, somos un chingo. ¡Esto está lleno de zapatistas! ¡Viva el EZLN!" La muchedumbre respondió al unísono: "¡Viva!". Y la inventiva popular arrasó con eslóganes de lo más variopintos: "Quiera o no lo quiera, el PRI se va pa´fuera"

"¡Si hay imposición habrá revolución!".

Y Conchita conminó a empezar desde ya la resistencia civil, la dió por inagurada, así como el gobierno de transición: "Vamos a luchar pacíficamente, vamos a defender nuestro voto, vamos a defender nuestros derechos con la sangre si es necesario".

Mientras en el Zócalo de Ciudad de México Cárdenas parecía asumir su derrota, en Chiapas los resultados electorales resultaron muy controvertidos y Amado Avendaño, candidato de la sociedad civil con registro del PRD, "gana a pesar de la transa" -el fraude-.

Los concentrados repetían una y otra vez: "El pueblo votó, Amado ganó".

Anunciaron que la Asamblea del Pueblo Chiapaneco tiene un plan de acción pacífica hasta que se respete la voluntad ciudadana: "Repudio total al fraude electoral", se coreaba.

Mientras duraba el acto, el Palacio Municipal de San Cristóbal, a donde los zapatistas llegaron el primero de enero con sus armas y su olvido de siglos, estaba lleno de policía antidisturbios. Pero no era la intención de los allí reunidos ocupar "de nuevo" -decían- las dependencias del ayuntamiento, sino reclamar un gobierno de transición por el que habían votado el 21 de agosto que elaborara una nueva Constitución para Chiapas, con Avendaño, un periodista, al frente. Desde las 10 de la mañana hasta las 3 de la tarde estuvo el centro de San Cristóbal lleno. Fue la primera advertencia de inconformidad del pueblo chiapaneco.

Al día siguiente, 28 de agosto, la Comisión Estatal Electoral y el Congreso del Estado oficializaron la decisión tomada de antemano de imponer al candidato del PRI, Eduardo Robledo, como candidato ganador.

El enojo de la gente no se hizo esperar, a los locales de las organizaciones sociales, de la Sociedad Civil y del PRD llegaban llamadas exigiendo acciones para protestar y revertir el fraude, el pueblo ya estaba preparado para luchar.

Ese mismo día la Asamblea Estatal del Pueblo Chiapaneco acordó desconocer el supuesto triunfo del PRI y exigir la renuncia del usurpador. "El gobierno está en la ilegalidad, nosotros por un estado de derecho basado en la voluntad popular", concluyeron. Los chiapanecos resolvieron iniciar un plan de acción de resistencia civil y pacífica y emitir un manifiesto para convocar a la movilización y a construir las bases del gobierno transición que encabeza Amado Avendaño. El 4 de septiembre fue la primera muestra, se retomó la iniciativa de la Presidencia de la Convención Nacional Democrática y se formó una Coordinación del movimiento de Resistencia pacífica con la participación de tres integrantes del Consejo Estatal de Organizaciones Indígenas y Campesinas (CEOIC), dos del PRD, cuatro de la Sociedad Civil y dos del "Pueblo Creyente".

Dicha Coordinación está dispuesta a convocar a otros sectores de la sociedad que aún no han sido interpelados a sumarse a la lucha por la dignidad del pueblo chiapaneco y conformar un movimiento cívico a nivel estatal. El 9 de septiembre tuvo lugar una reunión para afinar detalles de las acciones y formar una articulación capaz de responder a cualquier eventualidad.

Participó en ella Amado Avendaño y ya bastante repuesto de su "accidente" dijo: "El pueblo debe estar conciente de que estoy al frente del movimiento, de que seguiré hasta las últimas consecuencias". Respecto a las presiones que Avendaño sufre por parte del gobierno central para que acepte que un tercero que no sea ni él ni Robledo tome la gubernatura, respondió: "No aceptaré ni voy a negociar con nadie. La voluntad de los chiapanecos no es negocio, no se presta para concertacesiones ni negociaciones. El gobierno insiste en cerrar espacios a la democracia... Yo no soy un símbolo, soy un instrumento del movimiento, se que el gobierno se va a poner muy duro, necesitamos de la unidad que consolide nuestro triunfo. Chiapas nos necesita para lograr la paz, la democracia, la justicia y la libertad. Los que estamos aquí no queremos nada personal, estamos por amor a la lucha por un Chiapas libre y justo".

CHIAPAS SE MUEVE

El 30 y 31 de agosto se reunió el Consejo Estatal de Organizaciones Indígenas y Campesinas. Después de una evaluación los representantes de los grupos acordaron sumarse a la resistencia civil y pacífica. Tomaron resoluciones sobre las acciones a realizar hasta el mes de diciembre, cuando entrara en funciones el nuevo gobernador: bloqueos, tomas de presidencias y de tierras. A la defensa del triunfo de Amado se suman las demandas sociales, agrarias y económicas de las organizaciones y las problemáticas particulares de los lugares y municipios donde se llevan a cabo.

El primero de septiembre tuvo lugar la reunión de la Coordinación de la Resistencia. Se definieron prioridades de trabajo: informar, organizar y construir el autogobierno desde abajo, el pueblo: "La Democracia y el movimiento de resistencia deben venir desde la base a partir de las decisiones de la gente". Todas las organizaciones participantes hablaron de que se trata de "un movimiento por la vías civiles y pacíficas para impedir la guerra".

Para fortalecer la legitimidad de las protestas civiles, se acordó la creación de una Procuraduría Electoral del Pueblo Chiapaneco que investigara las irregularidades y desnudara el fraude electoral del 21 de agosto en el estado. El 11 de septiembre se instaló públicamente en la ciudad de San Cristóbal de las Casas y en ella participaron abogados democráticos de reconocido prestigio del país y de la entidad. Su misión, recopilar testimonios y pruebas fehacientes de todas las irregularidades.

EL PAJARO OSCURO DE LA REPRESION

Con la resistencia civil llegó la contra-resistencia al cambio, tan habitual, tan arraigada, caciquil e impune en Chiapas. El gobierno preparaba sus fuerzas de choque, entrenaba con sueldo cuantioso a campesinos acarreados. Parecía alarmismo pero la primera semana de septiembre se tiñó de polarización social y sange. El hostigamiento a miembros de la oposición había llegado al secuestro de dirigentes, como el caso de Enrique Murias, presidente del Comité Municipal del PRD en Mapastepec, detenido el día 6 de septiembre sin orden de aprehensión y retenido varias horas por la policía judicial federal "para investigarlo". Gracias a la movilización del pueblo de Mapastepec, esa misma tarde Enrique Murias fue dejado en libertad y apareció en Tuxtla Gutierrez, la capital del estado.

La reacción en Chiapas también recurrió a los métodos tradicionales: el asesinato. Es el caso del presidente del comité municipal del PRD de Jaltenango La Paz, Roberto Hernandez, quien recibió 19 impactos de bala, tres descargas de escopeta calibre 16 y 20.

El dirigente social sufrió una emboscada a primera hora de la mañana del día 6 cuando se dirigía en su bicicleta a la escuela donde impartía clases. Se sospecha que la mano ejecutora tiene que ver con guardias blancas de caciques molestos por las acciones de resistencia civil llevadas a cabo en la zona, en concreto se dieron los nombres de la familia Orantes Coutiño, Salim Moisés, propietarios de la finca Montegrande y Lauren Hulder Linderman, dueño de la finca Liquidámbar.

Según los testimonios aparecidos en la prensa local, el alcalde Alfonso Ramirez Ramos y su familia huyeron del lugar a los 30 minutos de que se produjera el crímen. Lo mismo hizo la policía judicial y seguridad Pública. Campesinos e indígenas con palos, machetes y con el rostro cubierto por paliacates rojos cortaron las vías de acceso a la localidad. Cerca del domicilio del difunto grupos de hombres y mujeres se mostraban indignados.

Decían de Hernandez que "el gobierno jamás lo pudo corromper ofreciéndole dinero para él y su familia". Su trabajo de años por las comunidades y ejidos quedó reflejado en las últimas elecciones, cuando este municipio de 22 mil habitantes votó por Avendaño y por el PRD. Los campesinos están llenos de rabia y ya el factor miedo no tiene poder en ellos. En vez de recluirse en sus casas y temer por sus vidas se lanzaron a ocupar la población desafiantes y con los rostros cubiertos: si la justicia del estado no detiene a los culpables, harán justicia por su propia cuenta.

El día 7, cientos de habitantes de las comunidades vecinas a la cabecera de Jaltenango asistieron con armas de fuego, pasamontañas y paliacates al entierro. El pueblo permanecía tomado y los dos accesos de la carretera federal bloqueados.

Otro caso: el mismo día del asesinato, en Socoltenango el comandante de la policía municipal, Pedro Coronel Guillen, y el tercer regidor del ayuntamiento, Rosario Diaz Perez dispararon contra la casa del presidente del Frente Cívico de este municipio, José Rodriguez Mendoza.

CORRER UN TUPIDO VELO:
EN CHIAPAS NO PASA NADA

La prensa y los medios electrónicos, según comentan los mismos periodistas que en ellos trabajan, están sometidos cada vez más a presiones, se les sugiere "que le bajen a sus notas" que no hablen de hay "tensión" en el estado ni den cobertura a las declaraciones del movimiento civil. Prohibido tienen hablar de "fraude", deben decir "irregularidades", tampoco deben referirse a Amado Avendaño...

Los boletines que emite la Asamblea Popular del Pueblo Chiapaneco, es decir, la resistencia civil, no encuentran cabida en las radios, los dueños se niegan a venden espacios para publicitar convocatorias o leer declaraciones. Así, el domingo 4 de septiembre, no le quedó otro remedio al movimiento que tomar las emisoras al asalto y leer su manifiesto. Allí se hizo evidente que no es tanta la oposición de los propietarios de los medios, que en muchos casos abrieron gustosos sus puertas, sino que temen a una instancia superior.

La tendencia a someter al silencio se confirmó con la clausura de la sala de prensa instalada en San Cristóbal de las Casas desde enero. El argumento esgrimido resultó ensombrecedor: "estaba siendo utilizado por grupos radicales para su promoción", dijo un empleado de gobierno a modo de explicación. Aquí en Chiapas ya se terminó la función, mejor la prensa se regrese a su casa. A principios de ese noveno mes consiguieron que muchos medios nacionales retiraran sus enviados. Esto permitiría a la contra actuar con total impunidad, sin la molestia de la mirada acechante de los reporteros.

De la misma manera, en los retenes militares que llevan a la zona de conflicto, en concreto el que se encuentra a la salida de Ocosingo, se hostiga y retiene a los periodistas extranjeros de forma absolutamente injustificada. Los reporteros extranjeros son sujetos a un interrogatorio de más de una hora, fotografiados y filmados con cámaras de video, sus pasaportes confiscados durante largo rato y a la mayoría finalmente se les niega el paso a la zona. El corresponsal de The Irish Times, Michel McCulligan sufrió por segunda vez un interrogatorio y lo acusaron de zapatista los mismos militares. Lo lamentable es que estas intimidaciones y negación de la libertad de tránsito surten su efecto: cada vez hay menos prensa internacional que se aventure a cruzar el susodicho retén.

Pero también en los retenes federales los periodistas mexicanos son registrados minuciosamente, sus nombres apuntados, sus actividades registradas y sus movimientos observados como altamente sospechosos por esos soldados guardianes de quién sabe qué guerra no reconocida pero latente y demasiado que late.

Otro signo de la ofensiva contra el movimiento democrático fue el recrudecimiento de los ataques contra Samuel Ruíz por parte de aquellos que promueven su remoción, por sus "vínculos con el PRD y los grupos radicales". Las amenazas se hicieron una constante. La propia familia Avendaño denunciaba recibir enviados de Robledo Rincón que instan a negociar lo innegociable. Vehículos sin placas y personas de siniestro aspecto rondaban el domicilio taller de imprenta de la familia, y en algunos casos agredieron verbalmente a los visitantes.